Kai Eicker-Wolf, Ulrich Thöne (Hg.)
An den Grundpfeilern unserer Zukunft sägen

An den Grundpfeilern unserer Zukunft sägen

Bildungsausgaben, Öffentliche Haushalte und Schuldenbremse

Herausgegeben von

Kai Eicker-Wolf und Ulrich Thöne

Metropolis-Verlag
Marburg 2010

Bibliografische Information Der Deutschen Bibliothek
Die deutsche Bibliothek verzeichnet diese Publikation in der Deutschen Nationalbibliografie; detaillierte bibliografische Daten sind im Internet über <http://dnb.ddb.de> abrufbar.

Metropolis-Verlag für Ökonomie, Gesellschaft und Politik GmbH
http://www.metropolis-verlag.de
Copyright: Metropolis-Verlag, Marburg 2010
Alle Rechte vorbehalten
ISBN 978-3-89518-816-9

Inhalt

Vorwort 7

Ulrich Thöne
Einleitung 9

Achim Truger
Steuersenkungen, Schuldenbremse und Konjunkturrisiken
Welche Spielräume bleiben für den Staat? 15

Kai Eicker-Wolf
Sparen und Kürzen als langjähriges haushaltspolitisches Leitmotiv –
das Beispiel Hessen 45

Roman Jaich
Welcher Finanzierungsbedarf besteht
für das deutsche Bildungssystem – Reichen zehn Prozent
des BIP für Bildung und Forschung aus? 79

Cornelia Heintze
Unterdurchschnittliche Performanz und unterdurchschnittliche
öffentliche Bildungsausgaben – Deutschland im OECD-Vergleich 127

Tobias Kaphegyi und Gunter Quaißer
Privatisierung von Bildung – Ursprung, Besonderheiten und
Erscheinungsformen 159

Steuerkonzept der Gewerkschaft Erziehung und Wissenschaft
(GEW) 189

Die Autorinnen und Autoren 199

Vorwort

Anlass der vorliegenden Publikation sind das im Juni dieses Jahres verkündete Sparpaket der Bundesregierung und der kurz darauf gescheiterte Bildungsgipfel. Hat die öffentliche Hand – wie häufig behauptet – in der jüngeren Vergangenheit wirklich über ihre Verhältnisse gelebt, und welche Auswirkungen haben die Steuerreformen der zurückliegenden Jahre? Wie sind die deutschen Bildungsausgaben im internationalen Vergleich zu bewerten, und wie hoch fällt der zusätzliche Bedarf im Bereich Erziehung und Bildung aus? Mit diesem Sammelband wollen wir eine nüchterne Analyse der staatlichen Haushaltspolitik und der bildungspolitischen Erfordernisse vornehmen und Handlungsalternativen aufzeigen.

Wir möchten allen Autorinnen und Autoren für ihr Engagement bei der Erstellung des Buchs danken. Gleichfalls bedanken wir uns bei Hubert Hoffmann vom Metropolis-Verlag, der den sehr eng gesteckten Zeitplan klaglos ertragen und das Buch schnell zum Druck geführt hat. Ein besonderer Dank gilt sowohl Christian Axnick für das sehr kurzfristig geleistete Lektorat als auch der Max-Traeger-Stiftung, der wissenschaftlichen Stiftung der Gewerkschaft Erziehung und Wissenschaft, für die finanzielle Unterstützung dieses Buchs.

Die Herausgeber

Einleitung

Wer die politischen Debatten der vergangenen Jahre Revue passieren lässt, wird auf zwei Dauerthemen stoßen: Die Diskussion um die Konsolidierung der öffentlichen Haushalte und die Auseinandersetzung um zu geringe Ausgaben im Bereich Erziehung und Bildung. Beide Themenkomplexe stehen durch das Sparpaket der Bundesregierung und den am 10. Juni 2010 gescheiterten Bildungsgipfel aktuell wieder besonders im Fokus der Aufmerksamkeit.

Ihr Sparpaket, das den Titel *Die Grundpfeiler unserer Zukunft stärken* trägt, hat die Bundesregierung wenige Tage vor dem Bildungsgipfel – am 6. und 7. Juni im Rahmen einer Klausurtagung – beschlossen: 11,2 Mrd. € sollen im kommenden Jahr eingespart werden, bis einschließlich 2014 sollen es gut 80 Mrd. € sein. Insgesamt weisen die einzelnen Sparvorhaben eine deutliche soziale Schieflage auf, da reiche Haushalte geschont werden, während über 40 % der Einsparungen auf den Sozialbereich entfallen. Kürzungen sind zudem beim öffentlichen Dienst vorgesehen: Die Bundesverwaltung soll um mehr als 10.000 Stellen verkleinert werden, und die geplante Wiedereinführung des Weihnachtsgeldes für Bundesbeamte soll entfallen. Aber nicht nur der Bund, sondern auch die Bundesländer schnüren Sparpakete, wobei sie selbst vor Kürzungen im Bildungsbereich nicht zurückschrecken: So streicht die hessische Landesregierung im kommenden Jahr Mittel in Höhe von 75 Mio. € im Schul- und Hochschulbereich.

Begründet werden die geschilderten Einschnitte mit der Behauptung, dass die öffentliche Hand in der Vergangenheit über ihre Verhältnisse gelebt habe, und dass großer Schaden für kommende Generationen drohe. Schließlich müssten die Vorgaben der so genannten Schuldenbremse beachtet werden: Vorgebliches Ziel dieser im vergangenen Sommer im Grundgesetz verankerten Regelung ist ein Ausgleich der öffentlichen Haushalte über den Konjunkturzyklus hinweg. Konjunkturelle Schwankungen seien möglich, so ihre Befürworter, abgebaut werden müsse die strukturelle, also die nicht durch Konjunkturschwankungen verursachte Staatsverschuldung, um so eine generationengerechte Haushaltsführung sicherzustellen.

Tatsächlich ist aber selbst ein konjunkturgerechtes Schwanken der öffentlichen Haushalte nicht gewährleistet.[1] Dieser Aspekt ist in der aktuellen Lage allerdings nebensächlich, denn für die nächsten Jahre wird die Haushaltspolitik des Bundes und der Bundesländer von der so genannten *Strukturkomponente* der Schuldenbremse bestimmt werden: Der Bund darf sich ab dem Jahr 2016 nur noch in Höhe von 0,35 % des Bruttoinlandsprodukts pro Jahr neu verschulden, den Bundesländern ist ab 2020 jede strukturelle Verschuldung, also jede Kreditfinanzierung jenseits konjunktureller Schwankungen, untersagt. Vor dem Hintergrund dieser Regelungen muss letztlich auch der gescheiterte Bildungsgipfel gesehen werden.

Bekanntlich steht Deutschland bei der Höhe seiner Bildungsausgaben im internationalen Vergleich sehr schlecht da, dies haben die neuesten Zahlen der OECD wieder einmal eindrucksvoll bestätigt (vgl. OECD 2010): Danach hat Deutschland im Jahr 2007 lediglich 4,7 % seines Bruttoinlandsprodukts (BIP) für Bildung aufgewendet. Unter den OECD-Ländern rangiert Deutschland damit nur noch vor der Slowakei, Tschechien und Italien. Angesichts solcher Zahlen, und natürlich in Anbetracht der dadurch verursachten Mängel im deutschen Bildungssystem, wurde im Herbst 2008 auf einem ersten Bildungsgipfel von Bund und Bundesländern beschlossen, die Ausgaben für Bildung, Wissenschaft und Forschung bis 2015 auf einen Wert von 10 % (Anteil am BIP) zu steigern – für die Bildung wurde eine Zielgröße von 7 % ausgegeben. Auf Basis der OECD-Zahlen hätte dies bedeutet – und dies wurde zunächst auch suggeriert –, die Ausgaben für Bildung um gut 40 Mrd. € zu steigern.

Mit einer Summe in dieser Größenordnung hätten tatsächlich wesentliche Mängel des deutschen Bildungssystems beseitigt werden können, denn letzteres ist insbesondere mit seinem dreigliederigen Schulsystem noch immer an der sozialen Auslese eines Ständestaates im 19. Jahrhundert orientiert. Dieses System ist weder in der Lage, eine angemessene Antwort auf wachsende Qualifikationsanforderungen der Wirtschaft zu geben, noch wird die soziale Kluft in der Gesellschaft verringert, ganz im

---

[1] Zur Schuldenbremse vgl. ausführlich Truger et al. (2009).

Gegenteil: Gerade das Schulwesen verstärkt die soziale Ungleichheit, und von Chancengleichheit kann keine Rede sein. Nimmt man den OECD-Durchschnitt als Maßstab, dann stehen den deutschen Schülerinnen und Schülern hieran gemessen 25 % weniger Lehrkräfte zur Verfügung. Ein Armutszeugnis, wenn bedacht wird, dass persönliche Gespräche und Zuwendung das A und O jedes Lern- und Entwicklungsprozesses darstellen. Ein Um- und Ausbau des Erziehungs- und Bildungssektors, der eine bestmögliche Förderung aller Kinder, Jugendlichen und auch Erwachsenen zum Ziel hat, erfordert deutlich mehr Geld – und diesen Anforderungen schien der Beschluss im Jahr 2008 tatsächlich gerecht zu werden.

Nach dem Bildungsgipfel 2008 setzte eine lange und heftig geführte Auseinandersetzung zwischen Bund und Bundesländern über die Frage ein, wer das Geld für mehr Bildung aufbringen solle. Im Laufe der Zeit wurde durch verschiedene Änderungen bei der Ermittlung des zusätzlichen Ausgabenbedarfs die aufzubringende Summe immer kleiner gerechnet.[2] Auf dem zweiten Bildungsgipfel im laufenden Jahr ging es dann zum Schluss nur noch um ein Plus von 13 Mrd. €. Und selbst an diesem bescheidenen Betrag scheiterten die Gespräche, da sich Bund und Bundesländer nicht darauf einigen konnten, wie diese recht kleine Ausgabensteigerung in Anbetracht von Schuldenbremse und vermeintlichem Konsolidierungsdruck zu finanzieren sein sollte.

Die geschilderte Lage im Bildungssektor ist mit Hinblick auf die Problemlösungsfähigkeit der politisch Handelnden in Deutschland höchst bedenklich. Denn obwohl ein gesellschaftlicher, parteiübergreifender Konsens zu bestehen scheint, im Bildungsbereich die Ausgaben zu erhöhen, gelingt es nicht einmal, über eine geringe Steigerung der Bildungsaufwendungen Einigung zu erzielen. Dabei werden die Folgen des minderwertigen deutschen Bildungssystems mittlerweile sogar offen von Unternehmensverbänden beklagt, die für die nächsten Jahre einen Fachkräftemangel befürchten und sich über die mangelnde Ausbildungsfähigkeit von Jugendlichen beschweren. Dabei reden die Unternehmerverbände allerdings doppelzüngig, wie der so genannte *Bildungsmonitor 2010* (vgl. http://www.insm-bildungsmonitor.de) zeigt. Diese „Studie" –

---

[2] Vgl. dazu im Detail Arbeitsgruppe Alternative Wirtschaftspolitik (2010: 239 ff.) und Quaisser (2010).

erstellt vom arbeitgebernahen *Institut der deutschen Wirtschaft*, im Auftrag der unter anderem vom Arbeitgeberverband *Gesamtmetall* gesponserten *Initiative Neue Soziale Marktwirtschaft* – versucht, das Desaster des Bildungsgipfels herunterzuspielen. Die Hauptaussage lautet: Bessere Bildung ist auch ohne mehr Geld möglich, wenn verstärkt auf marktwirtschaftliche Elemente zurückgegriffen wird. Es wird so getan, als hätte es vor dem zweiten Bildungsgipfel keinen breiten gesellschaftlichen Konsens gegeben, die Bildungsausgaben spürbar zu erhöhen.

Das Ziel des vorliegenden Buches ist eine sachliche, nüchterne Analyse der staatlichen Haushaltspolitik und der bildungspolitischen Erfordernisse. *Achim Truger* und *Kai Eicker-Wolf* gehen in den ersten beiden Texten der Frage nach, ob die öffentliche Hand in der jüngeren Vergangenheit wirklich über ihre Verhältnisse gelebt hat. Während sich Achim Truger der gesamtstaatlichen Ebene widmet, analysiert Kai Eicker-Wolf die Entwicklung der öffentlichen Haushalte auf der Landes- und der Gemeindeebene in Hessen – einem Bundesland, das im März 2011 im Rahmen einer Volksabstimmung über die Aufnahme der Schuldenbremse in die Landesverfassung entscheidet. Die Ergebnisse der beiden Aufsätze sind angesichts der aktuellen Debatten verblüffend: Kaum ein entwickeltes Industrieland hat in den Jahren vor der Weltwirtschaftskrise derartig geringe Ausgabensteigerungen zu verzeichnen wie Deutschland. Dass die öffentliche Hand in Deutschland auch in wirtschaftlich guten Jahren kaum Überschüsse aufwies, ist der Einnahmeentwicklung geschuldet: Die Steuersenkungen der jüngeren Vergangenheit haben große Löcher in die Haushalte gerissen – im laufenden Jahr würden sich 50 Mrd. € mehr in den öffentlichen Kassen befinden, wenn noch der Rechtsstand von 1998 herrschen würde. Kritisch sehen Truger und Eicker-Wolf auch die im Grundgesetz verankerte Schuldenbremse, die nach ihrer Auffassung erhebliche haushaltspolitische Risiken mit sich bringt.

Die drei folgenden Beiträge widmen sich verschiedenen Aspekten des deutschen Bildungssystems. Der Bildungsforscher *Roman Jaich* ermittelt in seinem Aufsatz die Kosten der aus gewerkschaftlicher Sicht notwendigen Reformmaßnahmen im Bildungsbereich. Dabei erhebt Jaich nicht den Anspruch, den notwendigen Reformbedarf in seiner ganzen Breite zu erfassen, sondern konzentriert sich auf die Kernpunkte Frühkindliche Bildung, Schule, Berufsausbildung, Hochschule und Weiterbildung. Im

Ergebnis kommt der Autor auf einen zusätzlichen laufenden Ausgabenbedarf in Höhe von rund 40 Mrd. €.

Cornelia Heintze geht in ihrem Beitrag der Frage nach, wie hoch der Einfluss der Ausgabenhöhe im Bildungssektor auf die Leistungsfähigkeit des Bildungswesens ausfällt. Heintze arbeitet heraus, dass dieser Einfluss eindeutig besteht. Auf die deutsche Debatte bezogen heißt dies, dass eine Steigerung der Bildungsausgaben unumgänglich ist, wenn substanzielle Verbesserungen im Bereich Erziehung und Bildung das Ziel sind.

Gunter Quaißer und *Tobias Kaphegyi* schließlich setzen sich mit der Arbeitgeber-These auseinander, dass bessere Bildung auch ohne mehr Geld möglich sei, wenn nur verstärkt auf Marktprozesse gesetzt werde. Quaißer/Kaphegyi zeigen eindrucksvoll, warum Privatisierungen keine Alternative zu einem angemessen ausgestatteten öffentlichen Bildungssektor darstellen, und wieso das Marktdenken gerade im Bereich Erziehung und Bildung in die Irre führt.

Den Abschluss des Buchs bildet eine Dokumentation, die das im Juni 2010 verabschiedete Steuerkonzept der GEW enthält. Dieses Konzept zeigt, wie zusätzliche, gesellschaftlich dringend erforderliche Ausgabensteigerungen im Bildungs- und Erziehungsbereich sozial ausgewogen finanziert werden könnten.

Für die Herausgeber

Ulrich Thöne

Literatur

Arbeitsgruppe Alternative Wirtschaftspolitik (2010): Memorandum 2010. Sozial-ökologische Regulierung statt Sparpolitik und Steuergeschenke, Köln.
OECD (2010): Bildung auf einen Blick, Paris.
Quaißer, Gunter (2010): „Bildungsgipfel" – Zahlenspielereien in der großen Politik, in: BLZ – Zeitschrift der Gewerkschaft Erziehung und Wissenschaft Bremen, 08-2010.
Truger, Achim/Eicker-Wolf, Kai/Will, Henner/Köhrsen, Jens (2009): Auswirkungen der Schuldenbremse auf die hessischen Landesfinanzen. Ergeb-

nisse von Simulationsrechnungen für den Übergangszeitraum von 2010 bis 2020, IMK Studies 6/2009.

Steuersenkungen, Schuldenbremse und Konjunkturrisiken

Welche Spielräume bleiben für den Staat?

Achim Truger

1. Einleitung

Die Reaktionen auf die globale Finanz- und Wirtschaftskrise hatten bei vielen Anhängern eines aktiven keynesianischen Wohlfahrtsstaates in Deutschland große Hoffnungen aufkommen lassen. Obwohl die deutsche Ökonomenzunft international dafür bekannt ist, dass sie in ihrer überwiegenden Mehrheit besonders konservativ und marktradikal ist (Krugman 2003: 57 ff.; Schettkatt/Langkau 2007) – dies drückt sich vor allem in einer traditionell skeptischen Haltung gegenüber fast jedwedem staatlichen Handeln aus –, so sprachen sich plötzlich führende WirtschaftswissenschaftlerInnen für Konjunkturprogramme aus. Die Bundesregierung reagierte international koordiniert zunächst mit einem groß angelegten Rettungsprogramm für das vom Kollaps bedrohte Finanzsystem. Nach anfänglichem Zögern folgte zum ersten Mal seit über einem Vierteljahrhundert auch noch eine gezielt antizyklische Finanzpolitik – es wurden zwei Konjunkturprogramme und weitere Maßnahmen in insgesamt auch im internationalen Vergleich beachtlicher Höhe aufgelegt (vgl. Horn et al. 2009a). Die Renaissance des Staatshandelns war äußerst erfolgreich: Das Finanzsystem wurde stabilisiert, nach dem tiefen Absturz des Bruttoinlandsproduktes (BIP) um fast 5 % im Jahr 2009 folgte auch aufgrund zahlreicher Konjunkturprogramme im Ausland eine schnelle und gegenwärtig noch kräftige Erholung (IMK-Arbeitskreis Konjunktur 2010). Die Arbeitslosigkeit stieg nur leicht an, was nicht zuletzt eine Folge der massiven staatlichen Förderung der Kurzarbeit war.

Wer aufgrund dieser offensichtlichen Widerlegung des herrschenden ökonomischen Dogmas jedoch auf ein schnelles Ende der neoliberalen Dominanz in ökonomischer Wissenschaft und Wirtschaftspolitik gehofft hatte, sah sich schnell getäuscht. Als hätte es die Krise des freien deregulierten Finanzmarktes nicht gegeben, und als seien Finanzausstattung und Einflussmöglichkeiten des Staates nicht bereits seit fast drei Jahrzehnten zurückgedrängt worden, soll der Prozess der Entstaatlichung (Bofinger 2008) nun erst recht fortgesetzt werden. Als Grund dafür wird die aufgrund von Wirtschaftskrise, Konjunkturpaketen und weiteren Steuersenkungen angespannte Lage der öffentlichen Haushalte in Kombination mit der seit Juli 2009 im Grundgesetz verankerten Schuldenbremse angeführt: Die Defizite in den öffentlichen Haushalten sollen zügig und ohne Rücksicht auf konjunkturelle Bedenken zurückgeführt werden. Ab dem Jahr 2011 wird die Finanzpolitik in Deutschland daher überall ganz im Zeichen der Haushaltskonsolidierung stehen.

Vor diesem Hintergrund stellt sich die Frage, ob der deutsche Staat überhaupt noch die Möglichkeit haben wird, die in den Sonntagsreden aller PolitikerInnen und ÖkonomInnen viel beschworenen zentralen Zukunftsinvestitionen in Bildung, Forschung, traditionelle und ökologische Infrastruktur zu tätigen. Dabei zweifeln selbst eingefleischte StaatskritikerInnen kaum an der zentralen kurz- wie langfristigen Bedeutung öffentlicher Investitionen für Wachstum und Beschäftigung. Und angesichts des unbestrittenen Niedergangs der öffentlichen Investitionen in den letzten Jahrzehnten wird allgemein eine Umkehr dieses Trends angemahnt. Dass es einen großen Konsens hinsichtlich dieser Frage in Deutschland gibt, kann auch aus der Tatsache geschlossen werden, dass die deutliche – wenn auch nur vorübergehende – Aufstockung der öffentlichen Investitionen im zweiten Konjunkturpaket der Bundesregierung (vgl. Horn et al. 2009a) politisch weit weniger kontrovers als viele andere Punkte im selben Paket war.

Allerdings kehrt die traditionelle Staatsskepsis in der Debatte gleichsam durch die Hintertür wieder, sobald es um die Finanzierung der zusätzlichen öffentlichen Investitionen geht. Aus Sicht vieler marktradikaler ÖkonomInnen ist völlig klar, dass die Investitionen auf keinen Fall insgesamt zu höheren Staatsausgaben führen dürfen, weil diese – und/ oder die zu ihrer Finanzierung nötigen Steuern und Abgaben – als wachstums- und beschäftigungsschädlich angesehen werden. Mithin werden die „investiven" gegen die „konsumtiven" Staatsausgaben ausgespielt.

Das eine sei nur ohne das andere zu haben, und trotz höherem Ausgabenbedarf für Investitionen müssten die Steuern weiter gesenkt, die Haushaltskonsolidierung und damit der Entstaatlichungsprozess insgesamt weiter vorangetrieben werden (vgl. Institute 2007: 282 ff.).

Es ist das Ziel des vorliegenden Beitrags, die vorstehend referierte Sichtweise als unzutreffend und unrealistisch zurückzuweisen. Bei dem Versuch, sie in praktische Politik umzusetzen, würden die unbestritten notwendigen Zukunftsinvestitionen größtenteils auf der Strecke bleiben und gleichzeitig die Handlungsfähigkeit des Staates auch auf den traditionellen Gebieten in Frage gestellt. Nach einer kurzen Übersicht über die Entwicklung der öffentlichen Investitionen in Deutschland und im internationalen Vergleich (Abschnitt 2) wird dazu in einem ersten Schritt eine grobe Abschätzung des zusätzlichen Bedarfs an Zukunftsinvestitionen versucht (Abschnitt 3). Abschnitt 4 geht auf den zusätzlichen Finanzbedarf ein, der aus dem Versuch der Einhaltung der neuen Schuldenbremse resultiert. Abschnitt 5 zeigt, dass die seit vielen Jahren bestehende schlechte Lage der öffentlichen Haushalte nicht auf eine verschwenderische Ausgabenpolitik zurückgeführt werden kann. Abschnitt 6 demonstriert, dass ein wesentlicher – wenn auch in Wissenschaft und Politik gerne übersehener – Grund für die angespannte Haushaltslage in den drastischen Steuersenkungen der letzten 12 Jahre besteht. In Abschnitt 7 wird gezeigt, dass es aus ökonomischer Sicht keine überzeugenden Einwände gegen Steuererhöhungen zur Finanzierung von zentralen Zukunftsinvestitionen gibt. Abschnitt 8 thematisiert abschließend das eigentliche Problem für den Erhalt der Handlungsfähigkeit des Staates und die Umsetzung der Zukunftsinvestitionen, indem nach Wegen gefragt wird, die dazu notwendigen Steuererhöhungen politisch umzusetzen.

2. Zur Entwicklung der öffentlichen Investitionen in Deutschland

Es besteht weitgehend Konsens darüber, dass öffentliche Investitionen, z.B. in die Infrastruktur, von zentraler Bedeutung für Wachstum und Beschäftigung sind. Langfristig steigern sie die Produktivität und damit das potenzielle Wirtschaftswachstum. Kurzfristig sind sie darüber hinaus aufgrund ihrer relativ hohen Multiplikatoren konjunkturpolitisch besonders wirksam. Weitgehend unumstritten ist zudem, dass es aus ökonomischer Sicht nicht ausreicht, lediglich den traditionellen Investitionsbegriff der volkswirtschaftlichen Gesamtrechnung oder der Finanzstatistik anzuwenden, die letztlich lediglich Investitionen „in Beton" abbilden. Mindestens ebenso wichtig sind aufgrund von externen Effekten Investitionen in Humankapital sowie Forschung und Entwicklung (vgl. Aghion/ Howitt 1999, Lucas 1988, Romer 1994), die in der traditionellen Statistik jedoch als „konsumtive" Ausgaben beim Staatsverbrauch verbucht werden. Der Staat sollte langfristig ein hohes Niveau an öffentlichen Investitionen im umfassenden Sinn bereitstellen. Im Konjunkturverlauf sollte dieses mindestens verstetigt, nach Möglichkeit sogar antizyklisch bereitgestellt werden.

Abbildung 1: Brutto-Investitionen der Gebietskörperschaften in % des BIP 1970 bis 2009

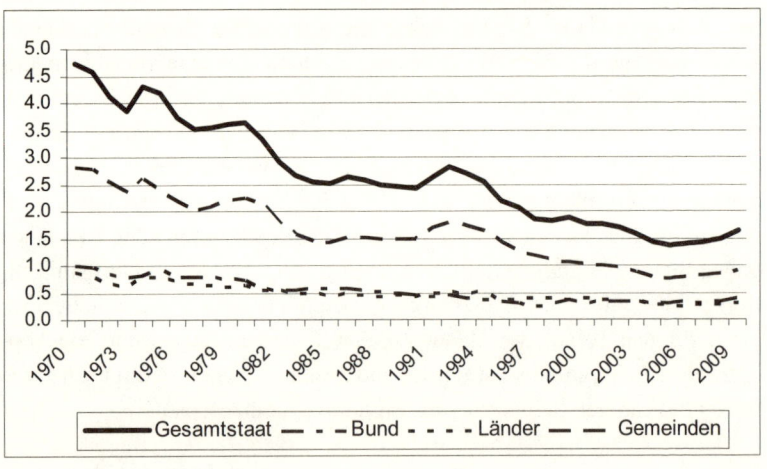

Quelle: Statistisches Bundesamt.

Die öffentlichen Investitionen in der Abgrenzung der volkswirtschaftlichen Gesamtrechnung (VGR) in Deutschland in Relation zum BIP waren seit 1970 trendmäßig stark rückläufig. Lagen sie 1970 gesamtstaatlich in Westdeutschland noch bei 4,7 % des BIP, so erreichten sie 2006 mit einem Wert von nur noch 1,4 % ihren historischen Tiefststand (vgl. Abbildung 1). Seither hat sich – auch durch die Investitionsanteile in den Konjunkturpaketen – eine leichte Erholung eingestellt; 2009 lagen sie bei knapp 1,7 % des BIP. Von erheblicher wirtschaftspolitischer Bedeutung ist die Tatsache, dass – auch wenn der Anteil trendmäßig leicht rückläufig ist – immer noch über die Hälfte der öffentlichen Investitionen auf dezentraler Ebene von den Kommunen getätigt werden. Als äußerst problematisch ist zu bewerten, dass seit Ende der 1970er Jahre eine deutliche prozyklische Tendenz zu erkennen ist, d.h. die öffentlichen Investitionen wurden in der Konjunkturkrise gesenkt und im Aufschwung wieder erhöht und destabilisierten so die Konjunktur, anstatt zu einer Verstetigung beizutragen. Immerhin könnte es sein, dass diese Tendenz in der jüngsten schweren Rezession wegen der Konjunkturprogramme durchbrochen worden ist, wobei es natürlich in den nächsten Jahren aufgrund der sehr angespannten kommunalen Finanzlage und des Auslaufens der Konjunkturprogramme zu einem erneuten Einbruch der Investitionsquote kommen könnte.

Im internationalen Vergleich war das deutsche Niveau an öffentlichen Investitionen selbst im Jahr 2009 mit seinen knapp 1,7 % in Relation zum BIP außerordentlich niedrig. Innerhalb der alten EU-15 wurde es nur noch von Österreich mit 1,1 % des BIP unterboten. Der EU-12-Durchschnitt ohne Deutschland lag ebenso wie der EU-15-Durchschnitt ohne Deutschland bei 3,1 % (vgl. Tabelle 1). Auch unter den reiferen Industrienationen sind offensichtlich Werte von 3 % des BIP und mehr keine Seltenheit, so etwa in Spanien, Frankreich, den Niederlanden, Schweden, den USA, Japan und Kanada.

Wie erläutert sind die öffentlichen Investitionen nach VGR sehr eng gefasst. Je nach zugrunde gelegter wachstums- oder gesellschaftspolitischer Zielvorstellung müssen sie ergänzt werden, etwa um Investitionszuschüsse, die gesamtstaatlich allerdings kaum ins Gewicht fallen, vor allem aber um die wesentlichen Bildungs- und Forschungsausgaben. Hier sind internationale Vergleiche aufgrund der Datenlage schwierig. Die deutschen Bildungsausgaben in Prozent des BIP nach VGR lagen jedoch gemäß einer Untersuchung von Eurostat (vgl. Pulpanova 2006) im Jahr 2004 im internationalen Vergleich deutlich unter dem EU-Durchschnitt (vgl. Abbildung 2).

*Tabelle 1: Öffentliche Bruttoanlageinvestitionen
im internationalen Vergleich in % des BIP im Jahr 2009*

Rumänien	5,4	EU-15 o. Deutschland	3,1
Tschechien	5,4	EU-12 o. Deutschland	3,1
Polen	5,3	EU-27	2,9
Estland	4,9	Griechenland	2,9
Slowenien	4,9	Finnland	2,8
Bulgarien	4,8	EU-15	2,7
Irland	4,5	EU-12	2,7
Spanien	4,4	Großbritannien	2,7
Zypern	4,1	Ungarn	2,7
Kanada	4,0	Italien	2,4
Niederlande	4,0	Portugal	2,4
Lettland	3,9	Slowakische Republik	2,3
Litauen	3,9	Malta	2,2
Luxemburg	3,6	Dänemark	2,1
Norwegen	3,6	Schweiz	1,9
Schweden	3,6	Belgien	1,8
USA	3,6	**Deutschland**	**1,7**
Frankreich	3,3	Kroatien	1,7
Japan	3,2	Österreich	1,1

Quelle: EU-Kommission (2010); eigene Berechnungen.

*Abbildung 2: Öffentliche Bildungsausgaben
im internationalen Vergleich 2004 in % des BIP*

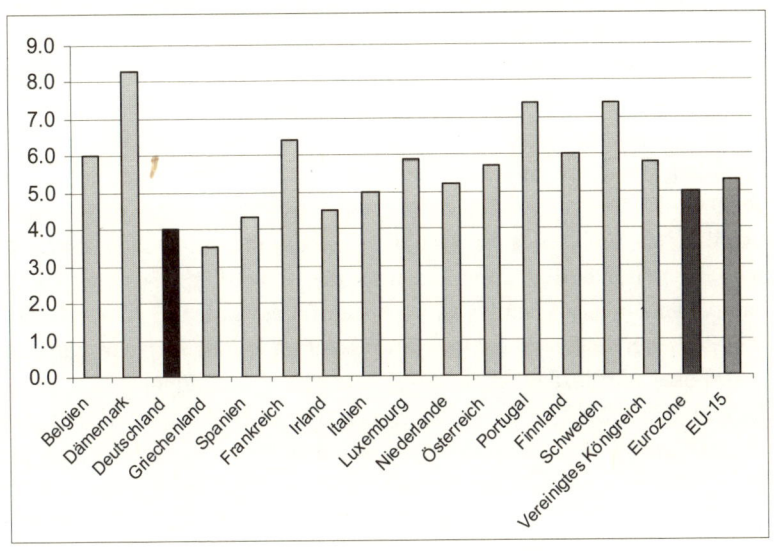

Quelle: Pulpanova (2006).

3. Zentrale Zukunftsinvestitionen und notwendiger Finanzbedarf

Es besteht, wie bereits im letzten Abschnitt ausgeführt, Übereinstimmung darüber, dass in Deutschland eine erhebliche öffentliche Investitionslücke besteht und dass eine Ausweitung der öffentlichen Investitionen (im weiten Sinne) notwendig ist. Unklar ist jedoch, wie groß der zusätzliche öffentliche Investitionsbedarf ausfällt. Im vorliegenden Rahmen kann dazu keine eigene Quantifizierung vorgenommen werden. Für die Zwecke dieses Beitrages ist dies allerdings auch gar nicht nötig. Stattdessen soll lediglich plausibel gemacht werden, dass der Investitionsbedarf sehr erheblich ist. Dies ist prinzipiell auf zwei Wegen möglich. Zum Einen kann man durch Auswertung einschlägiger Studien eine differenzierte Bedarfsermittlung in den verschiedenen relevanten Bereichen versuchen. Zum Anderen kann man sich in verschiedenen Bereichen am europäischen Durchschnitt orientieren und die rechnerische Lücke bestimmen, die geschlossen werden müsste, damit Deutschland ein dem

Durchschnitt der anderen Länder vergleichbares Investitionsniveau erreicht.

Letztlich führen beide Ermittlungswege zu einem sehr großen öffentlichen Investitionsbedarf. Im Rahmen der differenzierten Bedarfsermittlung kommen etwa Reidenbach et al. (2008) allein für die kommunalen Investitionen zu einer jährlichen Investitionslücke von 7 Mrd. €, wobei für die nächsten Jahre noch eine optimistische Einnahmenschätzung und damit auch eine optimistische kommunale Investitionsplanung vorausgesetzt wird. Für den Bund und die Länder existieren keine vergleichbar detaillierten Analysen, aber wenn man hier nur proportional das kommunale Resultat überträgt, kommt man für die Gebietskörperschaften insgesamt auf einen jährlichen Investitionsbedarf von 12 Mrd. €. Als noch sehr viel größer erweist sich der Investitionsstau im – in den letzten Jahren in den Fokus der öffentlichen Kritik geratenen – Bildungsbereich. So kommt Jaich (2008) zu einem laufenden jährlichen Ausgabenbedarf von über 30 Mrd. €. Im Rahmen des so genannten Bildungsgipfels wurde für die Bereiche Forschung, Entwicklung und Bildung eine Summe von 25 bis 60 Mrd. € jährlich genannt (Tagesschau 2008), wenn bis 2015 die Ausgaben für Forschung und Entwicklung sowie Bildung auf insgesamt 10 % des BIP angehoben werden sollen. Allein mit diesen Informationen kommt man bereits auf einen jährlichen Investitionsbedarf von 37 bis 72 Mrd. € (1,5 % bis 3,0 % des BIP).

Legt man als Maßstab zur Ermittlung der Investitionslücke einfach den EU-15-Durchschnitt ohne Deutschland zugrunde, so ergibt sich bei den klassischen VGR-Investitionen in Beton eine Differenz von (3,1 – 1,7 = 1,4) % des BIP oder 34 Mrd. €. Bei den Bildungsausgaben ist die Lücke sogar noch größer; sie liegt bei (5,7 – 4,0 = 1,7) % des BIP oder 41 Mrd. €. Damit ergibt sich bei Orientierung am europäischen Durchschnitt ein Investitionsbedarf von 75 Mrd. € (3% des BIP), ohne dass dabei allerdings Bedarfe im Bereich Forschung und Entwicklung enthalten sind. Zudem wäre natürlich auch denkbar, dass Deutschland nicht lediglich ein durchschnittliches, sondern ein weit überdurchschnittliches Niveau an öffentlichen Investitionen anstrebt.

Zusammenfassend lässt sich also auch ohne umfassende Bedarfsanalyse feststellen, dass der Bedarf an zusätzlichen öffentlichen Investitionen (im weiten Sinne) groß ist. Man stößt dabei leicht in Dimensionen von 37 bis 75 Mrd. € pro Jahr und mehr vor, was gemessen am BIP Werten in Höhe von 1,5 % bis 3,1 % entspricht.

4. Zusätzlicher Finanzbedarf durch die Vorgaben der Schuldenbremse

Obwohl es eigentlich angesichts der wissenschaftlichen und politischen Rhetorik durchaus denkbar wäre, dass die vorstehend genannten Investitionsbedarfe und Möglichkeiten zu ihrer Realisierung im Mittelpunkt der Debatte stünden, werden der wirtschaftspolitische Diskurs und die praktische Politik ganz vom Thema Haushaltskonsolidierung geprägt. Ein wesentlicher Grund dafür ist die seit Sommer 2009 im Grundgesetz verankerte Schuldenbremse. Sie weist vier wesentliche Elemente auf:

- Eine *Strukturkomponente*, die mit Blick auf die vermeintliche Gerechtigkeit zwischen den Generationen eine strukturelle Verschuldung nur noch in sehr engen Grenzen zulässt. Der Bund darf sich nur noch mit maximal 0,35 % des BIP pro Jahr neu verschulden, die Länder gar nicht mehr.

- Eine *Konjunkturkomponente*, die die Verschuldungsmöglichkeiten je nach Konjunkturlage über die strukturelle Komponente hinaus vergrößern oder einschränken soll.

- Eine (strenge) *Ausnahmeklausel*, die eine Überschreitung der zulässigen Verschuldung nur bei Vorliegen außergewöhnlicher Ereignisse und dann auch nur mit der absoluten Mehrheit aller Mitglieder des Bundestags ermöglicht.

- Ein *Ausgleichskonto*, das die Einhaltung der Schuldenbremse nicht nur bei Haushaltsaufstellung, sondern auch im Haushaltsvollzug sicherstellen soll.

Zusätzlich ist eine Übergangsregelung, nach der die Grenzen für die strukturelle Verschuldung erst ab dem Jahr 2016 (Bund) bzw. 2020 (Länder) eingehalten werden müssen, festgeschrieben worden. Für fünf Bundesländer sind außerdem Konsolidierungshilfen vorgesehen.

Anlässlich der Diskussion um die Einführung der Schuldenbremse im Grundgesetz hat insbesondere das *Institut für Makroökonomie und Konjunkturforschung* (IMK) in der Hans-Böckler-Stiftung bereits mehrfach auf die damit verbundenen Probleme und die makroökonomischen Risiken hingewiesen (vgl. Horn et al. 2008, Horn et al. 2009b; Truger/Will 2009 sowie Truger et al. 2009a und b):

- Die Schuldenbremse wird erstens aufgrund der Mechanik der üblicherweise verwendeten Konjunkturbereinigungsverfahren – trotz möglicherweise anderer Intention durch den Gesetzgeber – prozyklisch wirken und daher die wirtschaftliche Entwicklung unnötig destabilisieren. Im Abschwung wird zu viel Konsolidierung verlangt werden, im Aufschwung dagegen spiegelbildlich zu wenig, was aufgrund der makroökonomischen Rückwirkungen auch die Haushaltskonsolidierung selbst erschweren wird.

- Zweitens hängen die Auswirkungen der Schuldenbremse kritisch von der genauen technischen Ausgestaltung, d.h. der Wahl des zugrunde zu legenden Konjunkturbereinigungsverfahrens und der verwendeten Budgetsensitivitäten ab. Der Bund hat sich zwar bereits für das von der EU-Kommission im Rahmen der Haushaltsüberwachung verwendete Verfahren entschieden. Jedoch bleibt die genaue technische Umsetzung letztlich der Entscheidung von Wirtschafts- und Finanzministerium vorbehalten. Sie ist damit intransparent und gestaltungsanfällig. Für die Länder sind bislang noch keinerlei konkrete Überlegungen bekannt geworden. Da sie im Rahmen der Vorgaben des Art. 109 GG erhebliche Gestaltungsspielräume haben, könnte es im Jahr 2020 in Deutschland 17 unterschiedliche Schuldenbremsen geben: Eine für den Bund und 16 für die Bundesländer, mit jeweils ganz unterschiedlichen Ausgestaltungen und Auswirkungen.

- Drittens wird die Finanzpolitik im Übergang zu den angestrebten (nahezu) ausgeglichenen strukturellen Haushalten sehr restriktiv ausgestaltet sein müssen, was die wirtschaftliche Entwicklung schwer beeinträchtigen kann. In einer Phase schwachen Wachstums oder gar einer noch nicht überwundenen Krise – wie gegenwärtig der Fall – droht eine solche Finanzpolitik die Erholung vorzeitig zu beenden, was erneut auch die Haushaltskonsolidierung selbst erschweren würde.

Aus diesen Gründen wäre es makroökonomisch wie haushaltspolitisch vernünftig gewesen, auf die Schuldenbremse im Grundgesetz zu verzichten. Hinzu kommt, dass die zukünftig erlaubte strukturelle Verschuldung des Bundes in Höhe von 0,35% des Bruttoinlandsproduktes (BIP) und das Verbot struktureller Neuverschuldung für die Länder willkürlich sind, da die damit letztlich angestrebte Reduktion der gesamtstaatlichen

Schuldenstandsquote auf einen Wert nahe 10% des BIP aus ökonomischer Sicht nicht begründbar ist. Die bisherige investitionsorientierte Verschuldungsgrenze des Grundgesetzes und vieler Länderverfassungen ist diesbezüglich deutlich fundierter und wird zudem in ihren Auswirkungen auf die Staatsverschuldung häufig zu negativ eingeschätzt (vgl. Horn/Truger 2007). Auch der Sachverständigenrat (SVR 2007) hat sich in seinem Vorschlag für eine Schuldenbremse ausdrücklich für eine (netto-)investitionsorientierte strukturelle Verschuldungsmöglichkeit („golden rule") ausgesprochen. Die Suche nach einer geeigneten Neudefinition des (Netto-)Investitionsbegriffs, der eben auch Investitionen in Bildung umfassen sollte, wäre daher der deutlich bessere Ausgangspunkt für eine Reform der Schuldengrenzen in Grundgesetz und Länderverfassungen gewesen (vgl. Vesper 2007).

Dafür ist es nun zu spät, und die Finanzplanungen müssen sich wohl oder übel mit der Existenz der Schuldenbremse abfinden. Aufgrund der skizzierten Unschärfen, Gestaltungsmöglichkeiten und Intransparenzen ist es schwierig, den genauen strukturellen Konsolidierungsbedarf für die deutsche Finanzpolitik in den nächsten Jahren festzustellen. Geht man zunächst vom tatsächlichen gesamtstaatlichen Defizit im Jahr 2010 aus, das bei etwa 4,0 % des BIP liegen dürfte, dann müssten bis zum Jahr 2020 ein Betrag von 3,65 % des BIP oder gegenwärtig etwa 85 Mrd. € konsolidiert werden. Da alle gängigen Konjunkturbereinigungsverfahren gegenwärtig für das Jahr 2010 noch eine negative Produktionslücke ausweisen dürften, wird der aus heutiger Perspektive anzusetzende Betrag spürbar darunter liegen – möglicherweise bei 50 oder 60 Mrd. €. Dieser Betrag kann sich im Zeitablauf unabhängig von möglicherweise ergriffenen Konsolidierungsmaßnahmen aufgrund der Änderung der verwendeten Konjunkturbereinigungsverfahren oder aufgrund von veränderten Konjunkturerwartungen deutlich verändern. Kommt es in den nächsten Jahren zu einem selbst tragenden kräftigen Aufschwung, dann dürften sich aufgrund der im Verfahren angelegten Prozyklik tendenziell die strukturellen Defizite konjunkturbedingt (!) mindern. Kommt es dagegen zu einem konjunkturellen Rückschlag, würde der Konsolidierungsbedarf noch deutlich ansteigen. Zum gegenwärtigen Zeitpunkt muss davon ausgegangen werden, dass ein bis 2020 zu konsolidierendes strukturelles Defizit in der Größenordnung von 50 bis 60 Mrd. € besteht.

Um diesen Betrag muss der für den Staat insgesamt anzusetzende Finanzbedarf über den durch die zentralen Zukunftsinvestitionen begründeten Bedarf hinaus nach oben korrigiert werden. Es soll an dieser Stelle nicht verschwiegen werden, dass es natürlich auch über den Investitions- und Konsolidierungsbedarf hinaus durchaus weitere potenzielle Finanzbedarfe gibt: So hat die öffentliche Verwaltung in den letzten beiden Jahrzehnten einen gewaltigen Schrumpfungsprozess durchlaufen und die Löhne und Gehälter der im öffentlichen Dienst Beschäftigten sind weit hinter der ohnehin schon schwachen gesamtwirtschaftlichen Lohnentwicklung zurückgeblieben. Zur Korrektur dieser Fehlentwicklungen müssten sicherlich auch erhebliche Mittel in mindestens hoher einstelliger Milliardensumme veranschlagt werden. Gibt es darüber hinaus den berechtigten Wunsch nach einer Aufstockung sozialer Leistungen und einer stärkeren Steuerfinanzierung der Sozialversicherung, so kommen leicht zusätzliche hohe zweistellige Milliardenbeträge zusammen. Insgesamt könnte es also durchaus um einen Bedarf in der Größenordnung von 90 bis sogar 200 Mrd. € (3,7 % bis 8,3 % des BIP) gehen.

5. Verschwenderische Ausgabenpolitik als vermeintliche Ursache für knappe öffentliche Kassen?

Die Finanzierbarkeit zusätzlicher Ausgaben in der vorstehend plausibilisierten Höhe von mehreren Prozentpunkten des BIP wird in der deutschen wirtschaftspolitischen Debatte zumeist abgestritten. Es wird dann strikt die Ansicht vertreten, höhere Investitions- oder sonstige Ausgaben könnten nur gerechtfertigt werden, wenn sie durch geringere „konsumtive" Ausgaben gegenfinanziert werden. Eine höhere Nettokreditaufnahme, vor allem aber höhere Steuern und Abgaben zur Finanzierung werden als angeblich wachstumsschädlich strikt abgelehnt.

Der vorstehend skizzierte Ansatz der marktradikalen Ökonomen, die „guten" investiven Staatsausgaben gegen die „schlechten" konsumtiven auszuspielen, trüge allerdings nur dann, wenn sich tatsächlich theoretisch wie empirisch überzeugend zeigen ließe, dass die so genannten konsumtiven Ausgaben durchweg mit Wachstums- und Beschäftigungsverlusten verbunden sind. Wäre diese Bedingung nicht erfüllt, dann könnte man sich ohne weiteres für die positiven Wachstumswirkungen öffentlicher Investitionen entscheiden und hätte keinen ökonomischen Grund, die „konsumtiven" Ausgaben gleichzeitig herunterzufahren.

Ein überzeugender Nachweis der Wachstums- und Beschäftigungsschädlichkeit der „konsumtiven" Staatsausgaben scheitert an mindestens zwei Problemen: Erstens ist die damit implizit häufig vorgenommene Abgrenzung in „gute" produktive Staatsausgaben (=Investitionen) und „schlechte" konsumtive Staatsausgaben (=Staatskonsum, Sozialtransfers, Subventionen) schon rein statistisch sehr problematisch. Wie das Beispiel der in der VGR eigentlich als konsumtiv eingestuften Bildungsausgaben zeigt, ist allein schon die ökonomisch sinnvolle Abgrenzung der investiven Ausgaben äußerst schwierig (ausführlich Vesper 2007). Zweitens lässt sich weder theoretisch noch empirisch schlüssig belegen, dass ein hoher Staatskonsum, eine hohe öffentliche Beschäftigung oder ein ausgebauter Wohlfahrtsstaat wachstums- und/oder beschäftigungsfeindlich sein müssten. Theoretisch ist – gerade in modernen Wachstumsmodellen – so ziemlich alles möglich (Josten/Truger 2003). Und auch empirisch ist die Lage unklar. Zwar gibt es eine Reihe von Untersuchungen, die zu negativen Wachstumseffekten kommen (vgl. Gebhardt/Siemers 2008: 387 und die dort zitierte Literatur). Wie aber selbst die Protagonisten einer Substitution von konsumtiven durch investive Staatsausgaben zugeben müssen (ebd.), ist die empirische Evidenz keineswegs eindeutig und es gibt auch Untersuchungen, die keinerlei schädlichen Einfluss feststellen können. Gatti/Glyn (2006: 303 ff.) weisen auf eine Reihe von Untersuchungen hin, die sogar einen positiven Einfluss des Wohlfahrtsstaates auf das Wirtschaftswachstum feststellen.

Für die Lage der öffentlichen Finanzen in Deutschland kommt noch ein weiteres Problem hinzu: Es dürfte in der Praxis schwierig sein, in dem angesprochenen bedeutenden Umfang „konsumtive" durch „investive" Ausgaben zu ersetzen, ohne damit die Handlungsfähigkeit des Staates aufs Spiel zu setzen und inakzeptable negative Verteilungswirkungen auszulösen.

Natürlich dürfte es im öffentlichen Sektor – wie auch im privaten Sektor – immer ein gewisses Maß an Ineffizienz und damit auch an Einsparmöglichkeiten geben. Einsparungen in Höhe des durch die Schuldenbremse notwendigen Volumens werden aber an die Substanz gehen und die Handlungsfähigkeit des Staates ernsthaft in Frage stellen, zumal sie vor dem Hintergrund einer geradezu atemberaubend restriktiven Entwicklung der öffentlichen Ausgaben in Deutschland in der Vergangenheit gesehen werden müssen: Die durchschnittliche jährliche Wachstumsrate der gesamtstaatlichen Ausgaben lag in Deutschland von 1998 bis

2008 nominal bei nur 1,4 %. Der Durchschnitt der alten EU lag mit 3,9 % knapp dreimal so hoch. Im betrachteten Zeitraum gab es mit Japan nur einen einzigen Wirtschaftsraum unter 32 Ländern bzw. Ländergruppen, für die die EU-Kommission (2009) Daten vorhielt, der ein niedrigeres Staatsausgabenwachstum verzeichnete als Deutschland (Tabelle 2).

Tabelle 2: Durchschnittliche jährliche Wachstumsraten der gesamten Staatsausgaben von 1998 bis 2008 im internationalen Vergleich in %

Deutschland: Vize-Weltmeister in sparsamer Ausgabenpolitik

	Nominal	Real*		Nominal	Real*
EU-27	4,3	1,5	Großbritannien	6,7	5,2
EU-15	3,9	1,8	Slowakische Republik	6,6	0,7
EWU-16	3,8	1,5	Tschechien	6,3	3,5
EWU-12	3,8	1,5	USA	6,3	3,4
Rumänien	30,8	9,5	Norwegen	6,2	4,2
Lettland	14,7	8,6	Malta	5,6	3,0
Island	13,4	8,6	Portugal	5,3	2,4
Estland	12,5	7,5	Niederlande	4,9	2,5
Bulgarien	10,9	4,0	Belgien	4,1	1,8
Irland	10,9	7,3	Frankreich	3,9	2,0
Ungarn	9,5	2,6	Finnland	3,9	2,1
Slowenien	9,2	3,5	Italien	3,6	1,2
Zypern	9,0	6,1	Schweden	3,5	1,8
Litauen	8,7	5,8	Dänemark	3,2	1,1
Luxemburg	7,6	4,6	Österreich	3,0	1,1
Polen	7,5	3,5	Schweiz	2,0	–
Griechenland	7,4	4,8	**Deutschland**	**1,4**	**-0,2**
Spanien	7,3	3,9	Japan	-1,3	-1,1

* deflationiert mit dem (Harmonisierten) Verbraucherpreisindex
Quelle: Europäische Kommission (2009); eigene Berechnungen.

Das gilt auch für die realen, d.h. mit dem (Harmonisierten) Verbraucherpreisindex deflationierten Staatsausgaben, bei denen Deutschland neben Japan sogar das einzige Land ist, das mit durchschnittlich –0,2 % pro Jahr einen Rückgang zu verzeichnen hatte – im EU-15-Durchschnitt waren es +1,8 % pro Jahr. Deutschland ist Vize-Weltmeister bei der Sparsamkeit der staatlichen Ausgabenpolitik – ein Titel, über den man von der ökonomischen Wissenschaft in Deutschland erstaunlich wenig erfährt, prangert diese doch zumeist die angebliche Verschwendungssucht und den angeblich mangelnden Sparwillen der deutschen Politik an.

Entgegen weit verbreiteter Vorurteile sind die in der jüngeren Vergangenheit fast dauerhaft auszumachenden Defizite in den öffentlichen Haushalten also keineswegs der Ausgabenentwicklung anzulasten: Das nominale Bruttoinlandsprodukt wuchs von 1998 bis 2008 pro Jahr im Durchschnitt um 2,4 %, während die Ausgaben nur mit 1,4 % des BIP wuchsen. Für sich betrachtet muss die Ausgabenentwicklung als strikter Konsolidierungskurs bezeichnet werden.

6. Massive Steuersenkungen als tatsächliche Ursache
für knappe öffentliche Kassen

Weil die Ausgabenentwicklung wie gesehen äußerst restriktiv ausfiel, muss das wesentliche Problem der öffentlichen Haushalte auf der Einnahmenseite gesucht werden. Und in der Tat: Die Finanzierungsbasis des Staates ist durch die lange Stagnationsphase von 2001 bis 2005 und nun erneut durch die globale Wirtschafts- und Finanzkrise dramatisch geschwächt worden. Allerdings sind solche konjunkturbedingten Einnahmenausfälle (und Mehrausgaben) und die durch sie entstehenden Defizite nicht bedrohlich: In einem Aufschwung erholen sich die zuvor eingebrochenen Einnahmen (und die zuvor beschleunigt wachsenden Ausgaben) in relativ kurzer Zeit wieder, so dass zumindest keine gravierende dauerhafte Schwächung der Staatsfinanzen entsteht. Eine dauerhafte Schwächung der Staatsfinanzen tritt jedoch dann ein, wenn Steuersenkungen beschlossen werden – und Steuerreformen hat es seit 1998 tatsächlich in einem gewaltigen Ausmaß gegeben, ohne dass dies in der Regel in den Debatten um die Situation der öffentlichen Haushalte Beachtung findet (ausführlich dazu Truger 2009 und Truger 2010). Abbildung 3 zeigt die fiskalischen Nettoeffekte der Änderungen des Steuerrechts seit 1998 für die Jahre 2000 bis 2010 und ordnet sie den jeweils amtierenden Bundesregierungen zu. Sie wurden durch Addition und ggf. Fortschreibung der vom Bundesfinanzministerium veröffentlichten Finanztableaus ermittelt. Es handelt sich wie gesagt um Nettoeffekte, d.h. zwischenzeitliche Steuererhöhungen sind in den Zahlen berücksichtigt und mit den – quantitativ weitaus bedeutenderen Steuersenkungen saldiert.

Abbildung 3: Auswirkungen von Steuerrechtsänderungen durch die verschiedenen Regierungskoalitionen seit 1998 (2000 bis 2010) in Mrd. €

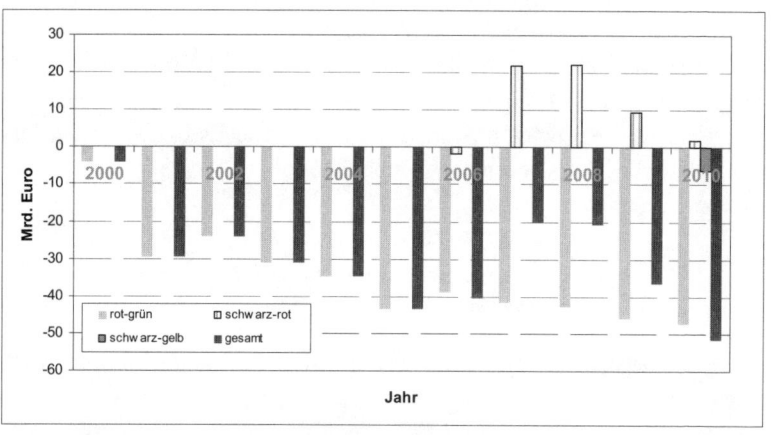

Quelle: Bundesfinanzministerium; eigene Berechnungen.

Nach drastischen Steuersenkungen durch die rot-grüne Bundesregierung, insbesondere die so genannte Steuerreform 2000, kam es seit 2006 zunächst im Zuge der Konsolidierungsbemühungen der großen Koalition zu kompensierenden Mehreinnahmen, insbesondere aufgrund der Erhöhung der Umsatzsteuer. Hätte es danach keine weiteren Änderungen gegeben, hätten sich die Aufkommensverluste in etwa bei der Hälfte der durch die rot-grünen Reformen induzierten Werte stabilisiert. Im Rahmen der Konjunkturpakete wurden dann jedoch weitere Steuersenkungen verabschiedet, so dass bereits im Jahr 2009 die von den zuvor beschlossenen Maßnahmen der großen Koalition herrührenden Mehreinnahmen fast wieder aufgezehrt waren. Trotzdem setzte auch die seit Herbst 2009 regierende schwarz-gelbe Koalition mit dem so genannten Wachstumsbeschleunigungsgesetz (kritisch hierzu Truger/van Treeck 2009) auf weitere Steuersenkungen. Insgesamt belaufen sich die Einnahmenverluste aller Gebietskörperschaften aufgrund der Steuersenkungspolitik seit 1998 in diesem Jahr auf rund 51 Mrd. € (2,1 % des BIP). Abbildung 4 zeigt die Verteilung der Steuereinnahmenverluste auf Bund, Länder und Gemeinden. Dabei wird die Lage des Bundes ab dem Jahr 2007 besser dargestellt als sie war, da er zwar über die Umsatzsteuererhöhung beträchtliche Steuermehreinnahmen zu verzeichnen hatte, davon jedoch ein Prozentpunkt an die Arbeitslosenversicherung zur Finanzierung der Senkung des Beitragssatzes weitergegeben wurde.

Abbildung 4: Auswirkungen von Steuerrechtsänderungen seit 1998 auf die Gebietskörperschaften (2000 bis 2010) in Mrd. €

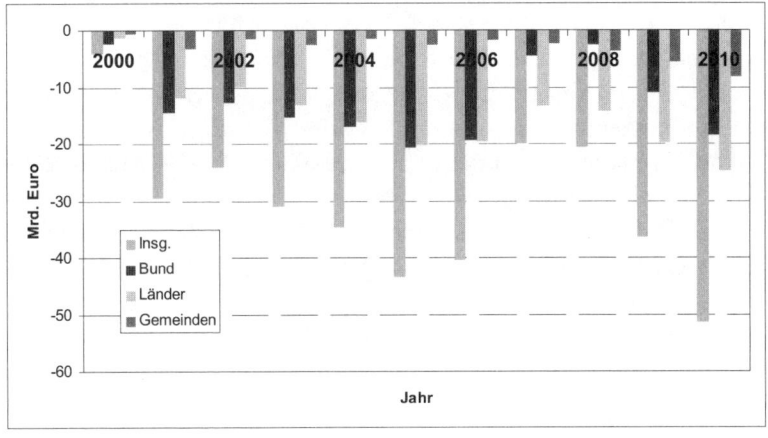

Quelle: Bundesfinanzministerium; eigene Berechnungen.

7. Ökonomische oder politische Grenzen für Steuererhöhungen?

Wenn, wie im vorigen Abschnitt begründet, Ausgabenkürzungen in größerem Umfang zur Finanzierung der zusätzlichen öffentlichen Investitionen ausscheiden, welche alternativen Finanzierungsmöglichkeiten gibt es dann? Immerhin geht es um Summen von 3 % bis möglicherweise sogar 8 % des BIP. In Frage kommen hierzu eine vorübergehend oder dauerhaft höhere Nettoneuverschuldung und die damit einhergehenden Selbstfinanzierungseffekte sowie Steuererhöhungen.

Zunächst spricht einiges für eine höhere Nettoneuverschuldung. Diese kann vorübergehend als Maßnahme zur Ankurbelung der Konjunktur angelegt sein, wie etwa im Rahmen der Konjunkturpakete der Bundesregierung (Horn et al. 2009a). Und selbst langfristig spricht viel für eine Kreditfinanzierung zumindest der öffentlichen (Netto-)Investitionen: Aus Gründen der intergenerativen Gerechtigkeit werden so zukünftige Nutzer über den Schuldendienst an der Finanzierung der öffentlichen Investitionen beteiligt. Das ist auch unter konservativen deutschen Ökonomen eine anerkannte Position (vgl. SVR 2007: 74 ff.). Weitet man die Nettokreditaufnahme zur Finanzierung eines bestimmten zusätzlichen Investitionsbetrages aus und behält das neue Investitionsniveau dauerhaft bei, dann wird es zudem zu erheblichen Selbstfinanzierungseffekten kommen. Aus keynesianischer Sicht ist das wegen des vergleichsweise hohen Multiplikators der öffentlichen Investitionen, der sicherlich bei 1,5 liegen dürfte, unmittelbar einleuchtend. Ceteris paribus und bei einer Staatseinnahmenquote von approximativ 50 %, bedeutet das, dass sich mittelfristig die höheren Investitionsausgaben zu 75% selbst finanzieren würden. Auch aus neoklassischer Sicht kann es über die erhöhte Produktivität und das dadurch steigende Wirtschaftswachstum zu spürbaren Selbstfinanzierungseffekten kommen. In der Praxis wird ein Teil der Selbstfinanzierung zumeist durch endogene Anpassung der Staatsausgaben (höhere Einnahmen führen mittelfristig auch zu höheren Ausgaben) wieder zunichte gemacht. Dennoch sind die Selbstfinanzierungseffekte einer Aufstockung der öffentlichen Investitionen keineswegs vernachlässigbar. Je nach Ausgangslage der Staatsfinanzen wäre es daher sogar ökonomisch denkbar, ein zusätzliches öffentliches Investitionsvolumen von 3 % des BIP schrittweise komplett kreditfinanziert aufzubauen, wobei mittelfristig das Defizit z.B. nur um 1,5% des BIP steigt und die andere Hälfte durch die Selbstfinanzierungseffekte getragen wird.

Aufgrund der Existenz der makroökonomisch kontraproduktiven Schuldenbremse sind solche Überlegungen unter den gegebenen Bedingungen jedoch müßig; die zusätzlichen öffentlichen Investitionen müssten weitestgehend über höhere Steuern finanziert werden. Es stellt sich also die Frage, ob die dazu nötige, voraussichtlich um einige Prozentpunkte höhere Staatseinnahmenquote ökonomisch tolerabel ist. Nach Ansicht vieler VertreterInnen des deutschen ökonomischen Mainstreams ist dies nicht der Fall: Sie gehen explizit oder implizit davon aus, dass eine höhere Staatseinnahmenquote schnell an ökonomische Grenzen stoße. Die üblicherweise dafür angeführten Argumente sind im Wesentlichen negative Leistungsanreize, der demografische Wandel oder der internationale Steuerwettbewerb. Keines dieser Argumente trägt jedoch besonders weit.

Was zunächst die Anreizeffekte angeht, so sind diese seit langem Gegenstand der finanzwissenschaftlichen (Lehrbuch-)Literatur. Dort werden die Auswirkungen der Besteuerung auf wirtschaftlich bedeutende Entscheidungen der privaten Haushalte und der Unternehmen ausführlich untersucht (vgl. etwa Rosen 1999: 375 ff.). Bezüglich der Haushalte stehen vor allem die Arbeitsangebots- und die Sparentscheidung im Mittelpunkt. Es lassen sich allerdings – auch im Mainstream – keine überzeugenden theoretischen oder empirischen Hinweise auf das Vorliegen starker negativer Anreizeffekte der Besteuerung und damit entsprechend negativer Effekte von Steuererhöhungen finden (vgl. ausführlich Corneo 2005; Truger 1999). Für die Erhöhung von Steuern ist schon im einfachsten Lehrbuchmodell theoretisch nicht klar, ob davon positive oder negative Effekte auf das Arbeitsangebot ausgehen. Empirische Ergebnisse sprechen im Durchschnitt nur für sehr geringe negative Reaktionen. Eine insgesamt schwach ausgeprägte Reaktion findet sich im Durchschnitt auch bei der Ersparnisbildung. Hinzu kommt noch, dass selbst eine deutliche Senkung von Arbeitsangebot und Ersparnis in einer Situation erheblicher konjunktureller Unterauslastung sogar begrüßenswert wäre, da sie zumindest kurzfristig die Arbeitslosigkeit senken und über die steigende Konsumquote den privaten Konsum erhöhen würde. Letztlich lässt sich das Resultat eines allenfalls gemäßigten oder sogar nicht existierenden negativen Einflusses der Besteuerung auch auf den Unternehmensbereich übertragen (Corneo 2005). Insgesamt scheinen die Anreizprobleme nicht besonders gravierend zu sein (vgl. Atkinson 1993 und 1999). Dass ein gravierender Einfluss der Staatseinnahmenquote auf das Wirtschaftswachstum unplausibel ist, lässt sich auch durch einen simplen internationalen Vergleich der Staatseinnahmenquote demonstrieren (Abbildung 5). Die Staatseinnahmenquote bewegt sich zwischen 30 % und 60% des BIP, ohne dass sich ein besonderer Bezug zur ökonomischen Performance der verschiedenen Länder aufdrängen würde.

*Abbildung 5: Staatseinnahmenquoten für ausgewählte Länder
1970-2009 in % des BIP*

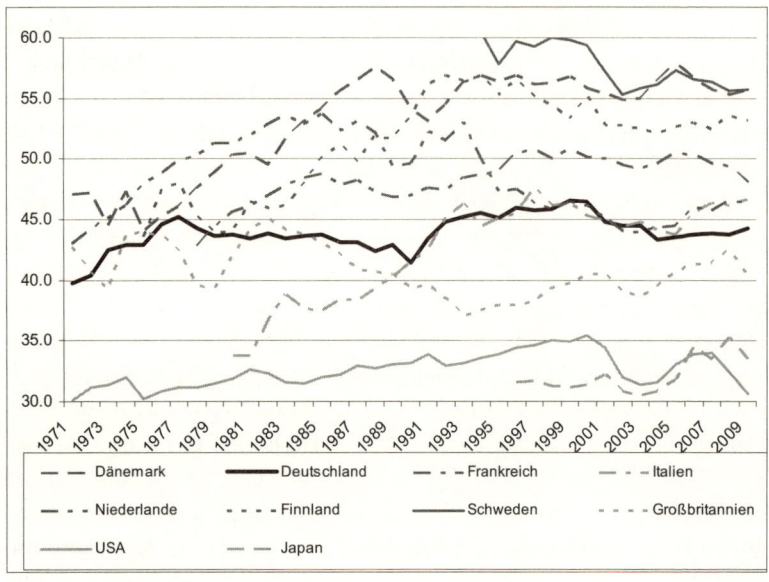

Quelle: Europäische Kommission (2010); eigene Berechnungen.

Was das demografische Argument angeht, so ist es trotz seiner Prominenz in der öffentlichen Debatte im Grunde gar kein eigenständiges Argument. Wenn es so ist, dass ein zunehmender Anteil des BIP für die Versorgung nicht mehr beruflich aktiver Menschen – mithin für Sozialtransfers – ausgegeben werden muss, dann heißt das nichts anderes, als dass die Staatsausgabenquote und damit entsprechend auch die Staatseinnahmenquote steigen müssen. Damit aber wird das demografische Problem letztlich äquivalent zum zuvor bereits beschriebenen Anreizproblem: Ist es möglich, die Staatseinnahmenquote um einige Prozentpunkte zu erhöhen, ohne damit deutlich negative Wachstums- und Beschäftigungseffekte auszulösen? Wie zuvor bereits beschrieben, ist das Anreizproblem nicht als besonders gravierend einzustufen, so dass man auch dem demografischen Problem relativ gelassen begegnen kann.

Der internationale Steuerwettbewerb mit dem trendmäßigen Sinken der Steuersätze stellte lange Zeit zwar sicherlich ein ernst zu nehmendes

Problem dar. Möglicherweise ändert sich dies jedoch gerade, da viele Staaten zur Reduktion ihrer Budgetdefizite auch auf Steuererhöhungen zurückgreifen. Selbst wenn das Problem fortbestehen sollte, so handelt es sich zumindest bisher noch nicht um ein gravierendes Problem für die Finanzierung des Wohlfahrtsstaates insgesamt (vgl. auch Hines 2006): Erstens konzentriert sich das Problem größtenteils im Bereich der Kapitaleinkommens- und Unternehmenssteuern und damit auf einen relativ eng abgegrenzten Teilbereich der Steuern und Abgaben, während zentrale andere Steuern, wie die Lohnsteuer, indirekte Steuern, aber auch vermögensbezogene Steuern, kaum betroffen sind. Insofern handelt es sich eher um ein Steuergerechtigkeits- oder verteilungspolitisches Problem als um eines der Staatsfinanzierung insgesamt. Zweitens zeigt die zeitliche Entwicklung der Steuerstruktur im Zeitablauf in der EU-15 bis heute keinen Bedeutungsverlust der persönlichen Einkommensteuer oder der von inkorporierten Unternehmen gezahlten Gewinnsteuern (Abbildung 6). Beide Steuerkategorien trugen im Jahr 2007 zusammen prozentual nicht weniger zum gesamten Steuer- und Abgabenaufkommen bei als in den drei Jahrzehnten zuvor. Offensichtlich wurden die sinkenden Steuersätze bisher durch Verbreiterungen der Bemessungsgrundlage, aber auch durch einen überproportionalen umverteilungsbedingten Anstieg der Gewinn- und Kapitaleinkommen kompensiert. Das heißt nicht, dass auch in Zukunft kein Bedeutungsverlust dieser Steuern drohen und damit kein Finanzierungsproblem für den Staat insgesamt auftreten könnte. Es ist aber bemerkenswert, dass der Steuerwettbewerb, der bereits seit bestimmt 20 Jahren intensiv diskutiert wird, dennoch bisher in der Aufkommensstruktur so wenig sichtbare Spuren hinterlassen hat. Zudem ist davon auszugehen, dass im Zuge der weltweiten Konsolidierungsbemühungen die Steuersenkungsspirale auf absehbare Zeit zum Halten kommen oder aber mindestens gebremst wird, wenn nicht sogar tendenziell wieder mit steigenden Sätzen zu rechnen ist. Der Vergleich von Abbildung 7 und Abbildung 6 zeigt jedenfalls, dass die in Deutschland im Zeitablauf festzustellende Erosion der persönlichen Einkommensteuer und der Gewinnsteuern von Kapitalgesellschaften eher ein spezifisch deutsches Phänomen als ein unausweichliches und universelles zu sein scheint.

*Abbildung 6: Steuer- und Abgabenstruktur
in % des Gesamtaufkommens, EU-15 (1965-2007)*

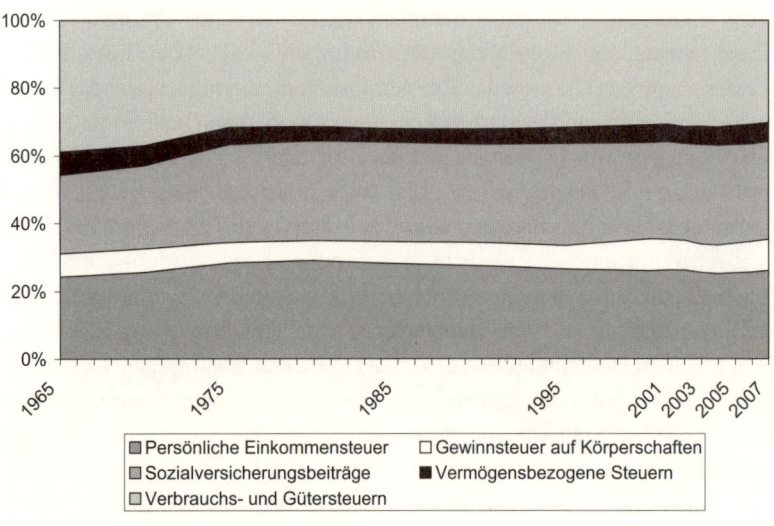

Quelle: OECD 2009; eigene Berechnungen.

Aber selbst wenn in Zukunft mit einem spürbaren Bedeutungsverlust der Kapitaleinkommens- und Unternehmenssteuern gerechnet werden müsste, müsste das die Staatsfinanzierung nicht zwingend ernsthaft bedrohen. Zunächst wäre mit einem wachsenden Problembewusstsein und damit auch zunehmenden internationalen Aktivitäten zur Steuerharmonisierung zu rechnen. Für Deutschland könnte das Problem zudem dadurch weniger bedeutsam sein, dass hierzulande das Aufkommen aus den „gefährdeten" Steuerarten im internationalen Vergleich nur unterdurchschnittlich ist, während gleichzeitig z.B. gerade bei den vermögensbezogenen Steuern noch große Aufkommenspotenziale gehoben werden könnten. So trugen in Deutschland die persönliche Einkommensteuer und die Gewinnsteuer der Körperschaften im Jahr 2007 lediglich 31,2 % zum gesamten Steuer- und Abgabenaufkommen bei; in der EU-15 waren es 34,6 % und in der OECD sogar 36,4 %, wobei das Gesamtniveau der Steuer- und Abgabenbelastung in Deutschland mit 36,2 % Anteil am BIP in etwa auf dem durchschnittlichen Niveau der OECD (35,8 % des BIP), aber weit unterhalb des EU-15-Durchschnitts von 39,7 % lag (OECD

2009). Auch die vermögensbezogenen Steuern (z.B. Erbschaftsteuer, Vermögensteuer i.e.S. und Grundsteuern) trugen in Deutschland nur 2,5 % zum Aufkommen bei, während es in der EU-15 bzw. der OECD 5,4 % bzw. 5,6 % waren (OECD 2009).

Abbildung 7: Steuer- und Abgabenstruktur in % des Gesamtaufkommens, Deutschland (1965-2007)

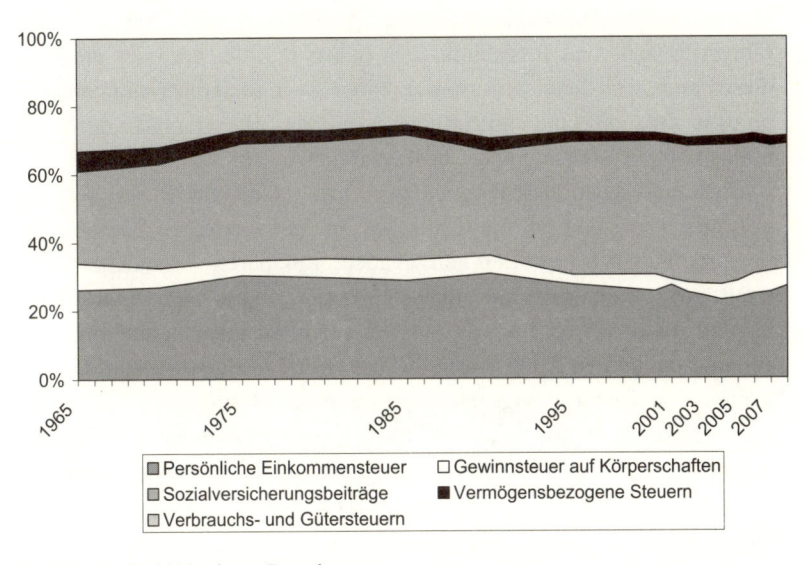

Quelle: OECD 2009; eigene Berechnungen

Insgesamt sind daher die ökonomischen Bedingungen gerade für eine verteilungspolitisch gerechte Erhöhung der Staatseinnahmenquote in Deutschland gut, und es bieten sich zahlreiche Optionen an (vgl. schon Schäfer/Truger 2005). Grundsätzlich kommen eine Erhöhung der Einkommensteuer für BezieherInnen hoher Einkommen, eine Stärkung der Kapitaleinkommensbesteuerung, eine Erhöhung der Erbschaftsteuer, die verfassungskonforme Wiedereinführung der Vermögensteuer, eine Finanztransaktionsteuer sowie eine Rücknahme der jüngsten steuerlichen Privilegien für Unternehmen und ein Ausbau der Unternehmensbesteuerung, insbesondere eine Stärkung und Verstetigung der Gewerbesteuer, in Frage (ein Konzept hierfür ist das im Anhang enthaltene Steuerkonzept der Gewerkschaft Erziehung und Wissenschaft).

8. Finanzpolitische Schlussfolgerungen: Die politischen Grenzen für Steuererhöhungen überwinden

Die Finanzierung der öffentlichen Investitionen und die gesamte Staatsfinanzierung stellen aus den genannten Gründen im Wesentlichen kein ökonomisches, sondern ein politisches Problem dar. Wer einen leistungsfähigen Sozial- und Investitionsstaat haben möchte, der oder die kann diesen auch realisieren. Die zentrale Frage ist in diesem Zusammenhang, ob es in Zukunft gelingen kann, die politische Zustimmung zu den dafür nötigen höheren Steuern und Abgaben zu gewinnen.

Spekulativ seien diesbezüglich zwei denkbare Szenarien skizziert, ein pessimistisches und ein optimistisches. Im optimistischen Szenario gelingt es, einen Tugendkreis aufzubauen: Ein hohes öffentliches Leistungsniveau zusammen mit einer als gerecht empfundenen Staatsfinanzierung stärkt die Bereitschaft, durch Steuern zur Finanzierung beizutragen und ermöglicht damit wiederum das hohe Leistungsniveau. Das pessimistische Szenario dagegen führt in einen Teufelskreis: Schlechte Staatsleistungen mindern die Bereitschaft, Steuern zu zahlen, die Finanzausstattung des Staates sinkt, wodurch die Leistungen sich weiter verschlechtern – der Staat wird immer weiter zurechtgestutzt und verliert an Handlungsfähigkeit und Zustimmung.

Es dürfte klar sein, dass sich Deutschland lange Jahre im oder auf dem Weg zum pessimistischen Szenario befand. Unter der Kohl-Regierung hatte bereits ein systematischer Rückbau des Staates eingesetzt, der unter der rot-grünen Bundesregierung verstärkt fortgesetzt wurde: Massive Steuersenkungen, überdurchschnittlich zugunsten der Reichen und Unternehmen, mit riesigen Steuerausfällen führten zu radikalen Kürzungen auf der Ausgabenseite, die wiederum schlechtere Leistungen, schlechtere Arbeitsbedingungen und Gehaltskürzungen für die im öffentlichen Sektor Beschäftigten brachten. Zugleich wurde ein massiver Vertrauensverlust in die Institutionen der sozialen Sicherung befördert und mit der Agenda 2010 der Sozialstaat drastisch zurechtgestutzt. Unter der schwarz-roten Bundesregierung schließlich waren die Erhöhung der Mehrwertsteuer und die Streichung von „Steuervergünstigungen" vor allem für ArbeitnehmerInnen, aber gleichzeitig erneute große Entlastungen für die Unternehmen zu verzeichnen.

Diese Negativ-Entwicklung müsste durch sichtbare Zeichen staatlicher Handlungsfähigkeit und gerechter Staatsfinanzierung durchbrochen werden, um in das positive Szenario umsteuern zu können. Die im vorliegenden Beitrag thematisierten zentralen Zukunftsinvestitionen und die Handlungsfähigkeit des Staates liegen im elementaren Interesse der großen Mehrheit der Bevölkerung – die so genannte Neue Mitte definitiv eingeschlossen. Durch höhere Ausgaben in den mehrfach benannten staatlichen Aufgabengebieten könnten die Lebensbedingungen der breiten Mehrheit der Bevölkerung stark verbessert werden, während zur Finanzierung die Profiteure der in Deutschland auch im internationalen Vergleich extrem starken Umverteilung der letzten Jahre (OECD 2008) herangezogen werden sollten. In einer Demokratie müsste dies eigentlich politisch ein Gewinnerthema sein. In den vergangenen Jahren sind hierzu immer wieder Chancen vergeben worden. So hat die große Koalition die eigentlich im Koalitionsvertrag angelegte aufkommensneutrale Unternehmenssteuerreform am Ende doch mit erheblichen Entlastungen für die Unternehmen und durch die Abgeltungsteuer auch für Besitzer von Kapitalvermögen versehen. Bei der konjunkturpolitisch extrem riskanten und verteilungspolitisch ungerechten Mehrwertsteuererhöhung wurde die Chance vertan, das Aufkommen wenigstens für Zukunftsinvestitionen zu verwenden (vgl. IMK 2006). Schließlich wurde auch das erhebliche Potenzial der Erbschaftsteuerreform zur verteilungspolitisch gerechten Generierung eines deutlichen Mehraufkommens nicht genutzt und stattdessen ein nur knapp aufkommensneutrales und mit großen Vergünstigungen für Erben von Betriebsvermögen versehenes Gesetz verabschiedet.

Für einen Moment schien es, als hätte sich durch die Finanzmarktkrise und die globale Rezession alles geändert, weil zum Einen der Marktradikalismus an Einfluss verliert (Horn 2008) und zum Anderen die Bundesregierung nach einigem Zögern doch mit zuvor nicht erwarteten, spürbaren Maßnahmen gegen die Konjunkturkrise vorgegangen ist und noch vorgeht (Horn et al. 2009a). Zudem spielten gerade im zweiten Konjunkturpaket die öffentlichen Investitionen eine wichtige Rolle. Die schnelle und erfolgreiche Reaktion auf die Krise war insofern eine hervorragende Demonstration der Handlungsfähigkeit und der wirtschafts- und gesellschaftspolitischen Nützlichkeit des Staates. Von ihr hätte tatsächlich das Signal für ein echtes Umsteuern in Richtung des skizzierten positiven Szenarios ausgehen können. Allerdings wurde diese große Chance erneut vertan: Die Aufstockung der öffentlichen Investitionen im Konjunkturpaket II ist nicht dauerhaft, sondern nur vorübergehend angelegt, so dass spätestens 2011 wieder mit einem deutlichen Einbruch gerechnet werden muss. Zweitens ist wie erläutert die staatliche Einnahmenbasis erneut empfindlich geschwächt worden. Neben der bereits erwähnten Unternehmenssteuerreform wurde die Einkommensteuer im zweiten Konjunkturpaket spürbar und dauerhaft um 6 Mrd. € pro Jahr gesenkt. Die Absetzbarkeit der Beiträge zur Kranken- und Pflegeversicherung führt zusätzlich zu dauerhaften Verlusten von etwa 9 Mrd. € pro Jahr. Neben dieser erheblichen einnahmenseitigen Schwächung der Staatsfinanzen wurde mit der Schuldenbremse ein weiteres die Ausgabenseite extrem unter Druck setzendes Instrument auf den Weg gebracht (Horn et al. 2008). Vorerst bleibt die deutsche Finanzpolitik damit im pessimistischen Szenario gefangen. Angesichts des erwartbaren Scheiterns der gegenwärtigen finanz- und wirtschaftspolitischen Strategie könnte es aber schon bald zu einem Umdenken kommen. Entsprechende Konzepte liegen vor oder werden entwickelt; es bedarf nur noch des politischen Willens zur Umsetzung.

Literatur

Aghion, P./Howitt, P. (1999): Endogenous Growth Theory, Cambridge/Mass. Economics, Vol. 22, S. 3-42.

Atkinson, A.B. (1993): Introduction, in: Atkinson, A.B./Mogensen, G.V. (Hrsg.): Welfare and Work Incentives. A North European Perspective, Oxford, S. 1-19.

Atkinson, A.B. (1999): The Economic Consequences of Rolling Back the Welfare State, Cambridge, Mass., MIT Press.

Bofinger, P. (2008): Das Jahrzehnt der Entstaatlichung, in: WSI Mitteilungen 7, S. 351-357.

Corneo, G. (2005): Steuern die Steuern Unternehmensentscheidungen?, in: Truger, A. (Hrsg.): Können wir uns Steuergerechtigkeit nicht mehr leisten?, Marburg, S. 15-38.

EU-Kommission (2009): Annual macro-economic database (Ameco), October 2009.

EU-Kommission (2010): Annual macro-economic database (Ameco), May 2010.

Gatti, D./Glyn, A. (2006): Welfare States in Hard Times, in: Oxford Review of Economic Policy, Bd. 22, 3/2006, S. 301-312.

Gebhardt, H./Siemers, L. (2008): Perspektiven und Optionen einer wachstumsorientierten Finanzpolitik, in: Wirtschaftsdienst, 6/2008, S. 383-390.

Hines, J.R. (2006): Will Social Welfare Expenditures Survive Tax Competition?, in: Oxford Review of Economic Policy, Bd. 22, 3/2006, S. 330-348.

Horn, G. (2008): Keynesianismus in diesen Zeiten, in: Hagemann, H./Horn, G./Krupp, H.-J. (Hrsg.): Aus gesamtwirtschaftlicher Sicht. Festschrift für Jürgen Kromphardt, Marburg, S. 185-210.

Horn, G./Hohlfeld, P./Truger, A./Zwiener, R. (2009a): Höheres Tempo erforderlich. Zu den Wirkungen des Konjunkturpakets II, IMK Policy Brief, Januar 2009, Düsseldorf.

Horn, G./Truger, A./Proano, C. (2009b): Stellungnahme zum Entwurf eines Begleitgesetzes zur zweiten Föderalismusreform (BT Drucksache 16/12400) und Entwurf eines Gesetzes zur Änderung des Grundgesetzes (BT Drucksache 16/12410), IMK Policy Brief, Mai 2009,Düsseldorf.

Horn, G./Niechoj, T./Proano, C./Truger, A./Vesper, D./Zwiener, R (2008): Die Schuldenbremse – eine Wachstumsbremse? IMK Report Nr. 29/2008, Düsseldorf.

Horn, G./Truger, A. (2007): Für eine makroökonomisch rationale Konsolidierungspolitik: Antworten des Instituts für Makroökonomie und Konjunkturforschung (IMK) in der Hans-Böckler-Stiftung auf den Fragenkatalog zur Anhörung des Landtags Nordrhein-Westfalen zum Antrag der Fraktionen der CDU und der FDP (Drucksache 14/2578) Düsseldorf, 10. Mai 2007: Wider den Staatsbankrott – Streichung des kreditverfassungsrechtlichen Ausnahmetatbestands der „Störung des gesamtwirtschaftlichen Gleichgewichts", IMK Policy Brief, Mai 2007, Düsseldorf.

IMK (2006): Wirtschaftliche Entwicklung 2006 und 2007. IMK Report Nr. 9, Düsseldorf.

IMK-Arbeitskreis Konjunktur (2010): Erholung verlangsamt sich, Prognose Update: Deutsche Konjunktur im Herbst 2010, IMK Report Nr. 55, Oktober 2010, Düsseldorf.

Institute [Arbeitsgemeinschaft deutscher wirtschaftswissenschaftlicher Forschungsinstitute] (2007): Die Lage der Weltwirtschaft und der deutschen Wirtschaft im Frühjahr 2007, in: DIW-Wochenbericht, 17/2007, 74. Jg., S.237-291.

Jaich, R. (2008): Gesellschaftliche Kosten eines zukunftsfähigen Bildungssystems, Gutachten im Auftrag der Hans-Böckler-Stiftung, Düsseldorf.

Josten, S.D./Truger, A. (2003): Zur Neuen Politischen Ökonomie von Wachstum und Verteilung. Grundlegende Wirkungslogik und theoretische Robustheit, in: van Aaken, A./Grözinger, G. (Hg.): Ungleichheit und Umverteilung, Marburg, S. 269-297.

Krugman, P. (2003): The Great Unraveling. Losing our Way in the New Century, New York, London.

Lucas, R.E. (1988): On the Mechanics of Economic Development, in: Journal of Monetary Economics, Vol. 22, S. 3-42.

OECD (2008): Growing Unequal? Income Distribution and Poverty in OECD Countries. Paris.

OECD (2009): OECD Revenue Statistics 2009, Paris.

Pulpanova, L. (2006): Trends in Government Expenditure by Function, Statistics in Focus, Economy and Finance 11/2006, Eurostat, Brussels.

Reidenbach, M./Bracher, T./Grabow, B./Schneider, S./Seidel-Schulze, A. (2008): Investitionsrückstand und Investitionsbedarf der Kommunen. Ausmaß, Ursachen, Folgen, Strategien, Berlin.

Romer, P.M. (1994): The Origins of Endogenous Growth, in: Journal of Economic

Perspectives, Vol. 8, S. 3-22.

Rosen, H.S. (1999) Public Finance, 5. Auflage, Boston u.a. Irwin/McGraw-Hill.

Schäfer, C./Truger, A. (2005): Perspektiven der Steuerpolitik, in: WSI-Mitteilungen 8, S. 439-445.

Schettkat, R./Langkau, J. (Hg.) (2007): Aufschwung für Deutschland. Plädoyer international renommierter Ökonomen für eine bessere Wirtschaftspolitik, Bonn.

SVR [Sachverständigenrat zur Begutachtung der gesamtwirtschaftlichen Entwicklung] (2007): Staatsverschuldung wirksam begrenzen. Expertise im Auftrag des Bundesministers für Wirtschaft und Technologie, Wiesbaden.

Tagesschau (2008): Bildungsgipfel beendet. Viel mehr Geld für Bildung – aber wie? (http://www.tagesschau.de/inland/bildungsgipfel108.html).

Truger, A. (1999): Steuerpolitik, Beschäftigung und Arbeitslosigkeit – Eine kritische Bestandsaufnahme, in: WSI Mitteilungen 12/1999, S. 851-861.

Truger, A. (2009): Ökonomische und soziale Kosten von Steuersenkungen, in: Prokla 154 (1/2009), S. 27-46.

Truger, A. (2010): Schwerer Rückfall in alte Obsessionen – Zur aktuellen deutschen Finanzpolitik, in: Intervention. European Journal of Economics and Economic Policies 1/2010, S. 11-24.

Truger, A./Will, H. (2009): Finanzpolitische und makroökonomische Risiken der Schuldenbremse in Schleswig-Holstein. Stellungnahme des IMK in der Hans-Böckler-Stiftung im Rahmen der schriftlichen Anhörung des Innen- und Rechtsausschusses des Schleswig-Holsteinischen Landtags zum Antrag der Fraktionen von CDU und SPD „Haushalt konsolidieren – Neuverschuldung auf Null reduzieren" (Drucksache 16/2771 Absatz 4), IMK Policy Brief September 2009, Düsseldorf.

Truger, A./Will, H./Köhrsen, J. (2009a): Die Schuldenbremse: Eine schwere Bürde für die Finanzpolitik. Stellungnahme des IMK in der Hans-Böckler-Stiftung im Rahmen der öffentlichen Anhörung des nordrhein-westfälischen Landtags am 17. September 2009, IMK Policy Brief September 2009, Düsseldorf.

Truger, A./Eicker-Wolf, K./Will, H./Köhrsen, J. (2009b): Auswirkungen der Schuldenbremse auf die hessischen Landesfinanzen. Ergebnisse von Simulationsrechnungen für den Übergangszeitraum von 2010 bis 2020, IMK Studies 6/2009, Düsseldorf.

Truger, A./van Treeck, T. (2009): „Wachstumsbeschleunigungsgesetz": Kein spürbarer Wachstumsimpuls zu erwarten, IMK Policy Brief, November 2009, Düsseldorf.

Vesper, D. (2007): Staatsverschuldung und öffentliche Investitionen. Studie im Auftrag der Hans-Böckler-Stiftung, IMK Policy Brief November 2007, Düsseldorf.

Sparen und Kürzen als langjähriges haushaltspolitisches Leitmotiv – das Beispiel Hessen[1]

Kai Eicker-Wolf

1 Einleitung

In der Debatte um die Situation der öffentlichen Kassen steht insbesondere der Bundeshaushalt im Mittelpunkt des Interesses: Während das Anfang Juni verkündete Sparprogramm der Bundesregierung mit einem Volumen von 11,2 Mrd. € für das Jahr 2011 und gut 80 Mrd. € bis einschließlich 2014 kontrovers diskutiert wird, finden die Sparvorhaben der Bundesländer kaum überregional Beachtung. Dies ist erstaunlich, da beispielsweise in Hessen und Thüringen im kommenden Jahr Kürzungen im Gespräch sind, die bei 3,5 % bzw. 7 % des aktuellen Ausgabenvolumens liegen. Damit droht von den Länderhaushalten – nicht zuletzt, um die Vorgaben der im Grundgesetz verankerten Schuldenbremse zu erfüllen – ein erheblicher negativer Impuls auszugehen, der in der Summe möglicherweise sogar größer ausfällt als der negative Effekt der Kürzungen im Bundeshaushalt. Hinzu kommt die desolate Situation der Kommunal-

---

[1] Für Anregungen und Korrekturvorschläge danke ich Patrick Schreiner, Stefan Würzbach und Achim Truger.

haushalte, die auf der Gemeindeebene ebenfalls zu drastischen Sparanstrengungen führen wird.

Vor diesem Hintergrund, aber auch angesichts der Tatsache, dass wesentliche Aufgaben im Bildungs- und Erziehungsbereich (Kindertagesstätten, Schulen und Hochschulen) durch die Bundesländer bzw. die Kommunen erfüllt werden, befasst sich der vorliegende Beitrag mit der Haushaltslage in einem Bundesland, und zwar konkret mit der in Hessen. Ein Blick auf die Entwicklung der hessischen Haushaltssituation ist dabei aus vielen Gründen von Interesse: So hat das Land bereits im Februar 2010 erhebliche ausgabenseitige Kürzungen angekündigt, die sowohl die Landeszuweisungen an die Kommunen als auch den Bildungsbereich im Landeshaushalt betreffen. Außerdem wird in Hessen seit einiger Zeit von Gewerkschaften, Unternehmensverbänden, Sozialbündnissen und den im Landtag vertretenen Parteien kontrovers über die Umsetzung der so genannten Schuldenbremse diskutiert. Nicht zuletzt ist zu bedenken, dass der langjährige hessische Ministerpräsident Koch die Steuerpolitik in Deutschland wesentlich beeinflusst hat – zu denken ist z.B. an die Unternehmensteuerreform 2008 und an die Erbschaftsteuerreform durch die Große Koalition, die beide durch Arbeitsgruppen unter der Leitung von Peer Steinbrück und Roland Koch vorbereitet wurden.

Im folgenden zweiten Kapitel wird zunächst die Einnahmen- und Ausgabenentwicklung des hessischen Landeshaushalts sowie der Kommunalhaushalte in Hessen seit Anfang bzw. Mitte der 1990er Jahre dargestellt, um auf dieser Grundlage die aktuelle Auseinandersetzung um die Haushaltspolitik in Hessen beurteilen zu können. Daran schließt sich eine Darstellung der steuerreformbedingten Einnahmeausfälle seit dem Jahr 2000 an, wobei hier wiederum die Ausfälle sowohl für die Landes- als auch für die Gemeindeebene präsentiert werden. Im vierten Kapitel schließlich geht es um die im vergangenen Jahr ins Grundgesetz geschriebene Schuldenbremse und ihre Auswirkungen auf den hessischen Landeshaushalt. Im abschließenden fünften Kapitel werden die wichtigsten Ergebnisse zusammengefasst und kurz bewertet.[2]

---

[2] Der Aufsatz basiert zum Teil auf zwei Texten, die der Autor insbesondere mit Achim Truger erarbeitet hat (Truger et al. 2009 und Eicker-Wolf/Truger 2010).

2 Einnahmen- und Ausgabenentwicklung der öffentlichen Haushalte in Hessen

2.1 Der hessische Landeshaushalt

In Hessen waren die Haushaltspolitik und die hiermit im Zusammenhang stehenden Debatten ab dem Jahr 2000 stark vom Anstieg des Haushaltsdefizits geprägt (vgl. Abbildung 1). Die Ursache für den Anstieg und die Beständigkeit des hessischen Nettofinanzierungsdefizits von 2001 bis 2004 ist nicht auf der Ausgaben-, sondern auf der Einnahmenseite zu suchen. Abbildung 2 zeigt die Entwicklung der (bereinigten) Gesamtausgaben (mit den und ohne die Zahlungen im Rahmen des Länderfinanzausgleichs und des Kommunalen Finanzausgleichs) sowie der Gesamteinnahmen und der Steuereinnahmen von 1992 bis 2010. Wie ersichtlich, vergrößerte sich das Defizit ab dem Jahr 2000 nicht aufgrund eines übermäßigen Ausgabenanstiegs, sondern aufgrund eines Rückgangs der Einnahmen bis zum Jahr 2004. Aufschlussreich sind in diesem Zusammenhang auch die entsprechenden Wachstumsraten (Abbildung 3 und 7), wobei wir uns zunächst den Ausgaben zuwenden wollen.

Abbildung 1: Das Nettofinanzierungsdefizit im hessischen Landeshaushalt 1992-2010*

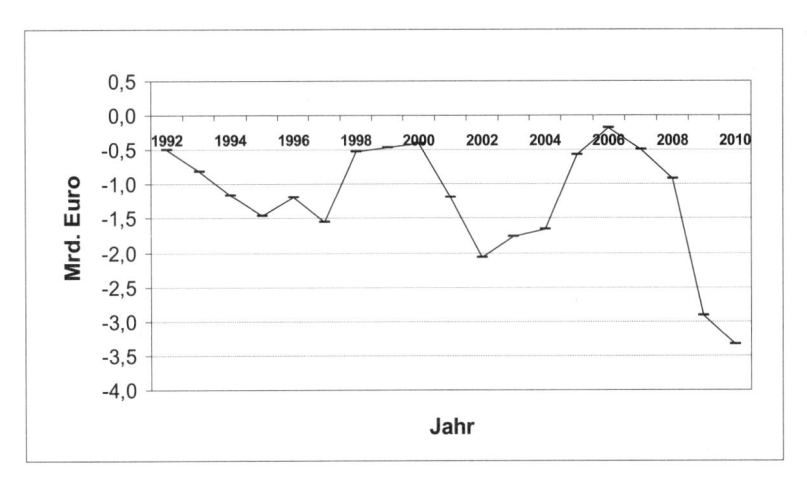

* 2010 = Soll
Quelle: Hessisches Ministerium der Finanzen, eigene Berechnungen

Abbildung 2: Die Einnahmen- und Ausgabenentwicklung im hessischen Landeshaushalt in Mrd. € 1992-2010*

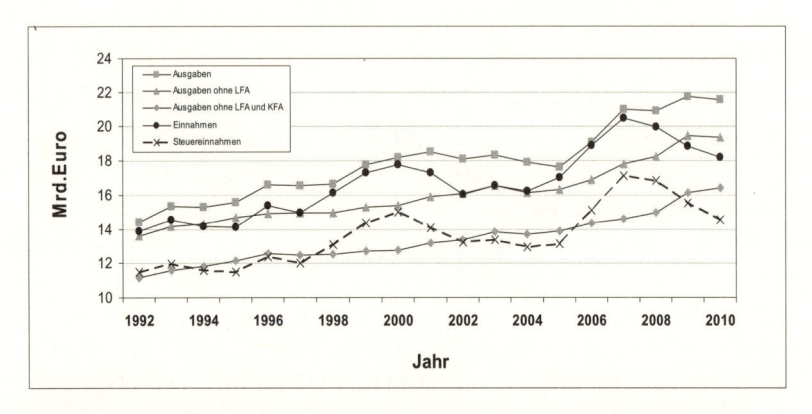

* LFA = Länderfinanzausgleich; KFA = Kommunaler Finanzausgleich; 2010 = Soll.
Quelle: Hessisches Ministerium der Finanzen, eigene Berechnungen

Es fällt auf, dass die Wachstumsraten der Ausgaben gewissen Schwankungen unterliegen, wobei die Ausschläge der Ausgaben einschließlich Länderfinanzausgleich (LFA)[3] und Kommunalfinanzausgleich (KFA)[4] stärker ausfallen als ohne die beiden Ausgabenposten. Insbesondere die Zahlungen im Rahmen des LFA fallen offensichtlich stark ins Gewicht. Die Ausgaben – inklusive LFA und KFA – sind im Zeitraum 1993 bis 2008 mit einem jahresdurchschnittlichen Wert von 2,4 % gewachsen,

---

[3] Hessen gehört als vergleichsweise reiches Bundesland zu den Geberländern im Rahmen des LFA.

[4] Die Kommunen in Deutschland verfügen auf Grund differierender Wirtschaftskraft über unterschiedlich hohe originäre Einnahmen. Sie erhalten daher im Rahmen des KFA Mittel aus dem jeweiligen Landeshaushalt. Ziel des KFA ist es in erster Linie, allen Kommunen eines Landes einen finanziellen Mindeststandard zu gewährleisten sowie übermäßige Finanzkraftunterschiede zwischen ihnen zu vermeiden. Der KFA ist im Grundgesetz in Art. 106, Abs. 7 verankert. Danach sind die Länder verpflichtet, einen Teil der ihnen zufließenden Gemeinschaftsteuern an ihre Gemeinden weiterzuleiten. Darüber hinaus können die Kommunen im Rahmen des KFA an weiteren Landessteuern beteiligt werden. Die Höhe des Anteils an den Gemeinschaftsteuern (und gegebenenfalls an weiteren Steuern), die so genannte Verbundquote, bestimmt der Landesgesetzgeber. Zum KFA vgl. auch die Ausführungen im folgenden Abschnitt 2.2.

während der Abzug von LFA bzw. von LFA und KFA zu einem Durchschnittswert von je 1,9 % führt. Alles in allem haben sich die Ausgaben (ohne LFA und KFA) vergleichsweise kontinuierlich entwickelt, wobei der Ausgabenrückgang im Jahr 2004 – dem Jahr der so genannten „Operation Sichere Zukunft" – besonders auffällt:[5] Dieses Kürzungsprogramm wurde im Jahr 2003 beschlossen, nachdem die Chefgespräche für den Landeshaushalt 2004 abgeschlossen waren. Um das Defizit zu senken, wurden gegenüber der ursprünglichen Planung Ausgabenkürzungen, Gebührenerhöhungen und die Veräußerung von Landesvermögen in Höhe von insgesamt gut 1 Milliarde € beschlossen. Im Ist-Vergleich zum Vorjahr sanken die Ausgaben des Landes Hessen um über 400 Mio. €.[6] Unter konjunkturpolitischen Gesichtspunkten ist dabei bemerkenswert, dass die „Operation Sichere Zukunft" eine stark prozyklische Ausrichtung hatte: in den Jahren 2003 und 2004 lag der Anstieg des realen Bruttoinlandsprodukts (BIP) in Hessen bei gerade einmal 0,5 bzw. 0,4 %.[7]

Der Sparkurs der hessischen Landesregierung setzte längerfristig vor allem – auch über die unmittelbar wirkenden Sparbeschlüsse der „Operation Sichere Zukunft" hinaus – auf eine Reduzierung der Beschäftigung im öffentlichen Dienst des Landes (vgl. HMF 2003: 22).[8] Einsparungen erfolgten bei den Einkommen der Landesbediensteten, wobei dies im Zusammenhang mit dem Austritt des Landes Hessen aus der *Tarifgemeinschaft deutscher Länder* (TdL) zum 31.03.2004 steht: Weihnachts- und Urlaubsgeld wurden gekürzt bzw. gestrichen, längerfristige Lohnsteigerungen blieben für einen längeren Zeitraum aus. Zudem baute die Lan-

---

[5] Vgl. zur „Operation Sichere Zukunft" ausführlich Eicker-Wolf (2004) und Truger/Eicker-Wolf/Blumtritt (2007: 11 ff.).

[6] Auch ohne LFA sanken die Landesausgaben um gut 400 Mio. €. Ausgehend vom durchschnittlichen Anstieg der Landesausgaben ohne LFA (seit 1993) in Höhe von 1,9 % hätten die Ausgaben im Jahr 2004 gegenüber dem Vorjahr um rund 250 Mio. € steigen müssen. Zusammengenommen ergibt dies einen negativen konjunkturellen Impuls in Höhe von 650 Mio. €, was 0,3 % des hessischen BIP im Jahr 2004 entspricht.

[7] Deutschland und auch Hessen durchliefen in den Jahren 2001 bis 2005 eine lange wirtschaftliche Stagnationsphase, die durch schwache Wachstumszahlen oder BIP-Rückgänge geprägt war (vgl. dazu ausführlich Eicker-Wolf et al. 2009).

[8] Detaillierte Angaben zu den Kürzungen – etwa bei den Investitionen in Höhe von 60 Mio. € oder im Sozialbereich in Höhe von 30 Mio. € – finden sich in Eicker-Wolf (2004).

desregierung Beschäftigung ab, indem die Arbeitszeit für die Beamten, alle Neueinstellungen sowie im Falle von Änderungen im Arbeitsvertrag von nicht verbeamteten Beschäftigten nach Alter gestaffelt von 38,5 auf bis zu 42 Wochenstunden verlängert wurde. Außerdem erfolgte eine Verdichtung von Arbeit durch die Zusammenlegung von Behörden, und die Landesregierung verhängte einen weitgehenden Einstellungsstopp mit dem Ziel, über 9.000 Stellen abzubauen (HMF 2003: 22 und 33).[9] Seit 2010 gilt in Hessen ein neuer Tarifvertrag für den öffentlichen Dienst des Landes Hessen (TV-H), der die Wochenarbeitszeit auf 40 Stunden festlegt.

Generell ist zu bedenken, dass es sich bei den in den Abbildungen 2 und 3 dargestellten Sachverhalten um nominale Entwicklungen handelt. Wenn berücksichtigt wird, dass die Inflationsrate (BIP-Deflator) im Zeitraum 1993-2008 bei durchschnittlich 1,2 % lag, dann haben sich die Ausgaben real im Jahresdurchschnitt um gerade einmal 1,2 % erhöht. Ein Ausklammern von LFA und KFA reduziert den Anstieg auf jahresdurchschnittlich gerade noch 0,7 %. Die sehr zurückhaltende Ausgabenentwicklung ist auch an der Entwicklung der Staatsquote – also der Ausgaben im Landeshaushalt bezogen auf das hessische BIP – ablesbar (Abbildung 4): Diese Staatsquote weist vom Trend her seit Mitte der 1990er Jahre nach unten – auch hier gilt, dass dies insbesondere nach Abzug von LFA und KFA der Fall ist. Erst im Jahr 2009 steigt die Staatsquote bedingt durch die Wirtschaftskrise wieder deutlich an.

---

[9] Die Umsetzung der Personaleinsparungen erfolgte vor allem dadurch, dass freiwerdende Stellen im Regelfall durch landeseigene und nicht durch externe Bewerber besetzt wurden. Die konkrete Umsetzung dieser Aufgabe oblag der Personalvermittlungsstelle, kurz PVS (vgl. dazu ausführlich HMF 2006: 33 f.).

Sparen und Kürzen als langjähriges haushaltspolitisches Leitmotiv 51

Abbildung 3: Veränderung der Ausgaben im hessischen Landeshaushalt gegenüber dem Vorjahr in % 1993-2010*

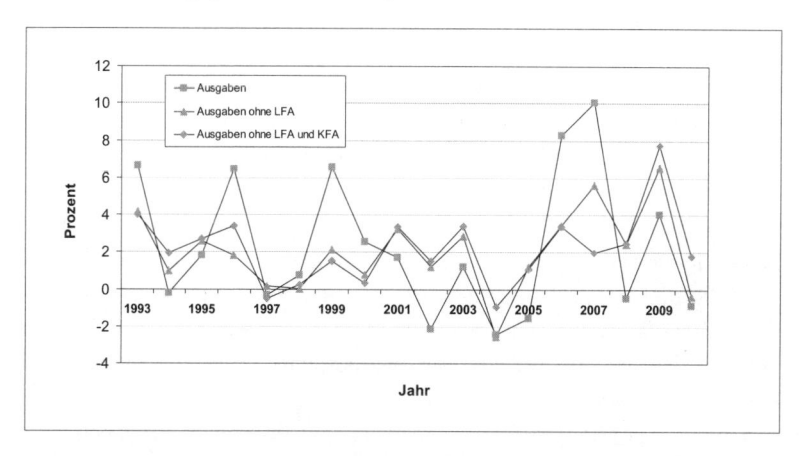

* LFA = Länderfinanzausgleich; KFA = Kommunaler Finanzausgleich; 2009 = Soll, 2010 = Haushaltsentwurf
Quelle: Hessisches Ministerium der Finanzen, eigene Berechnungen

Abbildung 4: Die hessische Staatsquote (staatliche Ausgaben im Landeshaushalt in % des hessischen BIP) 1992-2009*

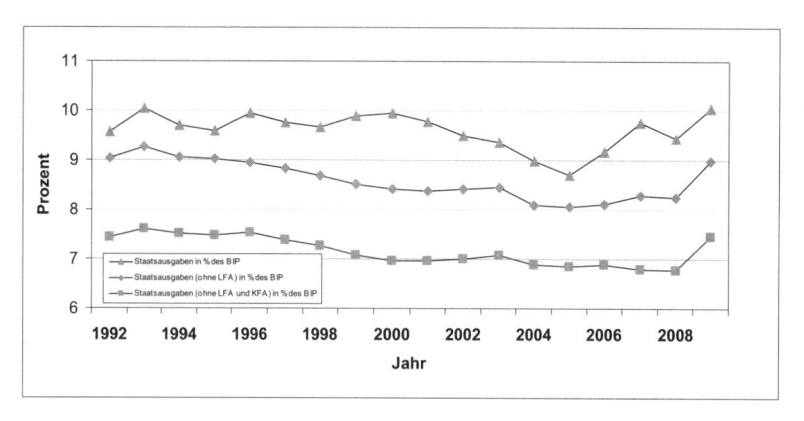

* LFA = Länderfinanzausgleich; KFA = Kommunaler Finanzausgleich
Quelle: Hessisches Ministerium der Finanzen, Statistisches Bundesamt, eigene Berechnungen

Mit Blick auf die im Zuge der „Operation Sichere Zukunft" angestrebte Reduzierung des Personalbestands ist natürlich von besonderem Interesse, welchen Trendverlauf die öffentlichen Personalausgaben aufweisen. Daneben ist die Entwicklung der öffentlichen Investitionen relevant, da diese z.B. durch den Erhalt und den Neubau von Bildungseinrichtungen einen wesentlichen Einfluss auf die Lebensqualität der privaten Haushalte hat. Zudem ist die staatliche Bereitstellung der öffentlichen Infrastruktur auch eine wesentliche Voraussetzung für private Wirtschaftsaktivitäten. Aus Sicht der Unternehmen weist die öffentliche Infrastruktur eine Vorleistungs- bzw. Komplementärfunktion auf, sie erhöht die unternehmerische Produktivität und senkt die Produktionskosten. Fallen die staatlichen Investitionen zu gering aus, wird sich dies auf längere Sicht negativ auf das Wirtschaftswachstum in dem entsprechenden Wirtschaftsraum auswirken.

Um zur Entwicklung der Personal- und der Investitionsausgaben sinnvolle Aussagen treffen zu können, werden hier die Personalausgaben bzw. die Investitionen des Landes auf Basis der Personal- und Investitionsquoten des *Hessischen Rechnungshofs* zu Grunde gelegt. Der Hessische Rechnungshof bereinigt verschiedene Ausgabenkategorien um die Ausgliederungen der Hochschulen und bestimmte andere Sondereinflüsse, damit die Vergleichbarkeit der Kennzahlen über einen mehrjährigen Zeitraum gewährleistet ist.[10] Zunächst wollen wir uns den Personalausgaben zuwenden.

Wie dargestellt, war ein wesentliches Ziel der „Operation Sichere Zukunft" die nachhaltige Verminderung der Personalausgaben bzw. der Personalkostenquote, die seit 1992 stark gestiegen ist: Die bereinigte Personalausgabenquote, wie sie der *Hessische Rechnungshof* berechnet, hat sich seit dem Jahr 1992 im Laufe von zehn Jahren um 5 Prozentpunkte erhöht und weist seit dem Jahr 2004 einen wieder fallenden Trend auf (Abbildung 5). Auch die im Jahr 2009 ins Amt gewählte Landesregie-

---

[10] Vgl. z.B. Hessischer Rechnungshof (2009: 58 f.). Der Hessische Rechnungshof stellt die absoluten Werte der bereinigten Werte der hier interessierenden Personal- und Investitionsausgaben nicht zur Verfügung. Diese Zahlen können aber indirekt über die vom Hessischen Rechnungshof publizierten Quoten ermittelt werden, da der Nenner dieser Quoten – die Ausgaben des Landes Hessen – für jedes Jahr bekannt ist.

rung Koch/Hahn will erreichen, dass die Personalausgabenquote weiter sinkt.[11]

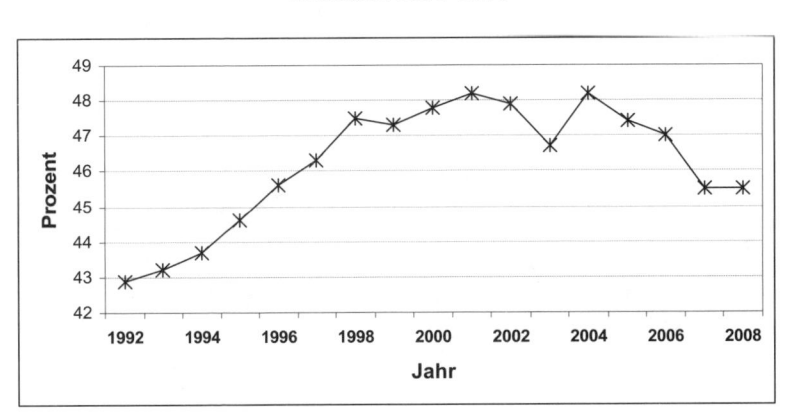

Abbildung 5: Die bereinigte Personalausgabenquote*
in Hessen 1992-2008

*Personalausgaben einschl. Versorgungsausgaben, Gesamtausgaben ohne LFA.
Quelle: Hessischer Rechnungshof

Tatsächlich ist die Personalausgabenquote kein besonders sinnvoller Indikator, um über die Personalkostenentwicklung Aussagen zu treffen. Denn generell ist zu bedenken, dass sich Veränderungen von einzelnen Ausgabenpositionen in den Gesamtausgaben abbilden und damit auch Auswirkungen auf spezielle Ausgabenquoten wie die Personalausgabenquote haben. Beispielsweise führen Kürzungen bei den Investitionsausgaben unter sonst gleichen Bedingungen zu einer steigenden Personalausgabenquote, ohne dass die Personalausgaben zugenommen haben. Deshalb ist es wesentlich sinnvoller, die Personalausgaben der öffentlichen Hand auf das BIP zu beziehen. Wird dies für Hessen gemacht, dann zeigt sich, dass von einer übermäßigen Zunahme der Personalaus-

---

[11] Die 2009 gebildete CDU/FDP-Landesregierung will laut Koalitionsvertrag zwar zusätzliche Beschäftigung in den Bereichen Bildung und innere Sicherheit schaffen, dies aber mit einem Stellenabbau in gleicher Höhe an anderer Stelle verbinden. Vgl. FDP Hessen/CDU Hessen (2009: 82).

gaben nicht die Rede sein kann, im Gegenteil: Die Personalausgaben sind – egal ob mit oder ohne Einberechnung der Versorgungsausgaben – ab 1993 zunächst nur leicht gestiegen, und weisen seit 1998 als Anteil am hessischen BIP einen sinkenden Trend auf (Abbildung 6).

Abbildung 6: Die Personalausgaben des Landes Hessen in % des hessischen BIP 1992-2008

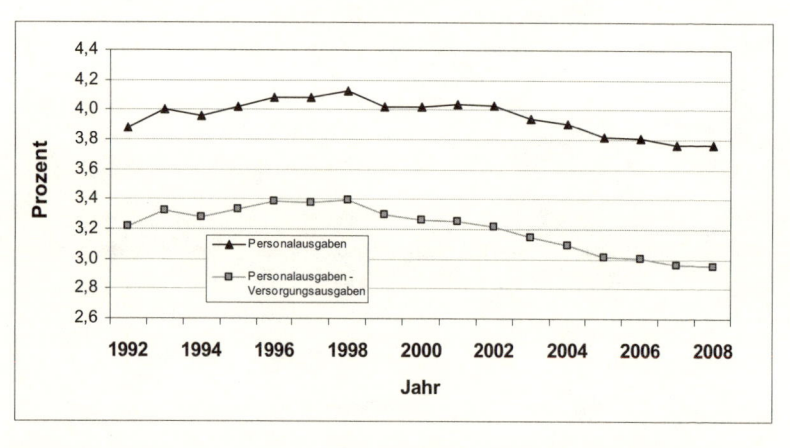

Quelle: Hessischer Rechnungshof, Statistisches Bundesamt, eigene Berechnung

Neben den Personal- haben sich auch die Investitionsausgaben des Landes Hessen gemessen am BIP über einen längeren Zeitraum rückläufig entwickelt – ein Trend, der in Deutschland schon seit Beginn der 1970er Jahre zu beobachten ist. Deutschland schneidet seit längerer Zeit mit seinen Infrastrukturausgaben im internationalen Vergleich sehr schlecht ab.[12] In Hessen sind die Investitionen des Landes – gemessen am BIP – seit Anfang der 1990er Jahre um mehr als ein Drittel gesunken (vgl. Abbildung 7).

[12] Vgl. dazu den Beitrag von Achim Truger in diesem Sammelband.

Abbildung 7: Die Investitionsausgaben des Landes Hessen in % des hessischen BIP 1992-2008

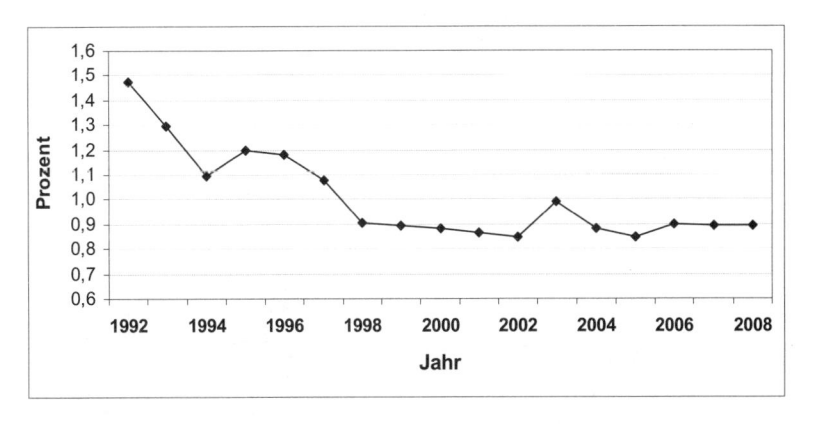

Quelle: Hessischer Rechnungshof, Statistisches Bundesamt, eigene Berechnung

Damit kommen wir zur Einnahmenseite des hessischen Landeshaushalts. Wie Abbildung 8 zu entnehmen ist, weisen die hessischen Einnahmen eine wesentlich höhere Schwankungsbreite auf als die Ausgaben (vgl. Abbildung 2), besonders auffällig sind die hohen absoluten und prozentualen Rückgänge in den Jahren ab 2001: Die Einnahmenentwicklung spiegelt auch in Hessen die Ausfälle aufgrund der Steuerreformen der rot-grünen Bundesregierung seit 2000 wider – hierauf wird im Kapitel 3 ausführlich eingegangen. Die überdurchschnittlich gute Einnahmenentwicklung ab 2006 hat ihre Ursache in der vergleichsweise positiven Konjunkturentwicklung, wobei jedoch auch steuerpolitische Maßnahmen der Großen Koalition wie die Erhöhung der Mehrwertsteuer im Jahr 2007 eine wichtige Rolle spielen.

Das Jahr 2009 stellt durch die Weltwirtschaftskrise eine Zäsur für die öffentlichen Haushalte in Hessen wie auch in Deutschland insgesamt dar – auf der Einnahmenseite, weil die Steuereinnahmen sehr stark einbrachen. Zumindest mit dem Haushalt für das Jahr 2009 hat die Landesregierung, anders als im Rahmen der „Operation Sichere Zukunft", keine prozyklische Richtung eingeschlagen. Die Ausgaben des Landes (ohne LFA) sind gegenüber dem Vorjahr deutlich gestiegen; dieser Wert liegt klar über dem Trend seit Mitte der 1990er Jahre (vgl. Abbildung 2 und 3). Im Hinblick auf die Ausgabentätigkeit des Landes muss auch das auf zwei Jahre angelegte Sonderinvestitionsprogramm mit einem Volumen von 1,7 Mrd. € beachtet werden, dessen größerer Teil den Kommunen in Hessen zufließt. Dieses Programm setzt in den Jahren 2009 und 2010 einen deutlichen expansiven Impuls.[13]

Abbildung 8: Veränderung der Einnahmen gegenüber dem Vorjahr in % 1993-2010*

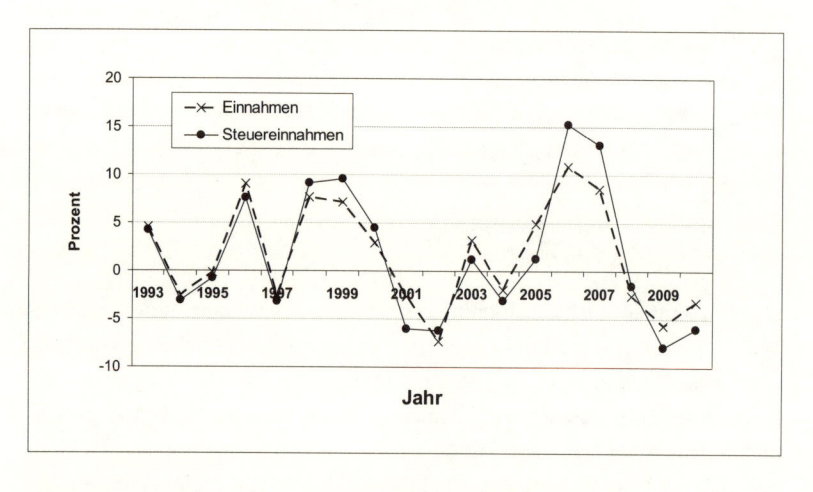

*2010 = Soll.
Quelle: Hessisches Ministerium der Finanzen, eigene Berechnungen

Nachdem das Ausgabenvolumen im Jahr 2010 nach den Haushaltsplanungen gegenüber 2009 annähernd stagnieren soll, beabsichtigt die Landesregierung im Jahr 2011 wieder auf einen stark restriktiven Kurs umzuschwenken. So kündigte der hessische Finanzminister Karlheinz Weimar am 19.02.2010 in der *Frankfurter Allgemeinen Zeitung* an, im Jahr 2011 die Ausgaben aller Ministerien um 3,5 % verringern zu wollen.

---

[13] Die Verbuchung der Schulden, die das Land für das Investitionsprogramm aufnimmt, erfolgte bei der LTH-Bank, wodurch ein Schattenhaushalt entstanden ist. Die Tilgung ist im Laufe von 30 Jahren vorgesehen: 5/6 der Tilgungsleistung entfallen auf das Land, 1/6 auf die Kommunen. Die anfallenden Zinsen sollen im Rahmen des kommunalen Finanzausgleichs verrechnet werden. Vgl. zum Investitionsprogramm des Landes Eicker-Wolf/ Truger (2010: 36 f.).

Diese Sparvorgabe entspricht einem Volumen von rund 700 Mio. €. In dem Gespräch mit der FAZ kündigte Weimar auch an, die ebenfalls schon länger angekündigte und für das kommende Jahr vorgesehene Kürzung des Kommunalen Finanzausgleichs (KFA) von 400 Mio. € umzusetzen.[14] Gegen dieses Vorhaben gab es – und gibt es nach wie vor – erhebliche Proteste der hessischen Kommunen. Ende März wurde dann bekannt, dass im Landeshaushalt des Jahres 2011 auch bei den Bildungsausgaben gekürzt werden soll: Im Hochschulbereich belaufen sich die Kürzungen auf 30 Mio. €, im Schulbereich sogar auf 45 Mio. €.[15]

Am 07.07.2010 stellte der hessische Finanzminister dann ausführlich die konkreten Planungen des Landeshaushalts für das kommende Jahr vor.[16] Danach ist vorgesehen, die Gesamtausgaben um rund 680 Mio. € zu kürzen, damit das Nettofinanzierungsdefizit auf diesem Wege um immerhin fast 650 Mio. € verringert wird. Die Investitionen sollen um rund 390 Mio. € gegenüber dem Vorjahr fallen. Die Zuweisungen des Landes an die Kommunen im Rahmen des KFA werden um 360 Mio. € abgesenkt. Der hessische Finanzminister begründet diesen Schritt damit, dass die außerordentliche Steuerkraft der hessischen Kommunen und eine daraus resultierende Belastung des Landes im Länderfinanzausgleich (LFA) zu einer Schieflage bei der Verteilung der in Hessen verbleibenden Steuereinnahmen zwischen Land und Kommunen geführt hätten. In keinem anderen Bundesland, so Weimar, sei die Finanzverteilung mit 49,5 % für die Kommunen zu 50, 5 % für das Land so negativ ausgeprägt.[17] Tatsächlich sind dieses und weitere Argumente des Landes

---

[14] Neben dem Eingriff in den KFA hat das Land Mitte April 2010 eine weitere Kürzung bei den Kommunen angekündigt: Die Kosten für die bereits vor Veröffentlichung einer entsprechenden Verordnung Ende 2008 umgesetzten Mindeststandards für die Kinderbetreuungseinrichtungen in den Kommunen sollen entgegen einer entsprechenden Zusage im Jahr 2008 nicht erstattet werden. Vgl. dazu Frankfurter Rundschau vom 21.04.2010: „Frühe Starter gehen leer aus."

[15] Ende Mai stimmte das Land Hessen im Rahmen der Kultusministerkonferenz dann auch als einziges Land dagegen, die Bildungsausgaben bis zum Jahr 2015 zu erhöhen, vgl. Frankfurter Rundschau vom 27.05.2010: „Kultusminister wollen nicht sparen."

[16] Vgl. Hessisches Ministerium der Finanzen, Pressemitteilung Nr. 94 vom 07.07.2010 und die dazugehörige Präsentation.

[17] Vgl. ebd.

wenig überzeugend.[18] So sollte z.B. bei der Steuerverteilung nicht nur der KFA, sondern auch die Zuweisungen des Landes an die Kommunen außerhalb des KFA einbezogen werden. Wird dies gemacht, dann ergeben sich sehr stark schwankende Anteilswerte, und der Landeswert entspricht zuletzt fast dem Wert des Jahres 2007. Eine längerfristige Besserstellung der Kommunen zu Lasten des Landes ist nicht auszumachen.[19] Generell sollen die Zuweisungen des Landes die Kommunen in die Lage versetzen, die ihnen zugewiesenen Aufgaben zu erfüllen. Wenn sich hier entsprechende Veränderungen ergeben hätten, wäre der Eingriff des Landes möglicherweise gerechtfertigt. Dies ist aber offensichtlich nicht der Fall. Deshalb liegt der Verdacht nahe, dass das Land seinen Haushalt zum Teil auf Kosten der Kommunen sanieren will.

2.2 Die Kommunalhaushalte in Hessen

Wird die Entwicklung der Gemeindefinanzen in Hessen[20] seit Mitte der 1990er Jahre betrachtet,[21] dann zeigt sich in den ersten Jahren eine aus-

---

[18] Vgl. zum Eingriff des Landes in den KFA ausführlich Eicker-Wolf/Truger (2010: 39 ff.).

[19] Der neue hessische Ministerpräsident Volker Bouffier hat in seiner Regierungserklärung am 7. September 2010 die Einrichtung eines Kommunalen Gemeinschaftsfonds („Kommunaler Schutzschirm") verkündet. Dieser Fonds soll mit bis zu 3 Mrd. Euro ausgestattet werden und den hochverschuldeten Kommunen helfen. Details sind noch nicht geregelt, über die genaue Ausgestaltung will das Land mit den Kommunalen Spitzenverbänden reden. Letztere stehen dem Fonds allerdings skeptisch gegenüber und verlangen nach wie vor die Rücknahme der Kürzungen im Kommunalen Finanzausgleich in Höhe von 360 Mio. € (vgl. FAZ vom 10.09.2010: „Kommunen rechnen mit strikten Vergaberegeln für Fonds").

[20] Die Kommunal- oder Gemeindefinanzen umfassen hier die Finanzen der kreisfreien Städte, der kreisangehörigen Gemeinden, der Kreishaushalte und des Landeswohlfahrtsverbands – die Zweckverbände sind anders als bei Eicker-Wolf/Truger (2010) grundsätzlich nicht erfasst. Generell besteht bei der Analyse der kommunalen Haushaltsentwicklung das Problem der Auswirkungen von Ausgliederungen kommunaler Einrichtungen. Im Gegensatz zu Regiebetrieben werden Eigenbetriebe und Eigengesellschaften mit ihren Einnahmen und Ausgaben nicht mehr (voll) im kommunalen Haushalt erfasst (vgl. Bundesbank 2000: 52 ff.). Ausgliederungen haben z.B. einen dämpfenden Effekt auf die Gebühreneinnahmen sowie die Personal- und Sachinvestitionen.

[21] Da für Hessen die Daten erst ab 1994 in elektronischer Form zur Verfügung

Sparen und Kürzen als langjähriges haushaltspolitisches Leitmotiv 59

gabenseitige Konsolidierung, die bei einer moderaten Entwicklung der Einnahmen ab 1998 für drei Jahre zu Haushaltsüberschüssen führt. Ab dem Jahr 2001 gerieten die Kommunen dann wieder unter beträchtlichen Druck, weil die Einnahmen wegbrechen. Im Zuge der konjunkturellen Belebung, die im Jahr 2005 beginnt und in den darauf folgenden Jahren zu beträchtlichen Einnahmensteigerungen führt, erzielen die Kommunen wieder Überschüsse und erhöhen ihre Ausgaben (vgl. Abbildung 9).

Abbildung 9: Einnahmen und Ausgaben der Kommunen in Hessen 1994-2009

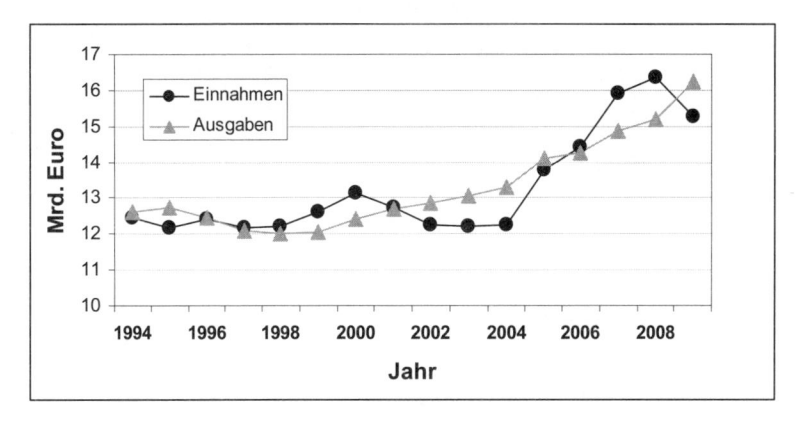

Quelle: Hessisches Statistisches Landesamt, eigene Berechnungen und Darstellung.

Die wichtigste Einnahmegröße der Gemeindeebene sind die Steuereinnahmen, die besonders stark schwanken (vgl. Abbildung 10). Daneben spielen in Bezug auf die Einnahmenentwicklung die Landeszuweisungen

stehen, stellen die Abbildungen für die hessischen Kommunen die Entwicklung jeweils erst ab diesem Zeitpunkt dar. Die Zahlen für die hessischen Kommunen beruhen bis einschließlich 2007 auf der (jährlich) durchgeführten Jahresrechnungsstatistik, die Zahlen für 2008 und 2009 auf der vierteljährlichen Kassenstatistik. Infolge der Umstellung auf die doppelte Buchführung ist nach Angaben des Hessischen Statistischen Landesamtes zudem ab 2008 mit einer Beeinträchtigung der Datenqualität zu rechnen. Im Jahresvergleich ergeben sich insbesondere bei kreisfreien Städten und Landkreisen Zahlenbrüche. Die Aussagekraft der Zahlen für die Jahre 2008 und 2009 ist deshalb eingeschränkt.

an die Kommunen eine bedeutende Rolle. Besonders wichtig sind dabei die Zuweisungen der Länder, die im Zuge des KFA[22] erfolgen. In Hessen sinken die Landeszuweisungen von 1994 bis 1998, dann erhöhen sie sich bis zum Jahr 2000 wieder auf das Niveau von 1994 und verharren dort für die nächsten vier Jahre. Danach erfolgen im Jahr 2004 ein Einbruch und ein langsamer Anstieg bis 2006. 2007 steigen die Zuweisungen dann deutlich. Insgesamt schwanken die Zuweisungen des Landes in Hessen zwischen 1994 und 2006 in einem Korridor zwischen 2,8 und 3,1 Mrd. € (vgl. Abbildung 10).

Abbildung 10: Die Steuereinnahmen und die Landeszuweisungen der Kommunen in Hessen 1994-2009*

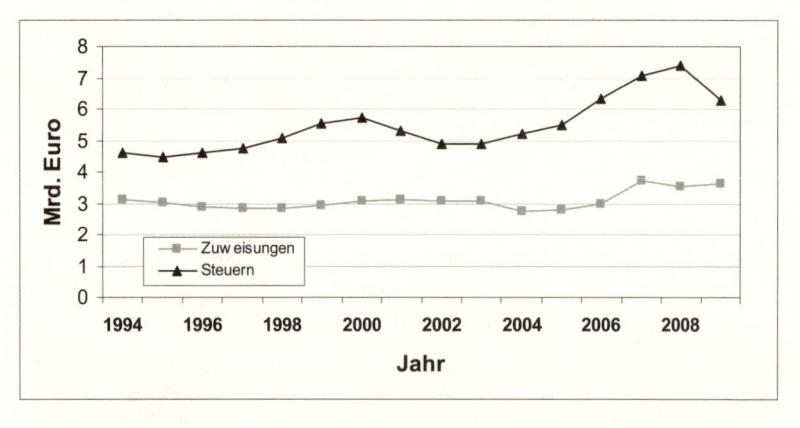

* Steuern abzüglich Gewerbesteuerumlage und einschließlich steuerähnlicher Einnahmen.
Quelle: Hessisches Statistisches Landesamt, eigene Berechnungen und Darstellung.

---

[22] Grundlage des hessischen KFAs sind die insbesondere um den Länderfinanzausgleich geminderten Einnahmen des Landes aus der Einkommen-, der Körperschaft-, der Umsatz- und der Vermögensteuer sowie der Kfz-Steuer bzw. den Zuweisungen vom Bund zum Ausgleich der wegfallenden Einnahmen aus der Kfz-Steuer und der LKW-Maut, der Grunderwerbsteuer und der Gewerbesteuerumlage. Aus diesem Aufkommen erhalten die Kommunen 23 %.

Sparen und Kürzen als langjähriges haushaltspolitisches Leitmotiv   61

Trotz restriktiver Ausgabenpolitik kämpfen die Kommunen seit Mitte der 1990er Jahre mit einer strukturellen Unterfinanzierung. Als Indiz für die sehr zurückhaltende Ausgabenpolitik kann die Ausgabenquote („kommunale Staatsquote") – das Verhältnis der Kommunalausgaben zum gesamtwirtschaftlichen Produktionsvolumen, also zum BIP – angeführt werden. Diese Quote ist ab Mitte der 1990er stark zurückgegangen (vgl. Abbildung 11). Der Anstieg im Jahr 2009 beruht auf dem starken Einbruch des hessischen BIP.

*Abbildung 11: Ausgabenquote („kommunale Staatsquote")
der Gemeinden in Hessen 1994-2009**

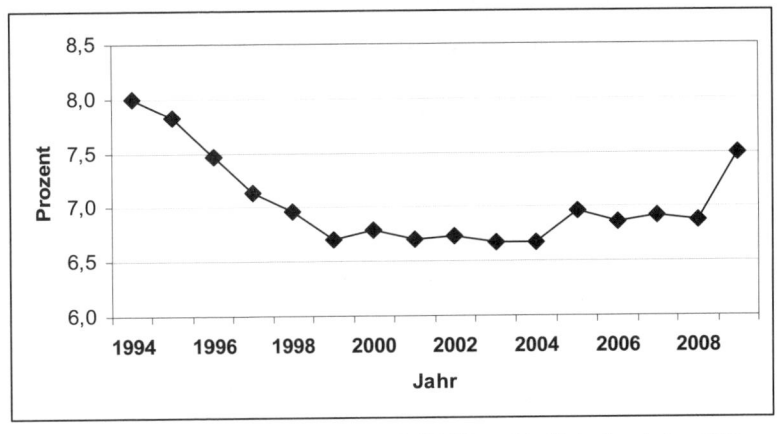

*Ausgaben der hessischen Kommunen gemäß Abbildung 9 in % des hessischen BIP.
Quelle: Hessisches Statistisches Landesamt, eigene Berechnungen und Darstellung.

Ein weiterer Beleg für die schwierige kommunale Finanzsituation ist der Anstieg der so genannten Kassenkredite, die von der langfristigen Kreditaufnahme zu unterscheiden sind. Langfristige Kredite dürfen nur dann (im Vermögenshaushalt) aufgenommen werden bzw. werden von der Kommunalaufsicht nur dann genehmigt, wenn die Kommunen die anfallenden Zinszahlungen und Tilgung auch leisten können (vgl. dazu Zimmermann 2009: 201 ff. und Deutsche Bundesbank 2000: 47). Kassenkredite dienten im Gegensatz zur Kreditaufnahme ursprünglich der Überbrückung kurzfristiger finanzieller Engpässe, sie haben sich aber mittlerweile zu einem umfangreichen Finanzierungsinstrument entwickelt. Dieser Sachverhalt lässt sich für Hessen verdeutlichen (vgl. Abbildung 12): Während der Schuldenstand seit Mitte der 1990er Jahre annähernd stabil ist, ist bei den Kassenkrediten ab 2003 ein Anstieg und ab 2006 das Verharren auf einem Niveau von über 3 Mrd. € zu verzeichnen. Krisenbedingt ist im Jahr 2009 dann wieder eine deutliche Erhöhung auszumachen.

Abbildung 12: Schuldenstand und Kassenkredite der hessischen Kommunen 1995-2009*

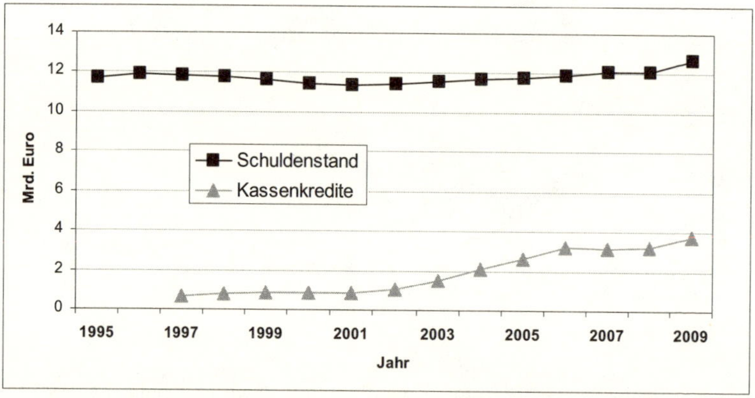

* Schuldenstand jeweils zum 31. 12., einschließlich kommunale Eigenbetriebe und kommunale Krankenhäuser. Kassenkredite erst ab 1997 elektronisch verfügbar.
Quelle: Hessisches Statistisches Landesamt, eigene Berechnungen und Darstellung.

Noch klarer tritt die angespannte Situation der Kommunen zu Tage, wenn die Entwicklung der Sachinvestitionen betrachtet wird, da den Gemeinden bei der (langfristigen) Kreditaufnahme sehr enge haushaltsrechtliche Grenzen gesetzt sind. Im Falle von finanziellen Engpässen schränken die Kommunen ihre Investitionstätigkeit ein. Da diese Ausgabenkategorie im Gegensatz zu anderen Bereichen vergleichsweise flexibel erhöht und gesenkt werden kann, können die Kommunen hierüber frei entscheiden (vgl. Zimmermann 2009: 84 f.). Im starken Rückgang der kommunalen Investitionen seit Anfang der 1990er Jahre kommt daher die prekäre finanzielle Situation der Kommunen zum Ausdruck. Dieser

Sparen und Kürzen als langjähriges haushaltspolitisches Leitmotiv 63

Rückgang ist sowohl in Deutschland insgesamt als auch in Hessen zu beobachten (Abbildung 13). Wie stark der Rückgang der öffentlichen Investitionen auf der Gebietskörperschaftsebene der Gemeinden ausfällt, wird deutlich, wenn die Investitionsquote, also das Verhältnis von öffentlichen Investitionen und BIP, betrachtet wird (Abbildung 14). Erst die wirtschaftliche Belebung nach der langen Stagnationsphase 2001-2005 ging mit einer moderaten Erholung der öffentlichen Investitionstätigkeit einher.[23]

Abbildung 13: Die Sachinvestitionen der hessischen Kommunen 1994-2009

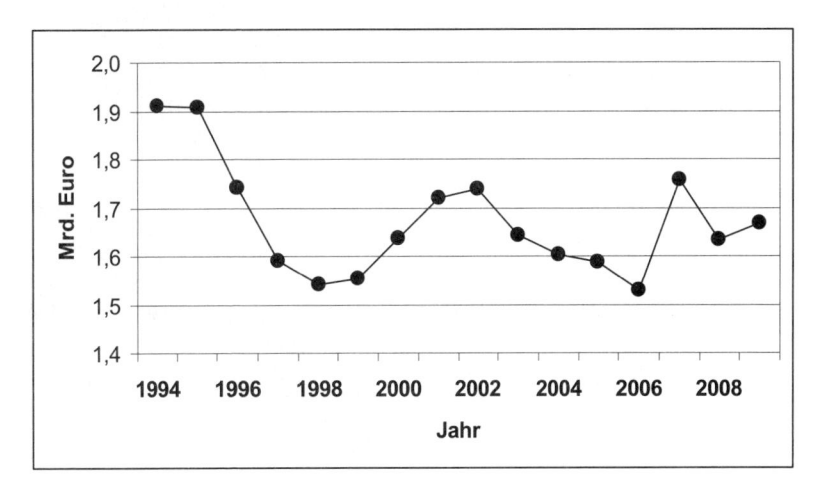

Quelle: Hessisches Statistisches Landesamt, eigene Berechnungen und Darstellung.

---

[23] Gemessen an der Investitionstätigkeit der jüngsten Vergangenheit gehen Reidenbach et al. (2008) von einem Investitionsrückstand für Deutschland insgesamt in Höhe von 75 Mrd. € aus. Zwar hat sich die Investitionstätigkeit nach dem Erscheinen der Reidenbach-Studie etwas belebt, und auch die konjunkturpolitischen Maßnahmen im Zuge der globalen Finanz- und Wirtschaftskrise haben einen positiven Effekt auf die kommunale Investitionstätigkeit gehabt. Aber die erheblichen finanziellen Belastungen durch die Krise drohen die kommunalen Infrastrukturausgaben langfristig wieder erheblich zu belasten.

Abbildung 14: Die kommunale Investitionsquote in Hessen 1994-2009*

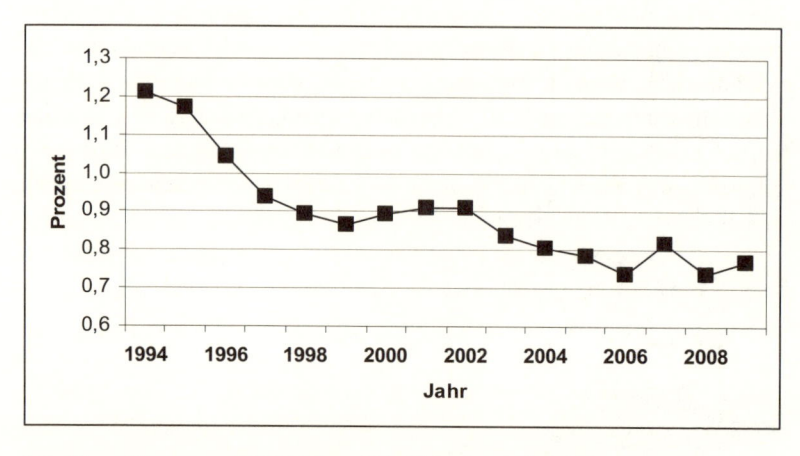

* Sachinvestitionen gemäß Abbildung 13 in % des hessischen BIP.
Quelle: Hessisches Statistisches Landesamt, eigene Berechnungen und Darstellung.

Im vergangenen und im laufenden Jahr standen bzw. stehen den hessischen Kommunen beträchtliche investive Mittel aus dem Konjunkturpaket II des Bundes und dem im Abschnitt 2.1 schon erwähnten Sonderinvestitionsprogramm des Landes zur Verfügung – insgesamt fast 1,9 Mrd. € einschließlich eines Eigenanteils von rund 284 Mio. €.[24] Dabei fließen den Kommunen 503 Mio. € aus dem Bundes- und fast 1,1 Mrd. € aus dem Landesprogramm zu. Im Jahr 2009 ist gegenüber dem Vorjahr allerdings kaum ein Anstieg der kommunalen Investitionen in Hessen auszumachen. Aufgrund ihrer desolaten Finanzlage ist damit zu rechnen, dass Städte und Gemeinden ihre Investitionen nach dem Auslaufen der Investitionsprogramme deutlich reduzieren werden.

Damit bleibt zur Finanzentwicklung der Gemeindeebene in Hessen bis zum Ausbruch der Weltwirtschaftskrise folgendes festzuhalten: Die Kommunen haben seit Mitte der 1990er Jahre eine sehr schwache Einnahmenentwicklung zu verzeichnen, und erst mit der im Jahresverlauf 2005 einsetzenden konjunkturellen Belebung verbessert sich ihre Einnahmesituation spürbar. Auf der Ausgabenseite haben die hessischen Kommunen seit 1994 lange sehr restriktiv agiert – ab 1995 sind für

---

[24] Siehe dazu ausführlich Eicker-Wolf/Truger (2010: 27 f.).

einige Jahre selbst nominale Rückgänge bei den Ausgaben zu verzeichnen. Erst im Zuge der konjunkturellen Belebung ab 2005 steigen auch die Ausgaben wieder stärker an, ohne dass allerdings von einer übermäßig expansiven Ausgabentätigkeit gesprochen werden kann.

Im Zuge der Weltwirtschaftskrise sind die Steuern und damit die gesamten Einnahmen der hessischen Kommunen stark eingebrochen (vgl. Abbildung 9 und 10) – der Rückgang bei den Steuereinnahmen beläuft sich im Jahr 2009 auf immerhin 1,1 Mrd. € gegenüber dem Vorjahr. Trotz erheblichen Sparanstrengungen in der Vergangenheit ist die Finanzlage damit wieder sehr angespannt.

3 Die steuerreformbedingten Einnahmeausfälle in Hessen

Die Ausführungen aus Kapitel 2 haben gezeigt, dass seit Anfang bzw. Mitte der 1990er Jahre in Hessen weder auf der Landes- noch auf der Gemeindeebene eine übermäßig expansive Ausgabenpolitik betrieben wurde. Deshalb stellt sich die Frage, warum trotzdem ein permanenter Konsolidierungsdruck zu bestehen scheint, und warum im Landeshaushalt selbst in konjunkturell guten Jahren keine nennenswerten Überschüsse ausgewiesen wurden. Die Antwort auf diese Frage liefert ein Blick auf die Einnahmenentwicklung.

Der Konjunktureinbruch im Zuge der 2008 beginnenden Weltwirtschaftskrise hat zu einem starken Rückgang der Steuereinnahmen geführt, was einen erheblichen Teil der aktuellen Defizite in den öffentlichen Kassen erklärt. Übersehen wird allerdings in der Regel, dass in den Konjunkturpaketen auf Bundesebene erhebliche Steuersenkungen enthalten sind, die beträchtliche dauerhafte Einnahmeminderungen zum Ergebnis haben.[25] Auch im Rahmen der aktuellen Debatte um die Erfüllung der Vorgaben der im Grundgesetz verankerten Schuldenbremse wird die Einnahmenentwicklung ausgeklammert – hierauf wird im folgenden Kapitel 4 mit Blick auf Hessen noch einmal eingegangen.

Tatsächlich erklärt ein Blick auf die Einnahmenseite – und hier insbesondere auf die steuerreformbedingten Einnahmeausfälle –, warum etwa der Landeshaushalt in den vergangenen zehn Jahren trotz einer modera-

---

[25] Zu den Verlusten des Landes Hessen und der hessischen Kommunen durch die Konjunkturpakete I und II sowie das so genannte Wachstumsbeschleunigungsgesetz vgl. ausführlich Eicker-Wolf/Truger (2010: 29 ff.).

ten Ausgabenentwicklung selbst in konjunkturell guten Zeiten keine nennenswerten Überschüsse ausgewiesen hat.

Insbesondere die Steuerrechtsänderungen der rot-grünen Bundesregierung seit dem Jahr 1998 haben hohe Ausfälle verursacht. Besonders von ihnen profitiert haben aufgrund des drastisch abgesenkten Einkommensteuerspitzensatzes reiche Haushalte. Und auch der Unternehmenssektor ist von Rot-Grün kräftig entlastet worden, insgesamt um jährlich 11 Mrd. €. Unter der Großen Koalition hat die Steuerpolitik bis zum Ausbruch der Wirtschaftskrise im Herbst 2008 in der Summe einen anderen Kurs eingeschlagen: Zwar hat es zahlreiche steuerliche Entlastungen vor allem für den Unternehmenssektor gegeben. Per Saldo haben die in den Jahren 2006 und 2007 beschlossenen steuerpolitischen Maßnahmen die Haushaltslage jedoch verbessert, da Steuererhöhungen wie der Anstieg der Umsatzsteuer zum 01.01.2007 überwogen haben. Durch die Steuersenkungen in den Konjunkturpaketen und im Ende 2009 auf den Weg gebrachten „Wachstumsbeschleunigungsgesetz" haben sich die Steuerausfälle – ausgehend vom Rechtsstand 1998 – auf aktuell jährlich gut 50 Mrd. € erhöht. Im Zeitraum 2000-2010 hat die öffentliche Hand durch Steuerrechtsänderungen, die insbesondere reiche Haushalte und den Unternehmenssektor begünstigten, in der Summe 400 Mrd. € verloren. Ohne diese Steuersenkungen würden die Staatsverschuldung und damit auch die staatlichen Zinszahlungen aktuell deutlich geringer ausfallen, und es hätte ein erheblich größerer Ausgabenspielraum bestanden.

In Hessen ergeben sich für Land und Kommunen die in den Abbildungen 15 bzw. 16 ausgewiesenen Steuerausfälle (mit bzw. ohne Berücksichtigung von LFA und KFA).[26] Werden LFA und KFA berücksichtigt, dann haben die hessischen Kommunen aufgrund der Steuerpolitik seit 1998 allein im laufenden Jahr Mindereinnahmen in Höhe von fast 1,2 Mrd. € zu verkraften. Beim Land fallen die Ausfälle in allen Jahren noch höher aus als bei den Kommunen: Vor LFA und KFA hätte das Land in diesem Jahr rund 2 Mrd. € mehr in der Kasse, nach Abzug von LFA und KFA stünden dem hessischen Landesbudget rund 1,4 Mrd. € zusätzlich zur Verfügung.

---

[26] Die Ausfälle in Deutschland insgesamt werden ausführlich von Truger (2010) in diesem Sammelband behandelt. Die bei Truger ausgewiesenen Werte bilden die Grundlage für die Berechnung der hier ausgewiesenen Ausfälle in Hessen. Zur Berechnung vgl. im Detail Eicker-Wolf/Truger (2010: 29, insb. Fußnote 22).

Abbildung 15: Die steuerreformbedingten Ausfälle beim Land Hessen und den hessischen Kommunen von 2000-2013 aufgrund von Steuergesetzesänderungen seit 1998 (ohne Berücksichtigung von LFA und ohne KFA)

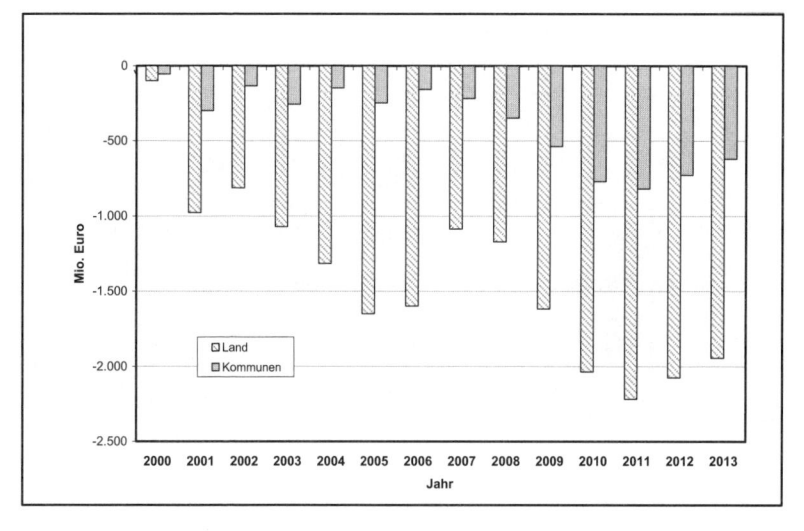

Quelle: Bundesministerium der Finanzen, eigene Berechnungen und Darstellung.

Abbildung 16: Die steuerreformbedingten Ausfälle beim Land Hessen und den hessischen Kommunen von 2000-2013 aufgrund von Steuergesetzesänderungen seit 1998 (mit Berücksichtigung von LFA und KFA)

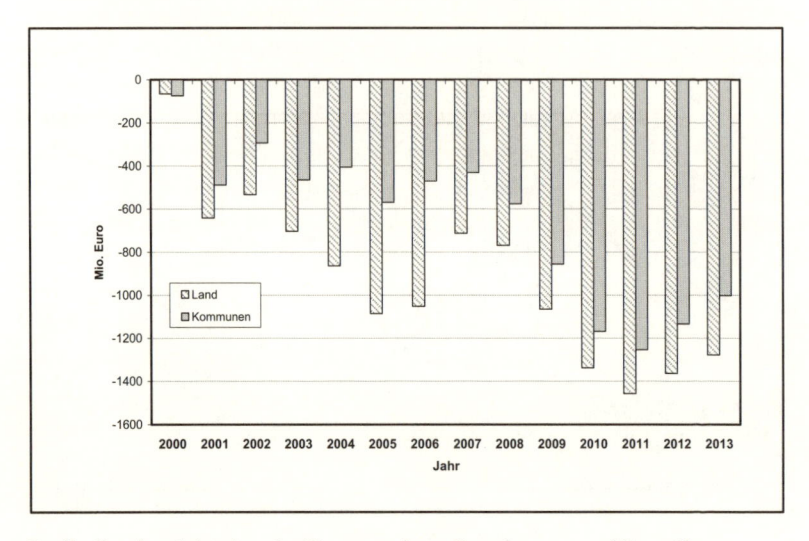

Quelle: Bundesministerium der Finanzen, eigene Berechnungen und Darstellung.

4 Die Debatte um die Umsetzung der Schuldenbremse

In Hessen wird seit einiger Zeit kontrovers über die Verankerung und Umsetzung der Schuldenbremse diskutiert. Bereits in ihrem Anfang 2009 verfassten Koalitionsvertrag hatte die aktuell regierende Koalition aus CDU und FDP angekündigt, ein absolutes Verschuldungsverbot in die Hessische Landesverfassung einführen zu wollen[27] – und zwar unabhängig davon, ob die Schuldenbremse in das Grundgesetz aufgenommen wird oder nicht. Nach der Verankerung der Schuldenbremse im Grundgesetz war lange unklar, wann und wie die hessische Landesregierung die Regelungen der Schuldenbremse für Hessen konkretisieren will. Anfang Juli 2010 wurde bekannt, dass CDU und FDP einen Gesetzentwurf zur Aufnahme der Schuldenbremse in die Landesverfassung in den Landtag einbringen wollen, um dann im Zuge der Kommunalwahl im März 2011 eine Verfassungsänderung durch Volksentscheid herbeiführen zu las-

---

[27] Vgl. FDP Hessen/CDU Hessen (2009: 81 ff.).

sen.[28] Diese Verfassungsänderung – von FDP und CDU in einem gemeinsamen Gesetzentwurf mit Datum 30. August 2010 beantragt – setzt einen Beschluss des hessischen Landtags mit absoluter Mehrheit sowie dessen Bestätigung durch eine Volksabstimmung voraus. Seitens der CDU wird dieses Vorhaben unter anderem damit begründet, dass bei Erfolg der Klage Schleswig-Holsteins beim Bundesverfassungsgericht gegen die im Grundgesetz verankerte Schuldenbremse die Notwendigkeit bestehe, in die Hessische Landesverfassung eine Schuldenbremse aufzunehmen. Außerdem wolle sich die Union durch die Volksabstimmung eine breite Legitimation für den anstehenden Sparkurs durch die Wähler holen.[29]

Während DIE LINKE im Hessischen Landtag in der Schuldenbremse „eine Wachstumsbremse" sieht und sie ablehnt,[30] beziehen sich Bündnis '90/Die Grünen grundsätzlich positiv auf die im Grundgesetz verankerte Schuldenbremse und ihre Vorgabe für Hessen, bis zum Jahr 2020 die strukturelle Verschuldung abzubauen. Anfang 2010 haben Bündnis '90/Die Grünen ein Positionspapier unter dem Titel „Hessens Weg aus der Schuldenfalle" vorgelegt, in dem mehrere Möglichkeiten aufgezeigt werden, die Vorgaben der Schuldenbremse einzuhalten: Streichung oder Kürzung von staatlichen Leistungen, eine Steigerung der Effizienz der staatlichen Leistungserbringung und die Verbesserung der staatlichen Einnahmen durch Wirtschaftswachstum oder steuerpolitische Maßnahmen (Bündnis '90/Die Grünen, Landtagsfraktion Hessen 2010: 2). Obwohl das Positionspapier der Grünen relativ ausführlich ausfällt und die Verankerung der Schuldenbremse in der hessischen Verfassung fordert, wird nicht einmal im Ansatz eine haushaltspolitische Analyse der Ausgaben- und Einnahmenentwicklung vorgenommen, und es erfolgt mithin keine Auseinandersetzung mit den Ursachen für die Defizitentwicklung im Landeshaushalt. Vielmehr unterstellen die Grünen der hessischen

---

[28] Vgl. FAZ vom 07.07.2010: „‚Sparen ist ein Gewinnerthema'."

[29] Vgl. Pressemeldung der hessischen CDU-Landtagsfraktion vom 09.09.2010: Christean Wagner: „Wir wollen ein Hessen ohne neue Schulden" – „Schuldenbremse macht Hessen generationengerecht und zukunftsfest".

[30] Vgl. Pressemitteilung DIE LINKE. Fraktion im Hessischen Landtag vom 25.06.2010: „Erklärung der Fraktionsvorsitzenden der Linken. Schuldenbremse ist Wachstumsbremse." und Pressemeldung vom 06.07.2010: „Wachstumsbremse durch Volksabstimmung stoppen!"

Landesregierung auch in der beginnenden Auseinandersetzung um den Landeshaushalt 2011 eine unsolide Haushaltspolitik, und dem haushaltspolitischen Sprecher der Grünen gehen selbst die für das Jahr 2011 geplanten Einsparungen von Finanzminister Weimar noch nicht weit genug.[31] Um die nach ihrer Auffassung dringend erforderliche Konsolidierung im Landeshaushalt einzuleiten, wiederholen die Grünen seit einiger Zeit die Forderung vom „Dreiklang aus Einsparungen bei den staatlichen Ausgaben, Effizienzsteigerungen im öffentlichen Dienst und Einnahmeverbesserungen für die Staatskasse", auf dessen Grundlage das strukturelle Defizit abzubauen sei.[32] Bisher handelt es sich bei der zitierten Forderung weitestgehend um eine Leerformel: Wo genau und in welcher Höhe dauerhafte Einsparungen bei den staatlichen Ausgaben vorgenommen werden sollten, und wie die Effizienz im öffentlichen Dienst zu steigern ist, bleibt vollkommen im Dunkeln.

Auf den Gesetzentwurf der Regierungsfraktionen hat die Fraktion von Bündnis '90/Die Grünen folgerichtig auch nicht grundsätzlich ablehnend reagiert. Vielmehr verlangten sie eine Expertenanhörung zur Schuldenbremse, der CDU und FDP zugestimmt haben, was als Annäherung interpretiert werden kann, an deren Ende nach Auffassung von Bündnis '90/Die Grünen ein gemeinsamer Gesetzentwurf mit den Regierungsparteien stehen könne – diesem Anliegen haben CDU und FDP stattgegeben.[33] Als Bedingungen für ihre Zustimmung haben Bündnis '90/Die Grünen ferner zwei weitere Bedingungen genannt: Das Land dürfe seine Lasten nicht auf die Kommunen verlagern, und es müsse geklärt werden, „wie sich die Landesregierung die Stabilisierung der Einnahmeseite des Haushalts vorstellt."[34]

---

[31] Vgl. dazu die Pressemitteilung von Bündnis '90/Die Grünen, Landtagsfraktion Hessen vom 07.07.2010: „Haushaltsentwurf 2011: Weimars ‚Konsolidierungserfolge' zu Lasten der Kommunen."

[32] Vgl. z.B. Pressemitteilung von Bündnis '90/Die Grünen, Landtagsfraktion Hessen vom 10.06.2010: „Grüne Konferenz ‚Hessens Weg aus der Schuldenfalle': Das Schuldenverbot 2020 gehört schon heute auf die Tagesordnung" und Pressemitteilung vom 21.06.2010: „DGB und Haushalt 2011 – Grüne für Einnahmeerhöhungen, Effizienzsteigerung und intelligente Einsparungen."

[33] Vgl. FAZ vom 10.09.2010: „Koalition und Grüne nähern sich an."

[34] Vgl. Pressemitteilung von Bündnis '90/Die Grünen, Landtagsfraktion Hessen vom 09.09.2010: „Schuldenbremse – GRÜNE beantragen Anhörung und wollen breite gesellschaftliche Debatte."

Auch die SPD-Fraktion im hessischen Landtag will sich der Zustimmung zur Schuldenbremse nicht grundsätzlich verweigern und stellt genau wie Bündnis '90/Die Grünen Bedingungen: Wie die Grünen will die SPD die Kommunen geschützt und die Einnahmeseite berücksichtigt sehen. Außerdem müsse verhindert werden, „dass z.B. eine Landesregierung mit Zustimmung zu Steuererleichterungen im Bundesrat die Einnahmen ramponiere."[35]

Auch die *Vereinigung der hessischen Unternehmerverbände* (VhU) hat sich für eine Verankerung der Schuldenbremse in der Hessischen Verfassung ausgesprochen und Ende April 2010 eine Pressekonferenz zu diesem Thema abgehalten. Zunächst hatte die VhU versucht, eine breite Unterstützung für ihr Positionspapier[36] zu erhalten; es gelang der VhU aber nicht, ein von ihr angestrebtes Bündnis mit Vertretern von Gewerkschaften, Kirchen und Wohlfahrtsverbänden zu schmieden. Zwar ist in dem VhU-Papier – ähnlich wie bei Bündnis '90/Die Grünen – die Rede davon, dass eine Konsolidierung über einen Mix aus Kürzungen der Ausgaben, Steigerung der Einnahmen und einer erhöhten Effizienz der Erbringung öffentlicher Dienstleistungen zu erfolgen habe. Die genaue Gewichtung obliege aber der Landesregierung und dem Hessischen Landtag. Wer die Äußerungen der VhU zur Haushaltskonsolidierung im laufenden Jahr durchsieht, kommt allerdings zu der Erkenntnis, dass die VhU einseitig für Ausgabenkürzungen eintritt – mit Blick auf das Sparpaket des Bundes wünscht sich die VhU sogar höhere Einschnitte bei den Sozialausgaben,[37] und auch die für 2011 angekündigten Kürzungen im hessischen Landeshaushalt werden von der VhU voll unterstützt.[38] Genau wie Bündnis '90/Die Grünen bezieht sich der hessische Unternehmerver-

---

[35] Vgl. Pressemitteilung der hessischen SPD-Landtagsfraktion vom 09.09.2010: „Norbert Schmitt (SPD): Keine Zustimmung der SPD für eine Verfassungsänderung."

[36] Vgl. Vereinigung der hessischen Unternehmerverbände (2010).

[37] Vgl. Pressemitteilung der Vereinigung der hessischen Unternehmerverbände vom 07.06.2010: „VhU zu den Ergebnissen der Haushaltsklausur der Bundesregierung – Fasbender: ‚Schritt in die richtige Richtung – Konsolidierung setzt zurecht bei Ausgaben an, geht aber nicht weit genug'."

[38] Vgl. Pressemitteilung der Vereinigung der hessischen Unternehmerverbände vom 07.07.2010: „Sanierung der hessischen Staatsfinanzen – Wirtschaft begrüßt Pläne zum Defizitabbau im Jahr 2011 und zur Aufnahme der Schuldenbremse in die Landesverfassung."

band auf das in der öffentlichen Debatte häufig gebrauchte, so genannte Generationenargument: Die heutige Generation dürfe nicht auf Kosten der kommenden Generationen leben, die Staatsverschuldung von heute müssten unsere Kinder zurückzahlen. Dieses in wirtschaftspolitischen Debatten immer wieder bemühte Generationen-Argument ist aus volkswirtschaftlicher Perspektive unsinnig: Wenn die öffentliche Hand einen Kredit aufnimmt, dann wird der Staat zum Schuldner und die Kredit gebende Person oder Institution (z.B. eine Bank) wird zum Gläubiger. An kommende Generationen wird dann diese Gläubiger-Schuldner-Struktur „vererbt": Die öffentliche Hand wird in Zukunft Zins und Tilgung aus dem laufenden Steueraufkommen an den Gläubiger zahlen – dieses Steueraufkommen ist Teil der zukünftig erwirtschafteten Einkommen.[39] Mit einer einseitigen Vererbung von Schulden hat das ersichtlich nichts zu tun. Eine weitere Gemeinsamkeit des VhU-Positionspapiers mit der Vorlage von Bündnis '90/Die Grünen ist das völlige Fehlen einer Analyse der Ausgaben- und Einnahmenentwicklung.

Klar Position gegen die Forderung der VhU hat das Bündnis „Soziale Gerechtigkeit in Hessen" bezogen, dem rund 30 soziale, kirchliche und gewerkschaftliche Organisationen (u.a. DGB Hessen, Caritas Verband Limburg, DPWV Landesverband Hessen und Diakonische Werke) angehören – also zum großen Teil jene Institutionen, die die VhU gerne als Unterstützer für ihr Thesenpapier gewonnen hätte. In dem Positionspapier des Bündnisses mit dem Titel „Keine ‚Schuldenbremse' in die hessische Landesverfassung – für einen handlungs- und leistungsfähigen Staat" (Bündnis Soziale Gerechtigkeit in Hessen 2010) werden insbesondere Ausgabenkürzungen beim Bund und bei den Ländern befürchtet, während tatsächlich ein erheblicher Ausgabenbedarf in den Bereichen Bildung, öffentliche Investitionen und ökologische Erneuerung bestehe.

Das Positionspapier des Bündnis Soziale Gerechtigkeit in Hessen bezieht sich bei seiner Ablehnung der Schuldenbremse auf eine Studie des *Instituts für Makroökonomie und Konjunkturforschung* (IMK), die sich ausführlich mit den möglichen Folgen der Schuldenbremse für Hessen auseinandergesetzt hat (vgl. Truger et al. 2010). Ob der von der Schuldenbremse für das Jahr 2020 vorgeschriebene strukturell ausgeglichene

---

[39] Zur Debatte um die volkswirtschaftlichen Wirkungen von Defiziten in den öffentlichen Haushalten und Staatsverschuldung vgl. ausführlich Eicker-Wolf/Truger (2003).

Haushalt in Hessen erreicht werden kann, hängt danach vom Wirtschaftswachstum und der auf dieser Grundlage zu verzeichnenden Entwicklung der Steuereinnahmen sowie dem Umfang des strukturellen Defizits ab. Nimmt man das vom Finanzministerium prognostizierte Finanzierungsdefizit im Jahr 2010 in Höhe von 3,3 Mrd. € zum Ausgangspunkt, dann ergibt sich nach Berechnungen des IMK ein zu konsolidierendes strukturelles Defizit in Hessen in Höhe von rund 2,5 Mrd. €[40] – angesichts eines geplanten Volumens der bereinigten Ausgaben in Höhe von knapp 21,5 Mrd. € ganz offensichtlich ein gewaltiger Konsolidierungsbedarf bis zum Jahr 2020. In Anbetracht dieser Zahlen stellt sich die Frage, wie realistisch es ist, ein solches strukturelles Defizit bis zum Jahr 2020 abzubauen.

Sehr grob beantworten lässt sich die aufgeworfene Frage auf Basis entsprechender Annahmen und mittels einer Überschlagsrechnung. Es lässt sich problemlos ermitteln, um wieviel Prozent die bereinigten Ausgaben des Landes Hessen pro Jahr im Durchschnitt wachsen dürften, damit im Jahr 2020 das strukturelle Defizit abgebaut ist.[41] Hierfür wurden bis 2013 die – relativ optimistischen – Einnahmenansätze der mittelfristigen Finanzplanung übernommen; danach wird ein Wachstum des realen BIP von 1,5 % und des nominalen BIP von 2,9 % – mit der auf dieser Basis zu erwartenden Entwicklung der Steuereinnahmen – bis 2020 unterstellt.

Unter diesen Bedingungen dürften die Ausgaben von 2011 bis 2020 nominal nur noch um etwa 1,7 % pro Jahr wachsen, damit das strukturelle Defizit 2020 einen Wert von null erreicht. Von 1993 bis 2008 lag die durchschnittliche Wachstumsrate der bereinigten Ausgaben bei 2,4 %, und schon das war kein Ausdruck expansiver Ausgabenpolitik (s.o., Abschnitt 2.1). Zur Interpretation der Überschlagsrechnung sei betont, dass es sich um kein künstlich erzeugtes Horrorszenario handelt: Vielmehr sind die getroffenen Annahmen bezüglich der Entwicklung des BIP und der Einnahmen als realistisch bis moderat optimistisch anzusehen.

Ein gravierendes zusätzliches Risiko besteht in negativen makroökonomischen Rückwirkungen der zur Einhaltung der Schuldenbremse not-

---

[40] Zur finanztechnischen Ermittlung des strukturellen Defizits vgl. Truger et al. (2010: 11 ff.).
[41] Vgl. dazu ausführlich Truger et al. (2010: 15 ff.)

wendigen, äußerst restriktiven Finanzpolitik. Wenn man berücksichtigt, dass im Anpassungszeitraum bis 2020 der Bund und alle anderen Länder ebenfalls auf eine sehr restriktive Finanzpolitik einschwenken werden, so dürfte die Wirtschaftsentwicklung in Hessen ebenso wie im gesamten Bundesgebiet erheblich beeinträchtigt werden. Dies wird wiederum die Einnahmenentwicklung deutlich verschlechtern und damit die notwendige Konsolidierungsleistung noch erheblich vergrößern.

Wird dies in den Überschlagsrechnungen berücksichtigt, indem das reale BIP in Hessen von 2014 bis 2020 nur um 1,2 % und das nominale BIP um 2,4 % wächst, dann reduziert dies natürlich die Einnahmenentwicklung des Landes. Tatsächlich ist gar nicht klar, ob es sich bei diesen Annahmen wirklich um ein echtes Risikoszenario oder um ein relativ realistisches Szenario handelt, denn von 1992 bis 2008 betrug die Wachstumsrate des realen BIP 1,3 %, während die nominale bei 2,7 % lag. Unter diesen Bedingungen dürften die Ausgaben in Hessen von 2010 bis 2020 pro Jahr durchschnittlich gerade einmal um nominal 1,4 % wachsen, was preisbereinigt (real) quasi auf eine langjährige Stagnation der Ausgaben hinauslaufen würde. Ob der hessische Staat unter diesen Bedingungen angesichts eines erheblichen Ausgabenbedarfs im Bildungsbereich[42] noch wirklich handlungsfähig bliebe, kann bezweifelt werden.

5 Die Lage der öffentlichen Haushalte und die Haushaltspolitik in Hessen – eine kurze Bewertung

Abschließend sollen die wichtigsten Ergebnisse der vorhergehenden Kapitel noch einmal zusammengefasst werden, um auf dieser Basis zu einer kurzen Bewertung der haushaltspolitischen Debatte in Hessen zu kommen.

Auch in Hessen sind viele Politikerinnen und Politiker und Arbeitgeberverbände wie die VhU der Auffassung, dass die Konsolidierung der öffentlichen Haushalte vor allem durch Kürzungen auf der Ausgabenseite erfolgen sollte – dabei spielt auch die im Sommer 2009 im Grundgesetz verankerte Schuldenbremse eine Rolle: Die geplanten Kürzungen im Haushalt des Landes werden auch mit den Vorgaben der Schuldenbremse begründet. Die hessische Landesregierung und die sie tragenden Koali-

---

[42] Vgl. dazu den Beitrag von Jaich in diesem Sammelband.

tionsparteien CDU und FDP planen, die Schuldenbremse durch eine Volksabstimmung im März 2011 im Rahmen der Kommunalwahl zur Abstimmung zu stellen. Ziel ist es, ein „aktives Ja" der hessischen Bevölkerung für weitere Kürzungen zu erhalten.[43]

Obwohl sich bisher sowohl Bündnis '90/Die Grünen als auch die VhU positiv auf die Schuldenbremse beziehen und zu diesem Thema jeweils umfangreiche Positionspapiere vorgelegt haben, wird nicht einmal im Ansatz eine Analyse der Einnahmen- und Ausgabenentwicklung des hessischen Landeshaushalts vorgenommen. Wer letzteres macht, kommt an der Erkenntnis nicht vorbei, dass die Ausgabenpolitik des Landes in Hessen – und das gilt auch für die kommunale Ebene – sehr restriktiv ausgefallen ist.[44] Die Ursache der Defizite liegen tatsächlich auf der Einnahmenseite: Die Steuersenkungen der jüngeren Vergangenheit haben zu massiven Einnahmeeinbußen geführt, die sich allein beim Land auf 2 Mrd. € belaufen, was 60 % des Defizits im laufenden Jahr entspricht! Das Land Hessen konnte so selbst in konjunkturell guten Zeiten keine Überschüsse erzielen, und Land und Kommunen leiden aufgrund der Steuerpolitik unter einer *strukturellen Unterfinanzierung*, das heißt, wichtige Aufgabenfelder – zu denken ist hier insbesondere an den Bildungsbereich – werden nur ungenügend bedient.

In der gegenwärtigen Situation ist die Schuldenbremse als Instrument anzusehen, um die staatlichen Ausgaben an die sozial unausgewogenen Steuersenkungen der jüngeren Vergangenheit – also nach unten – anzupassen. Dabei besteht die Gefahr, dass die sich abzeichnende Sparpolitik auf allen Gebietskörperschaftsebenen die Konjunkturentwicklung und damit die Beschäftigung beeinträchtigt.

---

[43] So der Fraktionsvorsitzende der hessischen FDP-Landtagsfraktion, Florian Rentsch, am 13.07.2010 im Interview mit der FAZ.

[44] Vollkommen an der Realität vorbei geht deshalb auch der von Teilen der Opposition immer wieder gemachte Vorwurf einer viel zu expansiven Haushaltspolitik. Beispielsweise ist in einer Pressemitteilung der SPD-Landtagsfraktion vom 24.08.2010 („Norbert Schmitt (SPD): Landesregierung plant weiterhin verfassungswidrige Haushalte") der folgende Satz zu lesen: „Wer von 1999 bis heute seine Ausgaben um 26,8 Prozent steigere, dürfe sich nicht wundern, dass der Haushalt aus dem Ruder laufe." Die genannten 26,8 % entsprechen einem jahresdurchschnittlichen Ausgabenanstieg von gut 2 % – und sind Ausdruck einer restriktiven Ausgabenpolitik.

Zum jetzigen Zeitpunkt ist noch nicht klar, mit welcher Position politische und gesellschaftliche Akteure wie Bündnis '90/Die Grünen, die SPD oder die Kirchen sich zur Verankerung der Schuldenbremse in der hessischen Landesverfassung verhalten werden. Es bleibt zu hoffen, dass die kommenden Auseinandersetzungen um Schuldenbremse, Sparen und Kürzen in den öffentlichen Haushalten auf einer sachlichen Basis unter Kenntnisnahme der empirischen Fakten stattfinden. Dann dürfte sich sehr schnell eine finanzpolitische Orientierung durchsetzen, die den Gestaltungsspielraum der öffentlichen Hand erweitert und höhere staatliche Ausgaben in den Zukunftsfeldern Bildung, öffentliche Infrastruktur, Soziales und erneuerbare Energien zum Ziel hat.

Literatur

Bündnis '90/Die Grünen, Landtagsfraktion Hessen (2010): Hessens Weg aus der Schuldenfalle, Wiesbaden.

Bündnis Soziale Gerechtigkeit in Hessen (2010): Keine „Schuldenbremse" in die hessische Landesverfassung – für einen handlungs- und leistungsfähigen Staat!

FDP Hessen/CDU Hessen (2009): Vertrauen. Freiheit. Fortschritt. Hessen startet ins nächste Jahrzehnt. Koalitionsvereinbarung Legislaturperiode 2009-2014, Wiesbaden.

Deutsche Bundesbank (2000): Die Entwicklung der Kommunalfinanzen seit Mitte der neunziger Jahre, in: Deutsche Bundesbank, Monatsbericht Juni 2000.

Eicker-Wolf, Kai (2004): Die Wiedergewinnung finanzpolitischer Spielräume durch die Solidarische Einfachsteuer: Das Beispiel Hessen, in: WSI Mitteilungen 12/2004.

Eicker-Wolf, Kai/Truger, Achim/Niechoj, Torsten (2009): Vom unerwarteten Aufschwung in den Sog der Weltrezession, in: Eicker-Wolf, Kai/Körzell, Stefan/Niechoj, Torsten/Truger, Achim (Hg.): In gemeinsamer Verantwortung. Die Sozial- und Wirtschaftspolitik der Großen Koalition 2005-2009.

Eicker-Wolf, Kai/Truger, Achim (2003): Alternativen zum Sparen in der Krise, in: WSI Mitteilungen 6/2003.

Eicker-Wolf, Kai/Truger, Achim (2010): Entwicklung und Perspektiven der Kommunalfinanzen in Hessen. Studie im Auftrag von ver.di Hessen, Frankfurt.

HMF [Hessisches Ministerium der Finanzen] (2003): Finanzplan des Landes Hessen für die Jahre 2003 bis 2007 (Stand Oktober), Wiesbaden.

HMF (2006): Finanzplan des Landes Hessen für die Jahre 2006 bis 2010 (Stand September), Wiesbaden.

Hessischer Rechnungshof (2009): Bemerkungen 2008, Darmstadt.

Reidenbach, Michael/Bracher, Tilman/Grabow, Busso/Schneider, Stefan/ Seidel-Schulze, Antje (2008): Investitionsrückstand und Investitionsbedarf der Kommunen, Berlin.

Truger, Achim (2010): Steuersenkungen, Schuldenkrise und Konjunkturrisiken – Welche Spielräume bleiben für den Staat?, in: Kai Eicker-Wolf/Ulrich Thöne (Hrsg.), An den Grundpfeilern unserer Zukunft sägen. Bildungsausgaben, Öffentliche Haushalte und Schuldenbremse, Marburg.

Truger, Achim/Eicker-Wolf, Kai/Blumtritt, Marcus (2007): Auswirkungen der (Wieder-)Einführung einer Vermögensteuer auf die hessischen Landesfinanzen, IMK Studies 07, Düsseldorf.

Truger, Achim/Eicker-Wolf, Kai/Will, Henner/Köhrsen, Jens (2009): Auswirkungen der Schuldenbremse auf die hessischen Landesfinanzen. Ergebnisse von Simulationsrechnungen für den Übergangszeitraum von 2010 bis 2020, IMK Studies 6/2009.

Vereinigung der hessischen Unternehmerverbände (2010): Defizitabbau im Landeshaushalt durch Verfassungsziele. Initiative hessischer Kammern, Organisationen und Verbände, Frankfurt (Stand 04. März 2010).

Zimmermann, Horst (2009): Kommunalfinanzen, 2. Auflage, Berlin.

Welcher Finanzierungsbedarf besteht für das deutsche Bildungssystem – Reichen zehn Prozent des BIP für Bildung und Forschung aus?

Roman Jaich

1 Einführung

Fast alle nationalen und internationalen Vergleichsstudien stellen dem deutschen Bildungswesen ein miserables Zeugnis aus: Die Zahl der Jugendlichen ohne Schul- und Berufsabschluss ist erschreckend hoch. Hauptschüler haben nach wie vor kaum Chancen, direkt einen Platz in Ausbildung und Beruf zu ergattern. Migrantinnen und Migranten sind die Verlierer unseres Bildungswesens. Sie verlassen die Schule doppelt so häufig wie ihre deutschen Mitschülerinnen und -schüler ohne Abschluss. Rund eine halbe Mio. Jugendliche „verschwindet" im Übergangssystem zwischen Schule und Beruf – die meisten von ihnen in Warteschleifen ohne Chance auf eine qualifizierende Ausbildung. Gleichzeitig gelingt es nicht, signifikant mehr Jugendliche für ein Studium zu qualifizieren. Dies gilt insbesondere für junge Menschen mit Migrationshintergrund und Kinder aus sozial schwachen Familien. Hier liegt das Potenzial für hochqualifizierte Fachkräfte, die die Gesellschaft unbedingt braucht, um zukunftsfähig zu bleiben, und dies vor allem vor dem Hintergrund der Auswirkungen des demografischen Wandels. Menschen ohne Abitur, die sich im Berufsleben bewährt haben, bleibt die Tür zu den Hochschulen fast durchweg verschlossen. Trotz Nachholbedarfs sind die Budgets in der Weiterbildung in den vergangenen Jahren drastisch gekürzt worden. Der Abstand zu internationalen Anforderungen wächst.

In Sonntagsreden wird gebetsmühlenartig die besondere Bedeutung eines qualitativ hochwertigen Bildungswesens für die Gesellschaft, für die wirtschaftliche Entwicklung sowie für den einzelnen Menschen hervorgehoben. Zwischen den Sonntagsreden und der gesellschaftlichen Wirklichkeit klafft jedoch eine große Lücke. So hat sich beispielsweise der Rückstand, den die Bundesrepublik Deutschland bei zahlreichen Bildungsindikatoren gegenüber anderen OECD-Staaten hat, in den vergangenen Jahren zum Teil sogar noch erhöht.

Nicht zuletzt deshalb haben sich Bund und Länder auf ihrem gemeinsamen Bildungsgipfel am 22. Oktober 2008 in Dresden auf das Ziel verständigt, bis zum Jahre 2015 10 % des Bruttoinlandsprodukts für Bildung und Forschung auszugeben. Dieser Wert ist unterteilt in 3 % für Forschung und Entwicklung sowie 7 % für Bildung und Wissenschaft. Diese Zielsetzung war seinerzeit durchaus als positives Signal zu sehen. Aber auch wenn das Bildungsbudget in internationaler Abgrenzung in den vergangenen Jahren in der Gesamtsumme leicht angestiegen ist, im Jahr 2008 sogar um 6,4 Mrd. € gegenüber dem Vorjahr, so entspricht dies gemessen am Bruttoinlandsprodukt (BIP) nur einem sehr leichten Anstieg in Höhe von 0,1 Prozentpunkten. Generell ist fraglich, ob die Erhöhung der Bildungsausgaben auf 7 % des BIP ausreicht, damit das deutsche Bildungssystem den gewachsenen Anforderungen gerecht werden kann. Dieser Frage soll im folgenden Beitrag nachgegangen werden.

2 Welcher zusätzliche Finanzierungsbedarf für das Bildungssystem besteht denn nun eigentlich?

Die Ermittlung des Finanzierungsbedarfs für das Bildungssystem Deutschlands erweist sich aus zwei Gründen als problematisch. Einerseits erfordert die Ermittlung des Finanzierungsbedarfs die Festlegung von Zielen oder Standards, die erreicht werden sollen. Oder anders formuliert: Wenn nach den Kosten gefragt wird, ist zuerst zu klären, wofür die Ausgaben getätigt werden sollen. Das bedeutet, dass möglichst klar das Ziel definiert werden muss, das es zu erreichen gilt. Um es noch konkreter zu formulieren, sei ein Beispiel genannt. In allen DGB-Gewerkschaften besteht Einigkeit, dass ein eingliedriges Schulsystem dem derzeitigen (noch) dreigliedrigen Schulsystem überlegen ist. Allerdings bestehen kaum Vorschläge, wie ein solches eingliedriges Schulsystem ausgestaltet sein sollte bzw. weichen die vereinzelten existierenden Vorschläge zum Teil erheblich voneinander ab. Unter diesen Bedingungen ist eine Ermittlung der Kosten nicht möglich, denn Voraussetzung ist, dass quantitative Zieldaten benannt werden.

Zweitens ist auf die Datenlage hinzuweisen. Es besteht ein sich zum Teil widersprechendes Datenmaterial – auf diesen Punkt wurde bereits an anderer Stelle hingewiesen (Jaich 2008)[1].

Aus diesem Grunde wird im Folgenden nicht der Anspruch erhoben, das deutsche Bildungssystem vollständig hinsichtlich seines Reformbedarfs zu beschreiben, sondern die Kernpunkte einer aus gewerkschaftlicher Sicht notwendigen Bildungsreform in den Blick zu nehmen. Diese sind:

- Frühkindliche Bildung: Verbesserung der Betreuungssituation hinsichtlich verfügbarer Plätze und Gruppengröße.

- Schule: Verbesserung des Lehrer-Schüler-Verhältnisses und Erhöhung der Anzahl von Sozialarbeitern in Schulen.

- Berufsausbildung: Ausbildungsmöglichkeiten für alle jungen Erwachsenen.

- Allgemeine Verbesserung der Hochschulsituation, Abschaffung der Studiengebühren, sowie ein bedarfsgerechter Ausbau der Hochschulen.

- Weiterbildung: Bildungsberatung sowie Ausbau der Weiterbildungsbeteiligung.

2.1 Notwendiger Finanzierungsbedarf im Bereich der frühkindlichen Bildung

Für den langfristigen Erfolg von Reformbemühungen im Bildungsbereich ist es notwendig, eine aufeinander abgestimmte Struktur der Bildungsbe-

---

[1] Im Bereich Weiterbildung werden beispielsweise von unterschiedlichen Organisationen wie dem Deutschen Institut für Wirtschaftsforschung, dem Statistischen Bundesamt oder dem Berichtssystem Weiterbildung Daten zur Weiterbildungsbeteiligung erhoben, die sich zum Teil widersprechen.

reiche zu entwickeln. Eine solche Struktur muss gerade auch der frühkindlichen Bildung Aufmerksamkeit schenken, denn die Befunde der Bildungsforschung sind eindeutig: eine frühkindliche Vorschulerziehung, die vor allem auf Sprachentwicklung und das Sozialverhalten der Kinder ausgerichtet ist, hat erheblichen Einfluss auf den späteren Schulerfolg. Hierfür gibt es zahlreiche Belege aus internationalen Studien.[2]

Einem gut ausgebauten flächendeckenden Netz von Kindertageseinrichtungen – die als Bildungseinrichtungen ausgestaltet und von allen genutzt werden können – kommt daher eine zentrale Bedeutung für die Chancengleichheit zu, denn gute Startchancen für einen erfolgreichen Bildungslebenslauf werden in frühen Jahren gegeben oder eben verpasst. Hier bestehen in Deutschland noch erhebliche Defizite, sowohl hinsichtlich der Verfügbarkeit von Räumen und Ausstattungen als auch hinsichtlich der Ausbildung des pädagogischen Personals für frühkindliche Bildung. Kindertageseinrichtungen für unter 3-jährige Kinder gibt es nur in den neuen Bundesländern in quantitativ ausreichender Zahl. Der Ganztagsbetrieb von Kindertageseinrichtungen für über 3-jährige Kinder ist ebenfalls unbefriedigend. Auch hier zeigt sich wiederum deutlich ein Ost-West-Gefälle.

Die Qualifikation der Beschäftigten in den Kindertageseinrichtungen ist bisher eher an der traditionellen Betreuungsfunktion in den Einrichtungen orientiert und weniger an der Bildungsleistung der Einrichtung. Auch wenn fast alle Bundesländer die Erstellung von Bildungsplänen für Kindertagesstätten vorsehen, ist die Umsetzung erst in Anfängen erfolgt. Die Verantwortung für Kindertageseinrichtungen liegt bei den Bundesländern. Dies hat zur Folge, dass Betreuungsquote, Ausstattung und qualitative Aspekte erheblichen Schwankungen zwischen den Ländern unterworfen sind. Zudem bestehen unterschiedliche Regelungen in den Ländern hinsichtlich der Zugangsmöglichkeiten und der Elternbeiträge. Hinzu kommt, dass im Bereich der Kindertagesstätten eine Vielzahl von unterschiedlichen Trägern aktiv ist: Kommunen, Wohlfahrtsverbände, Kirchen, freie gemeinnützige und in einem geringen, aber wachsenden Umfang auch private gewerbliche Träger.

Mit der wachsenden Einsicht in den gesamtgesellschaftlichen Nutzen einer professionellen pädagogischen frühkindlichen Erziehung und der Anerkennung des Charakters entsprechender Einrichtungen als Vor-

---

[2] Vgl. hierzu die Hinweise in Jaich (2008).

schule nimmt auch die Zahl der Befürworter der Kostenfreiheit frühkindlicher Erziehung zu. Die bisherige Praxis der Bundesländer, die Kosten teilweise von den Eltern tragen zu lassen, führt nachweislich zum Ausschluss derjenigen Kinder, die der sprachlichen Förderung und der Einübung sozialen Verhaltens am meisten bedürfen. Die bisherige Beteiligung der Eltern an den Kosten der Kindertagesbetreuung führt dazu, dass bei Familien mit geringen Einkommen der Anteil der Elternbeiträge am Haushaltseinkommen, auch bei einer Gebührenstaffelung, am höchsten ist. Dies erklärt, warum Familien mit niedrigen Einkommen weniger institutionelle Kinderbetreuung nachfragen: Im bestehenden System der Gebührenstaffelung ist die Nachfrage einkommensschwacher Haushalte nach Kindergartenbetreuung um sieben Prozentpunkte geringer als die von Haushalten mit höheren Einkommen. Eine vollständige öffentliche Finanzierung der Taseseinrichtungen für Kinder führt daher zu einer Erhöhung der Nachfrage nach institutioneller Kinderbetreuung.

Noch besteht in Deutschland ein Konsens, dass zumindest die Allgemeinbildung grundsätzlich öffentlich finanziert werden sollte. Die Anerkennung von Kindertagesstätten als Bildungseinrichtungen bedeutet daher zwangsläufig, diese gebührenfrei auszugestalten, und dies vom ersten Lebensjahr an. Einige Bundesländer haben bereits Schritte in diese Richtung unternommen. Den Anfang machte das Saarland bereits im Jahre 2000 mit der Einführung der Gebührenfreiheit für das letzte Kindergartenjahr vor Schuleintritt.

2.1.1 Ausbau der Betreuung für Kinder bis zum dritten Lebensjahr

Im Jahr 2006 wurden in Deutschland 253.894 Kinder unter drei Jahren in Kindertageseinrichtungen betreut. Das entspricht einer Betreuungsquote von 12,1 % (Statistisches Bundesamt 2007a: 7). Um bundesweit eine Betreuungsquote von 35 % zu realisieren, ist eine Erhöhung um 490.398 Plätze erforderlich. Wird ein Durchschnittswert in Höhe von 5.700 € pro Kind und Jahr zugrunde gelegt,[3] ergibt sich ein zusätzlicher Finanzierungsbedarf in Höhe von 2,795 Mrd. €.

---

[3] Hierbei handelt es sich um einen Durchschnittswert der Betreuungskosten pro Kind und Jahr aufgrund der Daten von 2006.

Zudem ist zu berücksichtigen, dass die Ermittlung der zusätzlichen Ausgaben auf der Grundlage der bestehenden Finanzierungsstruktur beruht – das heißt, dass durch Gebühren der Eltern ein Teil der Finanzierung erfolgt. Wird als Anspruch formuliert, Bildung im Grundsatz öffentlich zu finanzieren, so ist der Finanzierungsanteil der Eltern noch hinzuzurechnen. Wie weiter unten ausgeführt, beträgt der Elternanteil an der Finanzierung der Kindertagesstätten ca. 14 %. Auf Basis des im Vorhergehenden genannten öffentlichen Finanzierungsanteils bedeutet dies, dass ein zusätzlicher Betrag in Höhe von 2,795 Mrd. € ca. 86 % der zusätzlichen Kosten entspricht. Die gesamten gesellschaftlichen Kosten des Ausbaus erhöhen sich somit um 0,455 Mrd. € und ergeben insgesamt einen Betrag in Höhe von 3,25 Mrd. €.

2.1.2 Ausbau von Ganztagsbetreuungsangeboten für Kinder ab dem dritten Lebensjahr

Weiterer erheblicher Reformbedarf besteht bei den Tageseinrichtungen für Kinder im Alter von drei Jahren bis zum Schuleintritt. Während die Versorgungsquote insgesamt mittlerweile als befriedigend angesehen werden kann – sie liegt in allen Bundesländern bei über 90 % – besteht ein Problem vor allem in der Bereitstellung von ausreichend Ganztagsplätzen. Ziel sollte sein, eine Betreuungsquote von 60 % in allen Bundesländern zu realisieren. Die Erreichung dieses Ziels darf aber nicht zu Lasten der Qualität gehen. Notwendig ist vielmehr, den Ausbau durch Einstellung von Personen mit einer adäquaten pädagogischen Ausbildung vorzunehmen und entsprechend zu vergüten.

Im Bundesdurchschnitt betrug die Ganztagsbetreuungsquote 25,3 %. Bei 2.344.144 Betreuungsplätzen für Kinder ab drei Jahren bis Schuleintritt im Jahr 2006 bedeutet dies, dass hiervon ca. 593.000 Kinder ganztags betreut wurden. Um eine Quote von 60 % zu erreichen, hätten aber 1.406.486 Ganztagsplätze zur Verfügung gestellt werden müssen, also 813.486 Plätze mehr. Die Umstellung von Halbtags- auf Ganztagsbetreuung verursacht im Durchschnitt Mehrkosten in Höhe von 1.020 € pro Platz. Insgesamt müssten somit ca. 830 Mio. € aufgewendet werden, um eine Betreuungsquote von 60 % zu realisieren.

2.1.3 Ausbau der Kindertagesstätten zu Bildungseinrichtungen

In Deutschland bestehen beim Personalschlüssel in Kindertageseinrichtungen erhebliche Differenzen zum europäischen Standard, aber auch regionale Unterschiede. Eine sinnvolle Bezugsgröße stellen die Empfehlungen der EU für den Personalschlüssel in Kindertageseinrichtungen dar. Diese sehen ein Verhältnis von 1 zu 3 bzw. 1 zu 5 für Kinder bis zum dritten Lebensjahr vor und für Kinder im Kindergartenalter von 1 zu 5 bzw. 1 zu 8.

Der Personalschlüssel in Deutschland betrug im Jahr 2006 für Kinder bis zu drei Jahren 6,4 und für die Dreijährigen bis zum Schuleintritt 10,0. 253.894 Kindern unter drei Jahren in Kindertageseinrichtungen und einem Betreuungsschlüssel von 6,4 entsprechen 39.671 pädagogisch Beschäftigte im Jahr 2006. Für einen Betreuungsschlüssel von 5 wären 50.779 Beschäftigte notwendig, d.h. 11.108 Personen mehr. 2.344.144 Kinder ab drei Jahren bis Schuleintritt in Kindertageseinrichtungen und ein Betreuungsschlüssel von 10 ergeben rechnerisch 234.414 pädagogische Beschäftige für das Jahr 2006. Bei einem Betreuungsschlüssel von 8 wären 293.018 Beschäftigte erforderlich, das heißt 58.604 Personen mehr. Insgesamt wären somit 69.712 Beschäftigte zusätzlich notwendig. Bei einem angenommenen Durchschnittseinkommen von 30.000 € ergäben sich somit zusätzliche Personalaufwendungen in Höhe von 2,1 Mrd. €.

Notwendig ist zudem eine Akademisierung des pädagogischen Personals in den Kindertagesstätten. In Anlehnung an Klemm (2005: 51) wird als Zielmarke eine Erhöhung des akademisch qualifizierten Personals um 20 Prozentpunkte als erstrebenswert angesehen. Die Differenz in den Einstiegsgehältern zwischen akademischem und nicht-akademischem Personal beträgt etwa 3.000 € jährlich. Von den insgesamt 415.018 Beschäftigten im Bereich der Kindertagesstätten (Stichtag 15.03.2006; vgl. Statistisches Bundesamt 2007a) waren 339.296 pädagogische Beschäftigte. Der Anteil der Personen mit akademischer Ausbildung betrug gerade einmal 2,6 % (Riedel 2008: 183). Eine Anhebung um 20 Prozentpunkte würde eine Ausweitung der Beschäftigten mit akademischem Abschluss um knapp 70.000 bedeuten. Unter den oben formulierten Annahmen wäre dies mit Mehrausgaben in Höhe von ca. 210 Mio. € verbunden.

Hierbei sind jedoch die oben diskutierten Ausweitungen der Betreuungsplätze für Kinder bis drei Jahren und der Ganztagsplätze für Kinder ab drei Jahren bis zum Schuleintritt nicht berücksichtigt. Wird der oben definierte Mehrbedarf berücksichtigt, ergäbe sich Folgendes: im Bereich der Kindertageseinrichtungen für Kinder bis drei Jahre besteht ein Personalschlüssel von 5,3 in den alten Bundesländern.[4] Bei 490.398 fehlenden Plätzen ergäbe sich ein zusätzlicher Personalbedarf in Höhe von 92.527 Personen. Eine Quote von 22,6 % (Beschäftigte mit akademischer Ausbildung) würde die oben ausgewiesenen Kosten noch einmal um ca. 63 Mio. € erhöhen.

Die Ermittlung der zusätzlichen Kosten, die entstehen, wenn ein Anteil von 22,6 % der Beschäftigten mit akademischer Ausbildung bei der Ausweitung der Ganztagsplätze für Kinder im Alter von drei Jahren bis zum Schuleintritt angestrebt wird, gestaltet sich folgendermaßen. Eine Näherungslösung erhält man, wenn berücksichtigt wird, dass in den zusätzlich notwendigen Mitteln in Höhe von 815 Mio. € ungefähr 80 % Personalmittel enthalten sind,[5] also etwa 652 Mio. €. Wird davon ausgegangen, dass ein durchschnittliches Bruttogehalt plus Arbeitgeberbeiträge bei ca. 2.500 € monatlich liegt,[6] so beträgt das Jahreseinkommen 30.000 €. Daraus folgt, dass die Mittel für ca. 21.700 Beschäftigte in den Kindertageseinrichtungen verwandt werden. Legt man hier ebenfalls einen Schlüssel von 22,6 % für Beschäftigte mit einer akademischen Ausbildung und die Differenz mit 3.000 € jährlich zugrunde, so ergibt sich ein Mehrbedarf von ca. 14,7 Mio. €.

Neben der Akademisierung des Personals kommt der Nachqualifizierung bzw. der Weiterbildung der in den Kindertageseinrichtungen Beschäftigten eine erhebliche Bedeutung bei der Verbesserung der Qualität der Kindertageseinrichtungen zu. Die vom Bundesministerium für Fami-

---

[4] Vgl. Riedel (2008: 193). Es wurde der Personalschlüssel der alten Bundesländer zugrunde gelegt, da der Mehrbedarf, wie oben aufgezeigt, ganz überwiegend in den alten Bundesländern besteht.

[5] Verschiedene Berechnungen der Betriebskosten von Kindertagesstätten kommen zu diesem Ergebnis. Ein Beispiel ist die Ermittlung der Betriebskosten in Nordrhein-Westfalen, dort lagen die Sachkosten bei 17 % (vgl. Schilling 2004: 40).

[6] Hierfür spricht das Ergebnis einer Studie im Auftrag der GEW, die zu dem Ergebnis kommt, dass der durchschnittliche Bruttoverdienst bei 2.086 € liegt. Setzt man die Arbeitgeberbeiträge mit 20 % an, so gelangt man zu einem Wert in Höhe von 2.500 € (vgl. GEW 2007a: 32 ff.).

lien, Senioren, Frauen und Jugend (BMFSFJ) und dem Bundesministerium für Bildung und Forschung (BMBF) angekündigte gemeinsame Fortbildungsinitiative für 80.000 Erzieherinnen und Erzieher sowie Tagesmütter und -väter ist hier ein richtiger Schritt in die richtige Richtung. Problematisch ist jedoch, dass die Ankündigung wenig konkret ist, insbesondere in der Frage wie viel Ressourcen hierfür zur Verfügung gestellt werden sollen.

Diese zusätzlichen Aufwendungen werden an dieser Stelle nicht weiter berücksichtigt, da insgesamt ein höheres Engagement der öffentlichen Hand in der Weiterbildung notwendig ist. Stattdessen werden diese notwendigen Aufwendungen im Abschnitt Weiterbildung ermittelt.

2.1.4 Öffentliche Finanzierung der Einrichtungen

Um die Bedeutung von Kindertageseinrichtungen als Bildungseinrichtungen deutlich hervorzuheben ist es erforderlich, ihnen den Status öffentlicher Bildungseinrichtungen zuzuerkennen. Als Bildungseinrichtungen sind sie für die Nutzer bzw. deren Eltern gebührenfrei auszugestalten.

Der in den kommunalen Haushalten nachgewiesene Finanzierungsanteil der Eltern im Jahr 2006 beläuft sich auf 0,785 Mrd. €.[7] Hierbei handelt es sich um die Netto-Elternbeiträge, d.h. die von den Kommunen übernommenen Elternbeiträge (ca. 0,157 Mrd. €) sind bereits berücksichtigt worden. Mit Hilfe eines Schätzverfahrens ergibt sich, dass bei den Trägern der freien Jugendhilfe ca. 1,183 Mrd. € als Elternbeitrag eingenommen werden (Schilling 2008: 220 f.). Die Elternbeiträge bei öffentlichen und freien Trägern summieren sich somit auf rund 1,97 Mrd. € und machen damit einen Anteil an den Gesamtkosten von ca. 14 % aus.

2.1.5 Zwischenfazit

Der konsequente Ausbau der Kindertagesstätten führt, wie gezeigt, zu einem erheblichen Mehrbedarf an qualifizierten Beschäftigten in diesem Bereich. Die Deckung dieses Bedarfes kann mittelfristig nur erreicht werden, wenn der Ausbau bereits jetzt vorangetrieben wird.

---

[7] Vgl. hierzu und zum Folgenden Schilling (2008: 221).

Zusammengefasst ergibt sich ein finanzieller Mehrbedarf in folgender Höhe:

Tabelle 1:
Zusätzlicher Finanzierungsbedarf für den frühkindlichen Bereich

Handlungsbedarf	Zusätzliche jährliche Ausgaben
Ausbau der Betreuung für unter 3-Jährige	3,29 Mrd. €
Ausbau der Ganztagsbetreuung	0,83 Mrd. €
Kindertagesstätten als Bildungseinrichtungen • Verbesserung Betreuungsschlüssel • Akademisierung des Personals	 2,10 Mrd. € 0,01 Mrd. €
Summe	6,23 Mrd. €
Umschichtung von privater zur öffentlichen Finanzierung • Abschaffung der Elternbeiträge	 1,97 Mrd. €

2.2 Allgemeinbildende Schulen

Internationale Schulleistungsvergleiche belegen für Deutschland einen sehr engen Zusammenhang zwischen dem schulischen Leistungsniveau und der sozialen Herkunft. Offensichtlich gelingt es dem deutschen Schulsystem nicht, allen jungen Menschen gleiche Chancen für einen erfolgreichen Bildungsverlauf zu eröffnen. Eine wesentliche Ursache hierfür liegt in der Auslese der Schülerinnen und Schüler in der Sekundarstufe. Das gegliederte Schulsystem nach der Primarstufe – Hauptschulen, Realschulen, Gymnasien und Gesamtschulen – führt dazu, dass sich die bestehenden Bildungseliten weitgehend selbst reproduzieren. Im Schnitt hat ein Akademikerkind – bei gleichen Kompetenzen in Mathematik und Lesen – eine viermal so hohe Chance ein Gymnasium zu be-

suchen wie ein Facharbeiterkind (BMBF 2007a: 101). Besonders betroffen hiervon sind Kinder und Jugendliche mit Migrationshintergrund.
Während Schülerinnen und Schüler ohne Migrationshintergrund sowie diejenigen aus der Herkunftsgruppe der sonstigen Staaten vor allem Realschulen und Gymnasien besuchen, sind Schülerinnen und Schüler mit mindestens einem Elternteil aus der Türkei, sonstigen ehemaligen Anwerbestaaten (z.B. Griechenland, Portugal) und eingebürgerte Deutschstämmige aus der ehemaligen Sowjetunion vornehmlich an Haupt- und Realschulen anzutreffen. Innerhalb dieser Gruppe zeigen sich wiederum erhebliche Unterschiede. So ist fast jeder zweite türkische Schüler an einer Hauptschule und nur jeder achte an einem Gymnasium. Von den Schülerinnen und Schülern aus den sonstigen Anwerbestaaten ist ein Drittel an der Hauptschule und ein Viertel an einem Gymnasium.

Der Reputationsverfall der Hauptschule – vor allem in den Großstädten mit hohen Migrantenanteilen und starker räumlicher Segregation der Bevölkerung – ist mittlerweile so dramatisch, dass auch konservative Politiker wegen abnehmender Schülerzahlen die Abschaffung der Hauptschule erwägen bzw. in einzelnen Bundesländern (z.B. Hamburg, Berlin und Schleswig-Holstein) und Kommunen schon beschlossen haben, Haupt- und Realschulen zusammenzulegen.

Zudem erweist sich das deutsche Schulsystem gemessen an seinem Output als ineffektiv. Jedes Jahr verlassen in Deutschland ungefähr 8 % der Absolventen einer allgemeinbildenden Schule diese ohne einen Abschluss. Dabei ist der Anteil der Schülerinnen und Schüler mit Migrationshintergrund mit 16,8 % besonders hoch gegenüber den Absolventen ohne Migrationshintergrund (7 %). Ein weiterer Mangel des deutschen Schulsystems ist, dass ein großer Teil von Schülerinnen und Schülern einzelne Klassen mehrfach durchläuft. Jedes Jahr wiederholen ca. 2,7 % der Schülerinnen und Schüler an allgemeinbildenden Schulen eine Schulklasse.

Was die genannten Befunde im Einzelnen für die Finanzierung des deutschen Bildungssystems bedeuten, wird nachfolgend dargestellt.

2.2.1 Ganztagsschulbetrieb

Noch ist in Deutschland die Schule überwiegend als Halbtagsschule konzipiert. Selbst dieses Halbtagsangebot ist nicht in allen Bundesländern gewährleistet, wenn durch Unterrichtsausfall die tägliche Schulzeit zum Teil auf unter vier Stunden absinkt. Zwar haben Bund und Länder in den letzten Jahren erheblich in den Ausbau von Ganztagsschulen investiert. So stieg die Zahl der schulischen Verwaltungseinheiten mit Ganztagsbetrieb von 4.951 im Jahr 2002 auf 9.688 im Jahr 2006. Insbesondere aufgrund des schlechten Abschneidens bei internationalen Schulleistungsvergleichen wie PISA wurden von der damaligen Rot-Grünen-Bundesregierung 4 Mrd. € für den Ausbau des Ganztagsschulangebots bereit gestellt und die Bereitstellung der Mittel durch die Große Koalition bis Ende 2009 verlängert. Das Programm wird von der CDU/FDP-Regierung fortgesetzt. Aber immer noch ist die Ganztagsschule nicht die Regelform.

Ziel muss sein, dass die gebundene Ganztagsschule die Regelform im allgemeinbildenden Schulbetrieb wird. Dies erfordert mittelfristig einen Ausbau des Ganztagsschulsystems mit dem Ziel, mindestens 60 % aller Schülerinnen und Schüler zu erreichen. Derzeit nehmen lediglich rund 15 % der Schülerinnen und Schüler am Ganztagsbetrieb teil. Verglichen mit den letzten Jahren ist dies aber immerhin ein deutlicher Anstieg. Erreicht wurde der Anstieg zudem vor allem durch den Ausbau des sogenannten offenen Ganztagsbetriebs, in dem *einzelne* Schülerinnen und Schüler auf Wunsch an den ganztägigen Angeboten dieser Schulform teilnehmen können, d.h. der Ganztagsbetrieb ist nicht verbindlich. Es ist aber unmittelbar einsichtig, dass nur die voll gebundene Form der Ganztagsschule einen nicht unter Zeitdruck stehenden Unterricht, Gemeinschaftserleben, Selbstlernen unter Aufsicht und vielfältige künstlerische und sportliche Aktivitäten ermöglicht, da nur bei dieser Form gewährleistet ist, dass auch alle Schülerinnen und Schüler teilnehmen. Dass die offene Form der Ganztagsschule eine solche Dominanz hat, liegt zu einem großen Teil an den unterschiedlichen Kosten, die mit den verschiedenen Formen der Ganztagsschule verbunden sind. So führt die gebundene Form der Ganztagsschule zu fast doppelt so hohen Kosten für das Land wie die offene Form. Hinzu kommt, dass bei der offenen Form die Möglichkeit für die öffentliche Hand besteht, sich zumindest anteilig über Elternbeiträge zu refinanzieren.

Das Ziel von 60 % Ganztagsschulplätzen im Jahr 2010 in der Primarstufe und der Sekundarstufe I bedeutet, dass gegenwärtig ca. 3,4 Mio. Ganztagsplätze fehlen. Die durchschnittlichen Ausgaben je Schüler betrugen im Jahr 2006 5.200 € (vgl. Statistisches Bundesamt 2009a). Die Mehrausgaben des Ganztagsbetriebes werden auf 30 % der Ausgaben je

Schülerin des Halbtagsbetriebes geschätzt.[8] Damit ergeben sich Mehrausgaben für den Ganztagsbetrieb in Höhe von 1.560 € je Schüler. Die jährlichen Gesamtausgaben betragen somit 5,3 Mrd. €.

2.2.2 Verbesserung des Lehrer-Schüler-Verhältnisses – insbesondere Verkleinerung der Klassen

Von Bedeutung für die Qualität des Bildungsprozesses ist das Lehrer-Schüler-Verhältnis. In Deutschland ist dieses Verhältnis deutlich schlechter als im OECD-Durchschnitt, der 2007 im Primarbereich 16 Kinder auf einen Lehrer und im Sekundarbereich I 13,2 Kinder auf einen Lehrer betrug. Demgegenüber beläuft sich die Lehrer-Schüler-Relation im Jahr 2007 im Primarbereich auf 18,3 und im Sekundarbereich I auf 15,2. Es bestehen aber erhebliche regionale Unterschiede. So reicht die Spanne im Primarbereich von 13,7 Schülerinnen und Schülern je Lehrkraft in Sachsen-Anhalt bis zu 21,5 in Hessen. Im Sekundarbereich I reicht sie von 10,7 in Thüringen bis zu 16,0 in Rheinland-Pfalz (vgl. Statistisches Bundesamt 2009b).

Im Jahr 2007 besuchten 3,156 Mio. Schülerinnen und Schüler eine Schule im Primarbereich (Sekretariat der ständigen Konferenz der Kultusminister der Länder 2007: 34). Bei einem Lehrer-Schüler-Verhältnis von 1 zu 18,3 folgt daraus, dass in diesem Bereich ca. 172.000 Lehrerinnen und Lehrer unterrichteten. Eine Orientierung am OECD-Durchschnitt würde bedeuten, dass im Jahr 2015 bei einer voraussichtlichen Schülerzahl von ca. 2,795 Mio. und einer Lehrer-Schüler-Relation von 1 zu 16 ca. 174.000 Lehrerinnen und Lehrer benötigt würden, gemessen am Status quo somit ca. 2.000 Lehrkräfte mehr. 2007 besuchten ca. 4,735 Mio. Schülerinnen und Schüler eine Schule im Sekundarbereich I. Bei einem Lehrer-Schüler-Verhältnis von 15,2 waren demnach ca. 311.000 Lehrerinnen und Lehrer dort tätig. Im Jahr 2015 werden voraussichtlich 4,344 Mio. Schülerinnen und Schüler eine Schule der Sekundarstufe I besuchen. Bei Zugrundelegung des OECD-Durchschnitts beim Lehrer-Schüler-Verhältnis von 13,2 sind dann 329.000 Lehrerinnen und Lehrer

---

[8] In die gleiche Richtung argumentiert Klemm (2005: 32). Andere Schätzungen gehen von zusätzlichen Kosten in Höhe von 20 Prozent aus, so z.B. die Vereinigung der Bayerischen Wirtschaft (2004: 106).

nötig, d.h. gemessen am Status quo 19.000 Lehrkräfte mehr. Bis 2015 ist es somit notwendig, die Zahl der Lehrerinnen und Lehrer im Primarbereich und Sekundarbereich I um 21.000 Lehrerinnen und Lehrer zu erhöhen. Bei Zugrundelegung eines durchschnittlichen Lehrergehalts in Höhe von 45.000 € – bei allen Problemen, die dies birgt, aufgrund der erheblichen Abweichungen in den Ländern und weiterer Faktoren wie Schulart usw. – ergibt sich somit ein zusätzlicher Finanzierungsbedarf in Höhe von ca. 945 Mio. €. Die immer wieder angeführte „Demografie-Rendite" – wonach die aufgrund des demografisch bedingten Rückgangs der Schülerzahlen frei werdenden Ressourcen im Schulsystem verbleiben sollen – reicht also nicht aus, um das Lehrer-Schüler-Verhältnis kostenneutral an den OECD-Durchschnitt anzupassen.

2.2.3 Bessere Förderung benachteiligter Schülerinnen und Schüler

Immer noch ist das deutsche Schulsystem durch einen hohen Anteil von Risikoschülerinnen und -schülern gekennzeichnet. Hier bedarf es einer gezielten individuellen Förderung. Um allen jungen Menschen eine bestmögliche Entwicklung zu eröffnen und ihre Potenziale zu entfalten, muss von Anfang an eine Förderung entsprechend ihren individuellen Fähigkeiten erfolgen, die gleichzeitig Defizite, die auf verschiedenen Ursachen beruhen können, möglichst weitgehend ausgleicht.

Auch wenn die oben vorgeschlagenen Reformschritte wie Ganztagsbetrieb und Verbesserung des Lehrer-Schüler-Verhältnisses zu einer Verbesserung der Lernsituation für benachteiligte Schülerinnen und Schüler beitragen dürften, können sie eine vollständige Kompensation der gezielten Förderung von benachteiligten Schülerinnen und Schülern nicht erreichen.

Die PISA-Studie stuft ca. 20 % der 15-jährigen als Risikoschüler ein. Trotz besserer Werte in anderen Bereichen hat sich daran bis zur letzten Studie nichts verändert. Eine bessere Förderung benachteiligter Schülerinnen und Schüler muss demnach vor allem die Risikoschüler erreichen – und dies bereits zu einem sehr frühen Zeitpunkt, also ab der ersten Klasse. Im Jahr 2015 werden dies voraussichtlich 559.000 Schülerinnen und Schüler im Primarbereich und 868.800 Schülerinnen und Schüler in der Sekundarstufe I sein, insgesamt demnach 1.427.800 Schülerinnen und Schüler, die einen erhöhten Förderbedarf haben. In Anlehnung an

Klemm (2009) wird davon ausgegangen, dass Risikoschüler einen um 50 % höheren Personalkostenanteil benötigen. Im Durchschnitt betrugen 2006 die Personalausgaben an allgemeinbildenden Schulen 3.900 € je Schüler, der halbe Satz beträgt somit 1.450 €. Insgesamt ergibt sich daraus ein finanzieller Mehrbedarf in Höhe von 2,07 Mrd. €. Wie diese zusätzlichen Ressourcen verwandt werden sollten, muss hier offen bleiben. Hinzuweisen ist aber darauf, dass die Mittel sicherlich zu einem großen Teil für die Schulsozialarbeit verwandt werden müssen. Der Ausbau der Schulsozialarbeit und eine enge Kooperation von Schule und Jugendhilfe müssen dabei zentrale Bausteine einer Schulreform sein. Hierbei ist ein aufeinander Zugehen von beiden Seiten – sowohl von Seiten der Schule, wie auch von Seiten der Jugendhilfe – erforderlich, genauso wie mittelfristig an Rahmenbedingungen gearbeitet werden muss, die derartige Kooperationen erleichtern.

2.2.4 Vollständige öffentliche Finanzierung des allgemeinbildenden Schulbetriebs

Immer stärker steigt der Anteil der direkten privaten Bildungsausgaben im Schulbereich (vgl. Nagel/Jaich 2004: 101f.). Dies umfasst zwei Aspekte. Einerseits steigt der Anteil der Sach-, Geld- und Arbeitsleistungen der Eltern, um den Schulbetrieb aufrecht zu erhalten. Dies ist z.B. der Fall, wenn Eltern an der Renovierung der Klassenräume beteiligt sind. Hierzu gibt es überhaupt keine verlässlichen Angaben, so dass hierzu keine weiteren Aussagen gemacht werden können.

Der zweite Aspekt besteht darin, dass Eltern im zunehmenden Umfang zusätzliche Bildungsangebote für ihre Kinder in Anspruch nehmen. Problematisch ist dies, da es sich zum Teil um eine Kompensation verminderter staatlicher Angebote handelt. Die öffentliche Hand wird ihrem Auftrag nicht mehr gerecht, jedem Schüler eine ihm angemessene Allgemeinbildung zu vermitteln. Die Datenlage ist allerdings nicht eindeutig. Eine Übersicht bieten Dohmen et al. (2008). In ihrer Zusammenfassung kommen sie zu dem Ergebnis, dass jeder achte bis zehnte Schüler aktuell Nachhilfe in Anspruch nimmt, bei den Schülerinnen und Schülern der Sekundarstufe I und II sogar jeder dritte bis vierte Schüler (Dohmen et al. 2008: 24).

In der Einschätzung der Ausgaben für Nachhilfe kommen die Autoren der Studie zu dem Ergebnis, dass jährlich für nicht-kommerzielle Angebote rund 750 € und für kommerzielle Angebote zwischen 1.500 € und 1.800 € aufgewandt werden (ebd.: 26).

Aufgrund dieser Zahlen kann mit einer recht groben Schätzung davon ausgegangen werden, dass von den ca. 9,35 Mio. Schülerinnen und Schülern im Jahr 2006 jeder zehnte, demnach 935.000 Schülerinnen und Schüler Nachhilfe in Anspruch genommen haben. Die Kosten je Schüler lagen dabei wie bereits ausgeführt zwischen 750 € und 1.800 € pro Jahr, insgesamt somit zwischen ca. 700 Mio. € und 1,6 Mrd. € jährlich.

Entgegen früheren Darstellungen (Jaich 2008: 41) sind diese Ausgaben jedoch nicht den zusätzlichen öffentlichen Bildungsausgaben zuzurechnen, da davon auszugehen ist, dass die vorgeschlagenen Reformen – Ganztagsbetrieb, besseres Lehrer-Schüler-Verhältnis und individuelle Förderung benachteiligter Schülerinnen und Schüler – Nachhilfe weitgehend überflüssig machen. Die Zahlen verdeutlichen demnach nur, was bisher von Eltern für die Allgemeinbildung ihrer Kinder aufgebracht und im Bildungsbudget nicht erfasst wird.

In diesem Zusammenhang genannt werden müssen auch die Ausgaben der Eltern und Schüler für Unterrichtsmaterialien. Die Ausgaben von Eltern und Schülern für den Kauf neuer Schulbücher lagen 2007 bei 240 Mio. € oder durchschnittlich ca. 20 € pro Schüler und Jahr. In einem allgemeinbildenden Schulsystem, das sich als öffentlich begreift, müssen diese Ausgaben von der Gemeinschaft getragen werden.

2.2.5 Zwischenfazit

Zusammengefasst ergibt sich für den allgemeinbildenden Schulbereich somit ein zusätzlicher Finanzierungsbedarf, der in der folgenden Tabelle 2 zusammengestellt ist.

*Tabelle 2: Zusätzlicher Finanzierungsbedarf
für den allgemeinbildenden Schulbereich*

Handlungsbedarf	Zusätzliche jährliche Ausgaben
Ausbau des Ganztagsbetriebs für 60 % der Schülerinnen und Schüler	5,30 Mrd. €
Verbesserung des Lehrer Schüler-Verhältnisses	0,94 Mrd. €
Förderung benachteiligter Schülerinnen und Schüler	2,07 Mrd. €
Summe	8,31 Mrd. €
Umschichtung von privater auf öffentliche Finanzierung: Unterrichtsmaterialien	0,24 Mrd. €

Eine nachhaltige Reform des allgemeinbildenden Schulsystems erfordert nicht nur mehr Finanzmittel, sondern vor allem strukturelle Reformen. Die hierfür notwendigen zusätzlichen finanziellen Ressourcen sind entweder kaum abzuschätzen oder fallen vergleichsweise gering aus.[9]

Zur Gruppe der notwendigen strukturellen Veränderungen mit geringem Finanzierungsaufwand sind die folgenden Erfordernisse zu zählen:

- Berufswahlvorbereitung: Die Berufswahl Jugendlicher ist häufig noch von unzulänglichen Kenntnissen über Anforderungen und Voraussetzungen geprägt. Notwendig sind daher in den Unterricht integrierte Angebote der Arbeits- und Berufsorientierung, Beratung, und Berufswahlvorbereitung.

- Obwohl der arbeits- und berufsorientierende Unterricht in einigen Bundesländern verstärkt wurde, ist er noch nicht curricular eingebunden. Eine zeitgemäße Bildung muss ökonomische und soziale, ethische und politische, ökologische und technische Zusammenhänge von Arbeit und Wirtschaft vermitteln. Hierzu müssen Betriebe als

---

[9] Vgl. hierzu auch die Empfehlungen des Wissenschaftlichen Beraterkreises (2009).

Lernorte ebenso wie Fachleute aus der Arbeitspraxis einbezogen werden.

Zu den notwendigen strukturellen Reformen, deren Ressourcenbedarf nicht zu überblicken ist, ist die Überwindung des gegliederten Schulsystems zu zählen. Ein Großteil der erforderlichen zusätzlichen Mittel dürfte durch die angeführten Elemente wie Ganztagsschulen, besseres Lehrer-Schüler-Verhältnis und die Förderung benachteiligter Schülerinnen und Schüler bereits ermittelt sein.

2.3 Berufsausbildung

Das zentrale Problem des Bereiches Berufliche Bildung sind fehlende Ausbildungsplätze in der dualen Berufsausbildung. Die Zahl der neu abgeschlossenen Ausbildungsverträge ist seit Bestehen der Bundesrepublik deutlich gesunken. Wurden in den 1980er Jahren noch jährlich über 700.000 neue Ausbildungsverträge allein in den alten Bundesländern abgeschlossen, so waren es im Jahre 2009 in ganz Deutschland 566.004 (BMBF 2010a: 9). In den letzten Jahren gab es dabei jährlich Schwankungen bei der Zu- oder Abnahme der neu abgeschlossenen Ausbildungsverträge.

Trotz eines ab 2008 erstmals seit 2001 wieder positiven Überhangs – d.h., das Ausbildungsplatzangebot ist größer als die Ausbildungsplatznachfrage – ist von einer Entspannung auf dem Ausbildungsstellenmarkt noch nicht auszugehen. Die Zahl der Jugendlichen, die einen Ausbildungsplatz suchen, aber keinen gefunden haben, wird mit 9.603 Jugendlichen im Berufsbildungsbericht 2010 für das Jahr 2009 als vergleichsweise gering ausgewiesen (BMBF 2010a: 9). Allerdings ist der Nachfrageüberhang bzw. die Angebotslücke deutlich größer. Über die tatsächliche Zahl der jugendlichen Ausbildungsplatzbewerber, die keinen Ausbildungsplatz erhalten haben, gibt es seit einigen Jahren eine intensive Forschungstätigkeit (vgl. z.B. Ulrich 2006a; Ulrich 2006b; Ulrich/Krekel 2007). So ist für das Jahr 2005 davon auszugehen, dass die rechnerische Angebotslücke bei mindestens 142.000 (und nicht nur bei 28.300) lag, und die Angebot-Nachfrage-Relation betrug 81,1 (und nicht, wie offiziell errechnet, 95,2; vgl. Ulrich 2006a).

Diese Zahlen kommen dadurch zustande, dass die relativ positive Situation auf dem Ausbildungsstellenmarkt auch durch den Ausbau des sogenannten „Übergangssystems"[10] erreicht wurde. So erfolgte 2006 die Verteilung der Neuzugänge auf die drei Sektoren des beruflichen Ausbildungssystems mit 551.434 Neuzugängen (bzw. 43,5 %) in die duale Berufsausbildung, 212.984 Neuzugängen (16,8 %) in das Schulberufssystem und 503.401 Neuzugängen (39,7 %) in das Übergangssystem. Damit wird eines der größten Probleme der Berufsausbildung unter dem Deckmantel eines neutralen Begriffes – des Übergangssystems – versteckt. Das Übergangssystem schafft zwar Übergänge, aber nur für die Hälfte seiner Teilnehmer. Insbesondere bei den Altbewerbern um betriebliche Ausbildungsplätze ist eine Stigmatisierung durch Maßnahmenkarrieren festzustellen, die die Chancen auf den Erhalt eines betrieblichen Ausbildungsplatzes weiter sinken lassen. Ziel einer Reform des Berufsbildungssystems muss es daher sein, dieses Übergangssystem auf ein vertretbares Maß zu reduzieren.

Weiterhin ist anzumerken, dass die relativ günstige Zahl der Ausbildungsabschlüsse in der dualen Berufsausbildung in den letzten Jahren durch eine öffentliche Förderung „erkauft" wird. Beispielsweise vereinbarten das BMBF und die Landesregierungen der neuen Länder einschließlich Berlin in 2008 auf der Grundlage vergangener Vereinbarungen wieder ein neues Ausbildungsplatzprogramm Ost. Bund und Länder beteiligen sich an diesem Programm im Jahr 2008 mit jeweils ca. 47 Mio. € zur Schaffung von 7.000 zusätzlichen Ausbildungsplätzen. Pro neu geschaffenem Ausbildungsplatz werden damit durchschnittlich 13.550 € bereit gestellt (BMBF 2009a: 26 f.).

Im gleichen Jahr wurde vom Bundestag der „Ausbildungsbonus" beschlossen. Diesen Bonus können Unternehmen von der Bundesagentur für Arbeit (BA) erhalten, wenn sie zusätzliche Ausbildungsplätze für förderbedürftige Jugendliche anbieten. Der Bonus kann eine Höhe von 4.000 € bis 6.000 € haben. Von Inkrafttreten des Programms (mit Beginn des Ausbildungsjahres 2008/2009) bis Ende Februar 2009 wurden 12.700 Anträge auf Zahlung des Ausbildungsbonus bewilligt (BMBF 2009a: 26). Bei einem angenommenen Durchschnittsbetrag von 5.000 € bedeutet

---

[10] Mit dem Übergangssystem wird eine immer stärker ausdifferenzierte Landschaft von erweiternden, hinführenden, nachholenden, überbrückenden oder auch verwahrenden, zumeist schulisch organisierten Bildungsgängen (wie z.B. Berufsvorbereitungs- und Berufsgrundbildungsjahr, Berufsoberschule) bezeichnet, das für Jugendliche, die eine Berufsausbildung anstreben aber keinen Ausbildungsplatz erhalten haben, vorgesehen ist.

dies für diesen Zeitraum einen Gesamtbetrag in Höhe von ca. 63,5 Mio. €. Hinzu kommen weitere Förderinstrumente, z.B. die BA-finanzierte Berufsausbildung in einer außerbetrieblichen Einrichtung mit sozialpädagogischer Betreuung (BaE) mit rund 100.000 Förderfällen im Jahr 2005 und einem Finanzierungsvolumen von über 1 Mrd. €.

Diese Bemühungen des Bundes machen deutlich, dass es mit dem Erfolg des Ausbildungspaktes nicht sehr weit her ist. Mit dem Absinken der Zahl neu abgeschlossener Ausbildungsverträge in den Jahren 2008 und 2009 nach einer kurzen Phase des Anstieges ist die Erfüllung der Verpflichtung der Wirtschaft wieder außer Reichweite gerückt.

Deutlich wird damit, dass Appelle zur Selbstverpflichtung bei der Wirtschaft keine nachhaltige Erhöhung der Ausbildungsbereitschaft bewirken.

2.3.1 Ausbildungsabgabe oder vollzeitschulische Berufsausbildung oder beides?

Die Alternative zum bestehenden System ist eine Umlagefinanzierung oder die Ausweitung vollzeitschulischer Angebote. Eine praktikable Lösung wird in einem Mix aus beidem liegen. In diese Richtung zielt auch der Beschluss des DGB-Bundesvorstandes „Mit guter Bildung in die Zukunft – Gewerkschaftliche Anforderungen an den Bildungsgipfel" vom 07. Oktober 2008: „Das duale System der Berufsausbildung gilt es zu erhalten und mit neuer Vitalität zu erfüllen. ... Außerbetriebliche Ausbildung (z.B. in der Schule) kann betriebliche Berufsausbildung nicht ersetzen, sondern ergänzt diese." (S. 4)

Unklar bleibt bei allen Beschlüssen oder Empfehlungen jedoch das Verhältnis, das zukünftig zwischen diesen beiden Ausbildungsformen bestehen sollte. Zentral ist jedoch, das Übergangssystem auf ein vertretbares Maß zu reduzieren. Es geht somit darum, für den größten Teil der jährlichen Neuzugänge von ca. 500.000 Schülerinnen und Schüler Ausbildungsformen zu schaffen, die einen erfolgreichen Berufsstart ermöglichen.

Da wie erwähnt keine konkreten Vorschläge zur anzustrebenden Verteilung auf die Berufsbildungsbereiche bestehen, wird bei den folgenden Berechnungen davon ausgegangen, dass jeweils zu gleichen Teilen betriebliche und vollzeitschulische Ausbildungsplätze zu schaffen sind und ein Teil der jungen Menschen im Übergangssystem verbleibt, um die Ausbildungsreife zu erlangen. Konkret wird davon ausgegangen, dass jeweils für 200.000 Jugendliche zusätzliche duale Ausbildungsplätze und vollzeitschulische Berufsbildungsplätze geschaffen werden, und dass ca. 100.000 junge Menschen in einem echten Übergangssystem verbleiben.

Die Schaffung von 200.000 vollzeitschulischen Berufsbildungsplätzen würde keine zusätzlichen Kosten verursachen, da die Schülerinnen und Schüler bereits jetzt „versorgt" werden. Der Unterschied besteht darin, dass ihnen eine berufliche Perspektive geboten würde.

Für die 100.000 jungen Menschen, die im Übergangssystem verbleiben, entstehen ebenfalls keine Mehraufwendungen, da sie sich bereits jetzt im Übergangssystem befinden. Im Unterschied zur jetzigen Situation soll es sich dann aber um ein echtes Übergangssystem handeln, das Ausbildungsreife vermittelt und im Anschluss Ausbildungsplätze bereit hält.

Nach einer Erhebung des Berufsbildungsinstituts (vgl. Beicht et al. 2004) betragen die Vollkosten für einen dualen Ausbildungsplatz pro Jahr für Unternehmen im Durchschnitt 16.435 €. Bei 200.000 neu zu schaffenden Ausbildungsplätzen würde dies bedeuten, dass von den Unternehmen jährlich ca. 3,29 Mrd. € für die Schaffung zusätzlicher Ausbildungsplätze aufzubringen sind.

Allerdings entfällt für die öffentliche Hand ein Teil der Kosten für das Übergangssystem. Die Kosten je Schüler in einer beruflichen Schule lagen im Durchschnitt bei 3.600 € im Jahr und für Schüler in Teilzeitberufsschulen bei 2.200 € im Jahr (vgl. Statistisches Bundesamt 2009a). Damit ergeben sich – im Vergleich zu anderen Untersuchungen relativ hohe – Kosten je Schüler im Vollzeitschulbetrieb in Höhe von 6.124 € pro Jahr.[11] Somit wurden insgesamt für 200.000 Schülerinnen und Schüler an beruflichen Schulen ca. 1,2 Mrd. € aufgewendet. Hätten diese Schüler einen Teilzeitberufsschule besucht, wären 440 Mio. € jährliche Kosten entstanden. Die Schaffung von 200.000 betrieblichen Ausbildungsplätzen führt damit zu Einsparungen des Staates in Höhe von 0,76 Mrd. €, sofern sich die öffentliche Hand nicht an der Finanzierung

---

[11] Die Kosten für den Ganztagsbetrieb ergeben sich, wenn gemäß den Angaben des Statistischen Bundesamts (2009c) im Jahr 2006 ca. 2,78 Mio. Schülerinnen und Schüler eine berufliche Schule besuchten (darunter ca. 1,789 Mio. Schülerinnen und Schüler eine Teilzeitberufsschule).

des betrieblichen Teils der Berufsausbildung beteiligt. Die gesellschaftlichen Mehrausgaben betragen somit insgesamt ca. 2,5 Mrd. €.

Zu tragen sind jedoch die Kosten für jene jungen Menschen, die quasi aus dem Bildungssystem herausgefallen sind und wieder integriert werden müssen. Von den 740.700 gemeldeten Bewerbern des Jahres 2005 verblieben 167.200 nicht im beruflichen Bildungssystem (82.600 bemühten sich um eine Arbeitsstelle und 84.600 verblieben auf sonstige Weise[12]). Für diese jungen Menschen wären bei Kosten pro Schüler und Jahr in einer Vollzeitschule in Höhe von 6.124 € insgesamt jährlich 1,023 Mrd. € aufzubringen.

Hervorzuheben ist, dass sowohl hinsichtlich der Kostenschätzung als auch hinsichtlich der Anzahl der Schülerinnen und Schüler das Jahr 2006 zugrunde gelegt wurde. Eine Hochrechnung auf das Jahr 2015 unterbleibt in diesem Bereich, da zwar die Entwicklung der Schülerzahlen prognostizierbar ist, nicht jedoch das Ausbildungsverhalten der Unternehmen. Dies ist insofern nur ein geringes Problem, da die Annahmen über das zukünftige Verhältnis der dualen Berufsausbildung zur vollzeitschulischen Berufsbildung relativ willkürlich gewählt wurden, und die Ergebnisse daher nur einen Blick für zukünftige Kostenverläufe liefern können.

2.3.2 Zwischenfazit

Ein Zwischenfazit zum Finanzierungsbedarf gestaltet sich im Bereich Berufsausbildung schwierig, da mit einem Beispielmodell gearbeitet wurde. Dennoch sollen diese Ergebnisse hier kurz aufgelistet werden:

---

[12] Bei den Verbleibern auf sonstige Weise handelt es sich um junge Menschen, die ihren Wunsch nach einem Ausbildungsplatz bei den Agenturen für Arbeit nicht aufrecht erhalten haben und daher in den Statistiken der Agenturen nicht weiter berücksichtigt werden.

*Tabelle 3: Zusätzlicher Finanzierungsbedarf
für den Bereich Berufsausbildung*

Handlungsbedarf	Öffentliche Mehrausgaben	Private Mehrausgaben	Gesellschaftliche Mehrausgaben
Förderung der dualen Berufsausbildung	- 0,76 Mrd. €	3,29 Mrd. €	
Integration aller jungen Menschen in die Berufsausbildung	1,02 Mrd. €		
Gesellschaftlicher Mehrbedarf	0,26 Mrd. €	3,29 Mrd. €	3,55 Mrd. €

2.4 Hochschule

Im internationalen Vergleich ist die Studierendenquote gering. Sie ist in den letzten Jahren zwar gestiegen, von 26 % in 1995 auf über 30 % im Jahr 2000, 34 % in 2007 und schließlich 36 % in 2008.[13] Der Anteil der Studienanfängerinnen und Studienanfänger an der gleichaltrigen Bevölkerung liegt aber immer noch deutlich unter den internationalen Vergleichswerten von 56 % (OECD) bzw. 55 % (EU).

Seit Jahren ist es das politische Ziel, die Studienanfängerquote zu steigern, und auf dem Bildungsgipfel in Dresden wurde die Zielmarke 40 % ausgegeben. Allerdings wird auch argumentiert, dass das Bildungssystem in Deutschland mit der dualen Berufsausbildung über einen Qualifizierungspfad verfügt, der nicht zwingend höhere Studienanfängerquoten erforderlich macht.

Das zentrale Problem im Hochschulbereich wird in dessen Überlastung gesehen, und weniger in der Beantwortung der Frage, wie eine Ausweitung der Studienanfängerquote erreicht werden kann. Eine Ausweitung der Studierendenquote sollte nicht als Selbstzweck formuliert, sondern anhand von Sachfragen diskutiert werden. So können gestiegene Anforderungen am Arbeitsplatz eine Akademisierung von Berufsausbil-

---

[13] Studienquote in internationaler Abgrenzung, vgl. BMBF (2009b).

dungen erforderlich machen – beispielhaft genannt seien hier die vorschulische Bildung und der Pflegebereich.

2.4.1 Bessere Personalausstattung an Hochschulen

Über Unterfinanzierung des Hochschulbereichs wird seit Jahrzehnten kontrovers diskutiert, und es werden unterschiedliche Schlussfolgerungen aus der jeweiligen Bestandsaufnahme gezogen.[14] Im Kern ging es immer um die Frage, die auch jetzt zu beantworten ist: Was ist der geeignete Maßstab für das Ausmaß der Unterfinanzierung? Vorgeschlagen werden dabei Indikatoren wie Anteil der Hochschulausgaben am Bruttoinlandsprodukt, lehrbezogene Ausgaben je Studierendem im internationalen Vergleich oder Studierende je Stelle für wissenschaftliches Personal.

Die ersten beiden Indikatoren – Anteil der Hochschulausgaben am Bruttoinlandsprodukt und lehrbezogene Ausgaben je Studierendem im internationalen Vergleich – ermöglichen Aussagen darüber, wie viele Ressourcen im Hochschulbereich eingesetzt werden, nicht aber über die Mittelverwendung. Daher wird hier für die Ermittlung des zusätzlichen Finanzierungsbedarfs der Hochschulen die Kennzahl „Studierende je Stelle für wissenschaftliches Personal" herangezogen. Wie bei Klemm erfolgt dabei eine Orientierung an den Studierenden je Stelle für wissenschaftliches Personal aus dem Jahr 1980[15] – der entsprechende Wert lag seinerzeit bei 13,0 (BMBF 2005: 233).

Im Jahr 2006 bestanden 124.315 Personalstellen und Stellenäquivalente für wissenschaftliches und künstlerisches Personal (Statistisches Bundesamt 2007d: 45). Bei 1.979.445 Studierenden betrug die Quote der Studierenden je Stelle für wissenschaftliches Personal 15,9. Um eine Quote von 13,0 zu realisieren, wäre die Beschäftigung von zusätzlich 27.950 Personen im wissenschaftlichen Bereich erforderlich. Wird von einem durchschnittlichen Einkommen für die wissenschaftlichen Beschäftigten an Hochschulen von 60.000 € jährlich ausgegangen,[16] dann

---

[14] Vgl. für eine kurze Übersicht Hönigsberger (2004: 238 ff.).

[15] Klemm (2005: 33). Das Jahr 1980 wird als Basiswert gewählt, da dieser Zeitpunkt vor der sogenannten „Bildungsexpansion" liegt, in der die Ausweitung der Bildungsbeteiligung durch Verschlechterung der Studienbedingungen erreicht wurde.

[16] Zur Ermittlung des Durchschnittseinkommens vgl. Jaich (2008).

ergibt sich ein zusätzlicher Finanzierungsbedarf in Höhe von knapp 1,68 Mrd. €. Zusätzlich ist zu berücksichtigen, dass eine Erhöhung der Zahl der wissenschaftlichen Beschäftigten auch immer eine Erhöhung der Zahl der in der Verwaltung Beschäftigten nach sich zieht. Im Jahr 2006 kamen auf jeden wissenschaftlichen Beschäftigten 1,02 Beschäftigte im Verwaltungsbereich. Ein solches Verhältnis kann sicherlich nicht als sinnvoll erachtet werden. Nimmt man an, dass für die zusätzlichen wissenschaftlichen Beschäftigten zusätzliches Verwaltungspersonal im Verhältnis 1 zu 20 einzustellen ist, so ergeben sich ca. 1.400 zusätzliche Verwaltungsstellen und mithin zusätzliche jährliche Ausgaben in Höhe von ca. 84 Mio. €. Der Gesamtbetrag für eine bessere Personalausstattung an den Hochschulen beläuft sich in der Summe damit auf 1,74 Mrd. €.

2.4.2 40-%-Zielmarke und demografische Effekte

Wird die 40-%-Zielmarke auf die deutschen Studienanfänger bezogen, würde dies bedeuten, dass im Jahr 2005 statt der 347.879 Studienanfänger (BMBF 2007a: 44) 448.875 junge Menschen ihr Studium hätten beginnen müssen – das wären immerhin über 100.000 Studienanfänger mehr. Eine allgemeinbildende oder berufliche Schule haben aber im Jahr 2005 nur 399.000 junge Menschen mit einer Hochschul- oder Fachhochschulzugangsberechtigung verlassen (Sekretariat der ständigen Konferenz der Kultusminister der Länder 2007: 83). Das bedeutet, dass eine Erhöhung der Studienanfängerquote nur bei einer Reform des schulischen Bildungssystems möglich und daher erst mittel- bis langfristig zu realisieren ist.

Ein weiterer Punkt, der zu einer Ausweitung der Studienbeteiligung führen kann, ist die Erhöhung der Durchlässigkeit zwischen den beiden Bildungsgängen Berufsausbildung und Hochschule. Trotz vielen Absichtsbekundungen und auch ersten Schritten, den Absolventen des Berufsbildungssystems den Zugang zu den Hochschulen zu erleichtern, ist bisher wenig erreicht worden. Hier sind Reformschritte notwendig, um einerseits die Berufsausbildung aufzuwerten und andererseits den zukünftigen spezifischen Qualifikationsbedarf der Unternehmen decken zu können.

Anders dagegen verhält es sich bei den zu erwartenden steigenden Studierendenzahlen aufgrund der demografischen Entwicklung. Hier ist gegenüber dem Jahr 2006 eine um bis zu 350.000 – je nach Annahme – höhere Studierendenzahl zu erwarten. Der Bildungsfinanzbericht des Statistischen Bundesamtes (vgl. Statistisches Bundesamt 2008a: 41) weist durchschnittliche laufende Kosten für einen Studierenden pro Jahr in Höhe von 7.180 € aus. Bei 350.000 zusätzlichen Studierenden ergeben sich jährliche Mehrausgaben in Höhe von ca. 2,5 Mrd. €. Soll der Ausbau der Studienplätze in der oben beschriebenen Weise erfolgen, werden sich die Mehrausgaben noch einmal erhöhen, und zwar um jährlich 420 Mio. € (vgl. Jaich 2008: 54), insgesamt um demnach ca. 2,9 Mrd. €. Bund und Länder haben dieser zu erwartenden Entwicklung Rechnung getragen und die Hochschulpakte I und II ausgehandelt, die deutliche Mehrausgaben für den Hochschulbereich vorsehen. Allerdings reichen die vereinbarten zusätzlichen Mittel bei weitem nicht aus, wie im Zwischenfazit gezeigt wird.

2.4.3 Studiengebühren abschaffen!

Die Argumente gegen die Einführung von Studiengebühren wurden an anderer Stelle bereits ausführlich dargestellt (vgl. Nagel/Jaich 2004: 198 ff.). Insbesondere die Ausführungen zur Selektivität des deutschen Bildungssystems werfen die Frage auf, ob eine monetäre Zugangsbarriere in Form von Studiengebühren die Selektivität nicht eher verstärkt als abbaut. Studiengebühren können unter bestimmten Umständen keine Auswirkung auf die soziale Selektivität haben (vgl. Lang 2005a), wenn sie mit einem entsprechenden Fördersystem unterlegt werden. Dies ist in Deutschland aber bisher in keinem Bundesland der Fall.

Neben ihrer Selektionswirkung, die nur unter bestimmten Bedingungen nicht auftritt, besteht das große Problem von Studiengebühren darin, dass sie sich negativ auf die Studienbeteiligung auswirken. Durch Studiengebühren wird der Zugang zu einer Hochschule verteuert, andere Bildungspfade werden damit relativ günstiger. Dies ist in Deutschland vor allem durch die duale Berufsausbildung gegeben, die nicht nur keine Gebühren vorsieht, sondern sogar Einkommen ermöglicht. Eine Erhöhung der Studienbeteiligung ist daher mit der Einführung von Studiengebühren nicht zu erwarten.

Zu dem Ergebnis, dass sich Studiengebühren negativ auf die Studienbeteiligung auswirken, kommt eine Studie, die im Auftrag des BMBF vom HIS durchgeführt wurde (Heine/Quast/Spangenberg 2008). Zentrales Ergebnis ist:

„Durch die Einführung von Studiengebühren verzichtet eine nennenswerte Zahl von Studienberechtigten auf das ursprünglich beabsichtigte Studium (Jahrgang 2006: zwischen 6.000 und 18.000). Insbesondere Frauen und Studienberechtigte aus hochschulfernen Elternhäusern entscheiden sich aufgrund von Studiengebühren gegen ein Studium."

Dies wird nicht dadurch widerlegt, dass die Zahl der Studienanfänger in den Jahren 2008 und 2009 gestiegen ist. Vor dem Hintergrund der doppelten Abiturjahrgänge ist dies eigentlich nicht verwunderlich.

Nach Schätzungen werden durch Studiengebühren maximal 1,11 Mrd. € zusätzliche Finanzierungsmittel (nach Abzug aller zusätzlichen Kosten) für den Hochschulbereich aufgebracht (vgl. Lang 2005b: 16 ff.). Studiengebühren sind aufgrund der obigen Argumentation abzuschaffen und die entsprechenden Mittel vom Staat aufzubringen.

2.4.4 Reform des BAföG

Die Beseitigung sozialer Selektivität[17] und eine Ausweitung der Studierendenquote – aber auch die Vermeidung von langen Studienzeiten und Studienabbruch – machen ein Fördersystem zur Finanzierung des Lebensunterhalts der Studierenden nötig. Das hierzu in Deutschland bestehende Bafög ist jedoch reformbedürftig.

Weiterzuentwickeln wäre das BAföG hinsichtlich des Förderhöchstalters. In dem Maße, wie in Deutschland zunehmend gestufte Bachelor- und Masterstudiengänge etabliert werden, ist eine Überwindung der bisher relativ starren Einteilung der Lebensphasen in Lern- und Arbeitsphasen denkbar. Im Sinne einer Philosophie des Lebenslangen Lernens bieten gestufte Studiengänge die Möglichkeit, nach einem Bachelorstudium zunächst in das Erwerbsleben einzutreten und zu einem späteren

---

[17] Es wurde mehrfach darauf hingewiesen, dass die soziale Selektion für den Hochschulbereich zum größten Teil im voruniversitären Bereich erfolgt. Werden hier die Bedingungen geändert, so ergibt sich trotzdem die Notwendigkeit, ein Fördersystem für Studierende zu etablieren.

Zeitpunkt für ein Masterstudium an die Hochschule zurückzukehren. Dies würde jedoch erfordern, dass die derzeitige Altersgrenze der BAföG-Förderung (Vollendung des 30. Lebensjahres bei Studienbeginn)[18] erheblich ausgeweitet würde.

Das Fraunhofer Institut für angewandte Informationstechnik hat im Auftrag der Expertenkommission „Finanzierung Lebenslangen Lernens" die Kosten für die Einführung eines Erwachsenenbildungsförderungsgesetzes (EBiFG) geschätzt.[19] Da es sich bei der Kostenschätzung im wesentlichen um die Erhöhung der Altersgrenze für die Bezieher von BAföG handelt, können diese geschätzten Kosten als Hinweis auf die Kosten einer Reform des BAföG angesehen werden. Demnach wären von etwa 800.000 Bildungsteilnehmern im Jahr 2001/02, die 27 Jahre alt oder älter waren, rund 225.000 grundsätzlich nach dem EBiFG förderbar gewesen – das sind 116.000 mehr, als seinerzeit förderfähig waren. Bei Übertragung von Ergebnissen zur Förderung nach dem BAföG und dem AFBG auf die Förderung nach dem EBiFG ergeben sich geschätzte zusätzliche Ausgaben in einer Größenordnung von etwa 400 bis 500 Mio. € jährlich, von denen bis zu knapp einem Drittel als Darlehen vergeben würden.

2.4.5 Zwischenfazit

Dem erheblichen zusätzlichen Finanzierungsbedarf im Hochschulbereich tragen Bund und Länder Rechnung, indem sie sich auf die Hochschulpakte I und II verständigt haben: Mitte 2007 haben Bund und Länder zunächst den Hochschulpakt 2020 (Hochschulpakt I) beschlossen. Danach sollen die Hochschulen in die Lage versetzt werden, bis 2010 insgesamt 91.370 zusätzliche Studienanfänger gegenüber 2005 aufzunehmen. Der Bund stellt hierfür bis 2010 ca. 565 Mio. € zur Verfügung. Die Länder müssen den gleichen Betrag aufbringen und die Gesamtfinanzierung

---

[18] Allerdings bestehen auch im derzeitigen BAföG-System Ausnahmeregelungen, die eine Förderung auch dann ermöglichen, wenn ein Studium nach vollendetem 30. Lebensjahr aufgenommen wird.

[19] Vgl. hierzu und zum folgenden Expertenkommission Finanzierung Lebenslangen Lernens (2004: 217).

sicherstellen. Die Verteilung der Bundesmittel berücksichtigt die unterschiedlichen Gegebenheiten in den Ländern.[20]

Mit dem Hochschulpakt II soll der bedarfsgerechte Ausbau der Hochschulen für die in den Jahren 2011 bis 2015 zu erwartenden 275.000 zusätzlichen Studienanfänger finanziert werden. An dem Gesamtvolumen von 9,9 Mrd. € ist der Bund mit 5,9 Mrd. € beteiligt. Die Mittel zur Verbesserung der Lehre hieran betragen 7,1 Mrd. €, der Rest ist für die Forschung vorgesehen. Die Mittel der Hochschulpakte I und II betragen für Bildung somit insgesamt 8,3 Mrd. € – ein Betrag, der scheinbar ausreichen müsste, die beschriebenen Qualitätsverbesserungen zu finanzieren. Es ergibt sich insgesamt der in Tabelle 4 zusammengestellte Finanzierungsbedarf für den Hochschulbereich.

Tabelle 4: Zusätzlicher Finanzierungsbedarf für den Hochschulbereich

Handlungsbedarf	Laufender Finanzierungsbedarf
Verbesserung Personalausstattung	1,74 Mrd. €
Höhere Studierendenzahlen	2,90 Mrd. €
Reform Bafög	0,50 Mrd. €
Summe	5,14 Mrd. €
Umverteilung von privater auf öffentliche Finanzierung	1,11 Mrd. €

Um den ermittelten Mehrbedarf mit den geplanten Mehrausgaben nach den Hochschulpakten zu vergleichen, müssten sie auf den gleichen Zeitraum hochgerechnet werden. D.h. der jährliche Mehrbedarf muss für fünf Jahre (2010 bis 2015) berechnet werden, was einen Betrag von 31,25 Mrd. € ergibt. Aus dieser Perspektive erweisen sich Hochschulpakt I und II als geradezu bescheiden.

---

[20] Insgesamt ist der Hochschulpakt I mit ca. 1,9 Mrd. € deutlich größer dimensioniert. Da aber auch Forschungsförderung enthalten ist, die hier nicht in den Blick genommen wird, wird hier lediglich auf den geringeren Betrag für Bildung Bezug genommen. Das gleiche gilt für den Hochschulpakt II.

Zusätzliche Finanzierungsressourcen würden sich für den Hochschulbereich ergeben, wenn bestehende Finanzierungsmittel anders verwendet werden könnten. Ein Beispiel hierfür ist die Exzellenzinitiative. Diese richtet sich allerdings ausschließlich an den Bereich der Forschung und könnte eine gefährliche Entwicklung in Gang setzen. Diejenigen Hochschulen, die über die großzügige Mittelzuwendung der Exzellenzinitiative Strukturen aufbauen konnten, werden auch zukünftig erfolgreicher in der Drittmitteleinwerbung agieren. Die Folge ist eine Polarisierung zwischen Eliteuniversitäten auf der einen und Massenuniversitäten, die ihren Schwerpunkt in der Lehre haben, auf der anderen Seite. Diese Massenuniversitäten werden in erster Linie (nicht forschungsorientierte) Bachelorstudiengänge anbieten und auch die Hauptlast bei der Bewältigung der zusätzlichen Studierendenzahlen tragen, die im Zuge der Hochschulpakte an die Universitäten strömen.

2.5 Weiterbildung

Weiterbildung dient der Vertiefung, Erweiterung oder Erneuerung von Kenntnissen, Fähigkeiten und Fertigkeiten von Menschen, die eine erste Bildungsphase abgeschlossen haben und in der Regel erwerbstätig waren oder in der Familie gearbeitet haben.[21] Der Begriff Weiterbildung wurde vor ca. 30 Jahren vom Deutschen Bildungsrat geprägt, um die verschiedenen Bereiche des Lernens nach der Erstausbildung zu integrieren (vgl. Ehmann 2001: 94):

– die berufliche Weiterbildung,
– die politische Weiterbildung,
– und die allgemeine Weiterbildung.[22]

Faktisch ist eine Zusammenführung der Weiterbildungsbereiche bisher nicht geglückt, auch wenn Überlappungen zwischen ihnen bestehen.

Nicht zuletzt aufgrund dieser Strukturmerkmale des deutschen Weiterbildungssystems bestehen die folgenden Probleme:

---

[21] Vgl. zu dieser Definition von Weiterbildung BMBF (2000: 10).
[22] Teilweise wird nur zwischen beruflicher und allgemeiner Weiterbildung unterschieden.

Die Weiterbildungsbeteiligung in Deutschland ist im internationalen Vergleich relativ gering. Mit 30 % Teilnahmequote an betrieblicher Weiterbildung liegt Deutschland im europäischen Vergleich nach wie vor im Mittelfeld und wurde nach der letzten Erhebung sogar von Ländern wie Österreich oder Spanien überholt (vgl. Behringer/Moraal/Schönfeld 2008).

Bedenklich muss auch stimmen, dass die Teilnahme an Weiterbildung in Deutschland – gemessen an den Teilnahmequoten – seit Ende der 1990er Jahre rückläufig und erst im Jahr 2007 wieder leicht angestiegen ist. Zudem stagniert mit der beruflichen Weiterbildung der mit Abstand bedeutendste Bereich der Weiterbildung. Wie im Jahr 2003 beträgt auch 2007 die Teilnahmequote 26 % (TNS 2008: 5).

Bedenklich ist auch, dass die Weiterbildungsteilnahme in Deutschland im hohen Maße selektiv ist. Bereits die Expertenkommission „Finanzierung Lebenslangen Lernens" stellte fest: „Die Strukturen ungleicher Zugangschancen zu Bildung und sozialer Ungleichheit haben sich stabilisiert, eine Angleichung der Bildungschancen durch kompensatorische Wirkung der Weiterbildung hat bisher nicht stattgefunden." (Expertenkommission Finanzierung Lebenslangen Lernens 2002: 91)

Das Bundesministerium für Bildung und Forschung hat in der Vergangenheit Konzepte vorgelegt, die auf eine Erhöhung der Weiterbildungsbeteiligung abzielen. Zu nennen ist hier vor allem die sogenannte „Bildungsprämie", die ein Set von Instrumenten beinhaltet (BMBF 2007b):

- Eine Weiterbildungsprämie in Höhe von 50 % der Weiterbildungskosten, maximal 154 € für Einkommensgruppen mit bis zu 25.600 € (alleinstehend) bzw. 51.200 € (verheiratet) zu versteuerndem Jahreseinkommen (ab dem 01.01.2010 beträgt die Höhe der Prämie maximal 500 €).

- Das Vermögensbildungsgesetz (VermBG) wird um die Möglichkeit ergänzt, zum Zweck der beruflichen Weiterbildung aus dem Ansparguthaben vor Ende der Bindungsfrist Entnahmen zu tätigen, ohne dass die Arbeitnehmersparzulage entfällt. Die öffentliche Förderung erfolgt entsprechend durch eine Arbeitnehmersparzulage für Beschäftigte, deren zu versteuerndes Einkommen 17.900 € bei Alleinstehenden und 35.800 € bei zusammen veranlagten Ehepaaren nicht übersteigt.

- Ein Weiterbildungsdarlehen, das unabhängig von der Höhe und der Form des Einkommens in Anspruch genommen werden kann. Damit

wird auch die Finanzierung längerer und damit teurerer Maßnahmen ermöglicht. Die Komponenten sind kumulativ anwendbar.
- Wer eine Förderung in Anspruch nehmen möchte, muss nachweisen, dass er an einer Bildungsberatung teilgenommen hat.

Das Modell wurde am 13. Juni 2007 vom Kabinett beschlossen. Bisher in Kraft getreten sind die Bildungsprämie und das Bildungssparen.

Daneben bestehen verschiedene Förderschienen auf Bundes- und Länderebene, die Mittel aus dem Europäischen Sozialfonds für Weiterbildung nutzen. Erwähnt sei die Initiative „weiter bilden" des Bundesministeriums für Arbeit und Soziales. Dabei werden 140 Mio. € für die Förderung der beruflichen Weiterbildung von Beschäftigten zur Verfügung gestellt, die für Projekte auf der Grundlage von Qualifizierungsvereinbarungen der Sozialpartner vorgesehen sind.

2.5.1 Finanzierung der beruflichen Weiterbildung

Betriebliche Weiterbildung ist jene Form von Weiterbildung, die vom Arbeitgeber initiiert wird, damit z.B. die Wettbewerbsfähigkeit des Unternehmens erhalten oder dessen Innovationsfähigkeit erhöht wird. Hierzu gehören die Erhaltungs- und Anpassungsqualifizierung, d.h. Qualifizierungen für das eigene Aufgabengebiet sowie Umqualifizierung für eine gleich- oder höherwertige Aufgabe im Betrieb, wenn bisherige Arbeitsaufgaben wegfallen. Betriebliche Weiterbildung liegt demnach im unmittelbaren Interesse der Unternehmen. Es muss daher selbstverständlich sein, dass sie von diesen in ausreichendem Umfang durchgeführt wird. Auch wenn eine ganze Reihe von Unternehmen intensiv in ihr Humankapital investieren, so ist dies doch bei den meisten Unternehmen in Deutschland nicht der Fall.

Dieses Problem kann durch Weiterbildungsfonds gelöst werden. Weiterbildungsfonds entkoppeln die Weiterbildungsteilnahme von den dabei entstehenden Kosten, da die Arbeitgeber sich an der Finanzierung beteiligen – und zwar unabhängig davon, ob sie „ihren" Mitarbeitern Weiterbildung ermöglichen oder nicht. Der Erfolg, den solche Fonds erreichen können, ist hinreichend belegt. In Frankreich bestehen Weiterbildungsfonds seit 1971 auf gesetzlicher Grundlage und haben zu einer massiven Ausweitung der Weiterbildungsbeteiligung geführt. In Deutschland gibt es tarifvertragliche Fonds vor allem für die Berufsausbildung im Baugewerbe. Auch hier sorgt die Fondsfinanzierung dafür, dass in dieser Branche mehr in Qualifizierung investiert wird als in anderen Branchen.

Orientiert man sich bei der Höhe der Fondsabgabe an dem französischen Modell, so wären 1,6 % der Lohnsumme in einen Fonds abzuführen. Der Monatsdurchschnittsverdienst betrug 2007 in Deutschland brutto 2.982 €, d.h. im Jahr 35.784 €.

Würden alle Unternehmen verpflichtet 1,6 % der Lohnsumme aufzuwenden, entspräche dies etwa 572 € je Beschäftigtem für direkte Weiterbildungsaufwendungen. Nach der CVTS-III-Erhebung (vgl. Statistisches Bundesamt 2007b: 45) betrugen die Kosten für Lehrveranstaltungen 2005 je Beschäftigtem pro Jahr insgesamt 504 €. Diese teilten sich auf in direkte Kosten (überwiegend Teilnehmergebühren) in Höhe von 237 € und indirekte Kosten (Lohnausfallkosten) in Höhe von 267 €. Die Unternehmen müssten demnach pro Beschäftigtem 267 € mehr aufwenden. Bei 26,8 Mio. versicherungspflichtigen Beschäftigten in 2007 (vgl. Statistisches Bundesamt 2008b: 71) ergibt dies jährliche Mehraufwendungen in Höhe von 7,1 Mrd. €. Bei ca. 4,6 Mio. Beschäftigten im öffentlichen Dienst müssten somit von der öffentlichen Hand als Arbeitgeber ca. 1,2 Mrd. € mehr aufgebracht werden und von den privaten Unternehmen ca. 5,9 Mrd. € (Expertenkommission Finanzierung Lebenslangen Lernens 2002: 91).

2.5.2 *Finanzierungsbedarf für die individuelle berufliche Weiterbildung*

Zur individuellen beruflichen Weiterbildung zählen Maßnahmen, die vom Weiterbildungsteilnehmer selber initiiert sind. Dazu gehören zum Beispiel Maßnahmen, die nach dem Aufstiegsfortbildungsförderungsgesetz (AFBG) öffentlich gefördert werden. Das vom Bund und den Ländern gemeinsam finanzierte AFBG sichert einen individuellen Rechtsanspruch auf Förderung von beruflichen Aufstiegsfortbildungen. Seit der Novelle des AFBG im Jahre 2002 ist es zu einem kontinuierlichen Anstieg der Inanspruchnahme gekommen, so stieg die Zahl der Geförderten im Jahr 2005 gegenüber dem Vorjahr um 9 % auf 133.000, im darauffolgenden Jahr noch einmal um ca. 2,2 % auf ca. 136.000 (Statistisches Bundesamt 2007c: 15). Von den Geförderten in 2006 wurden

36 % in Teilzeit und 64 % in Vollzeit gefördert (Statistisches Bundesamt 2007c: 31).

Eine zentrale Schwachstelle des AFBG besteht erstens darin, dass es sich von seiner Konzeption her um ein Leistungsgesetz handelt, das nicht systematisch in die deutsche Weiterbildungslandschaft integriert ist, sondern nur einen Teilbereich regelt. Dies führt einerseits dazu, dass Qualifikationen unterhalb der Aufstiegsfortbildung nicht gefördert werden. Andererseits werden Berufsgruppen ausgeschlossen, die nicht eine duale Berufsausbildung durchlaufen oder eine Ausbildung in einem der Gesundheitsberufe absolviert haben.

Zweitens besteht eine Schwachstelle des AFBG darin, dass es konzeptionell auf jüngere Weiterbildungsteilnehmer zugeschnitten ist. Das Verhältnis von Darlehen zu Zuschuss verändert sich bei höherem Förderbedarf in Richtung Darlehen, da der Zuschussanteil unabhängig von der Förderhöhe konstant bleibt. Für Ältere, die aufgrund ihrer familiären Situation in der Regel einen höheren Finanzbedarf haben, wird es damit teurer, an einer Aufstiegsfortbildung teilzunehmen. So lag der Anteil der 20- bis 35-Jährigen, deren Aufstiegsfortbildung durch das AFBG gefördert wurde, laut AFBG-Bundesstatistik im Jahr 2006 bei 80 % (Statistisches Bundesamt 2007c: 58).

Drittens bestehen Formen individueller beruflicher Weiterbildung, wie z.B. der Erwerb von Zusatzqualifikationen, für die keine systematische Finanzierungsstruktur vorhanden ist. Eine öffentliche Förderung ist hier in der Form von Abschreibungsmöglichkeiten auf die Einkommensteuer als Sonderausgaben oder Werbungskosten möglich. Daneben bestehen verschiedene einzelne Förderinstrumente auf Bundes- und Landesebene. Auf Bundesebene z.B. in Form der „Begabtenförderung berufliche Bildung", auf Landesebene gibt es verschiedene Förderprogramme, die zum Teil aus Mitteln des Europäischen Sozialfonds aufgestockt werden.

2.5.3 Finanzierung der Weiterbildung von Erwerbslosen

Von besonderer Bedeutung im Bereich der beruflichen Weiterbildung ist die Förderung von Maßnahmen durch die Bundesagentur für Arbeit (BA). Die BA stellt nach den privaten Unternehmen den größten Finanzier von Weiterbildungsmaßnahmen dar. Sie ist eine Körperschaft des öffentlichen Rechts mit Sitz in Nürnberg. Seit der Verabschiedung des

Arbeitsförderungsgesetzes (AFG) im Jahre 1969 durch die Große Koalition finanziert die BA Fortbildungs- und Umschulungsmaßnahmen. Letztere werden heute einheitlich als Weiterbildungsmaßnahmen bezeichnet, nachdem das Arbeitsförderungsreformgesetz die Vorschriften des Arbeitsförderungsgesetzes zum 1. Januar 1998 in das Sozialgesetzbuch (SGB) III überführt hat. Die Entwicklung des Arbeitsförderungsrechts ist seit vielen Jahren zusammengefasst als Anpassung an die sich ständig verschlechternden Beschäftigungsbedingungen zu kennzeichnen. Das Arbeitsförderungsgesetz wurde in den 31 Jahren seines Bestehens über hundertmal geändert. Insgesamt gingen die staatlichen Leistungen jedes Mal ein Stück zurück:

Während im Jahresdurchschnitt 2001 noch 352.443 Erwerbslose an einer Weiterbildungsmaßnahme teilnahmen, erhielten 2005 nur noch 114.350 diese Chance.[23] Ebenso verhält es sich mit den Ausgaben der BA für die Förderung von Weiterbildung. Während im Jahr 2001 noch insgesamt 6,9 Mrd. € aufgewandt wurden, wurden im Jahr 2007 von der BA nur noch knapp 500 Mio. € für die Förderung der beruflichen Weiterbildung aufgewandt (vgl. Schulz-Oberschelp 2008).

Insbesondere in Anbetracht der Tatsache, dass gerade längere Maßnahmen die Wiedereingliederung in den Arbeitsmarkt nachhaltig verbessern, wird als Ziel formuliert, die Ausgaben der BA für Weiterbildungsmaßnahmen wieder an die Ausgabenhöhe des Jahres 2001 heranzuführen. Dies bedeutet, jährlich wieder ca. 6,4 Mrd. € mehr in Weiterbildung zu investieren.

2.5.4 Ausbau von (Weiter-)Bildungsberatung

In dem Maße, in dem Lebenslanges Lernen als notwendige Strategie erkannt wird, um einerseits die Beschäftigungsfähigkeit der Menschen und andererseits die wirtschaftliche Leistungsfähigkeit Deutschlands zu

---

[23] Von der BA werden für das Jahr 2009 im Durchschnitt 215.880 Teilnehmerinnen und Teilnehmer an Weiterbildungsmaßnahmen ausgewiesen, was gegenüber dem Jahr 2008 eine Steigerung um 51,7 % bedeutet. Dieses Wachstum kommt aber zum großen Teil dadurch zustande, dass die BA seit 2009 die Teilnehmerzahlen für die berufliche Weiterbildung von Erwerbslosen und Teilnehmern in Reha-Maßnahmen in einem Wert ausweist, bis dahin wurden die Daten getrennt ausgewiesen. Damit lassen sich die Daten nicht mehr direkt vergleichen.

erhalten, gewinnt das Thema Bildungsberatung zunehmend an Bedeutung. Dies ist vor allem dem Umstand geschuldet, dass die Umsetzung Lebenslangen Lernens in Deutschland mit einer stärkeren Ausrichtung auf die Eigenverantwortung der Menschen verbunden ist. Deutlich wird dies z.b. bei der geplanten Einführung des Bildungssparens für Weiterbildungszwecke. Gerade hierfür ist es notwendig, ein umfassendes Beratungsangebot zu schaffen, und dieses institutionell abzusichern.

Bisher wurde in Deutschland keine systematische flächendeckende Struktur der Beratung für Lebenslanges Lernen aufgebaut, sondern sie war und ist traditionell als Berufsberatung bei der Bundesagentur für Arbeit angesiedelt.[24] Andere institutionelle Ansätze sind im Wesentlichen auf bestimmte Gebiete und Zielgruppen beschränkt, z.b. die Studienberatung an Hochschulen. Die Forschung zu der Frage, wie ein gutes flächendeckendes Beratungssystem ausgestaltet werden muss, steht erst am Anfang. Die folgenden Punkte sind aber Voraussetzung (vgl. GEW 2007b):

Eine gesellschaftliche Verantwortung für Lebenslanges Lernen schließt Beratung mit ein. Um gegen die bisherige massive Bildungsbenachteiligung im gesamten Bildungssystem und in der Weiterbildung vorzugehen, muss der Zugang aller Bürger zu einer gebührenfreien und kompetenten Beratung gewährleistet werden, deren Unabhängigkeit sicherzustellen ist.

Die langfristige Perspektive ist, Beratung für Lebenslanges Lernen bzw. Beratung für Bildung, Beruf und Beschäftigung als unabhängige öffentliche steuerfinanzierte Dienstleistung flächendeckend für alle Bürger auszubauen. Kurzfristig muss allerdings verhindert werden, dass die Beratungsleistung der BA in Umfang und Qualität heruntergefahren wird, ohne dass dafür eine Alternative bereit steht.

Diese staatliche garantierte Beratung soll sowohl die Förderung der Beschäftigungsfähigkeit (employability), die Vermeidung von Arbeitslosigkeit, von unterwertiger Beschäftigung und Dequalifizierung als auch die Möglichkeit der kulturellen und gesellschaftspolitischen Teilhabe der Menschen umfassen, und alle Bildungs- und Lebensphasen begleiten.

Über den finanziellen Aufwand für ein solches Beratungssystem, das in weiten Bereichen nur wenig spezifiziert ist, können nur Mutmaßungen angestellt werden. Als Richtgröße wird aber eine Weiterbildungsberatung

---

[24] Vgl. hierzu und zum Folgenden GEW (2007b).

vorgeschlagen, die auf kommunaler Ebene pro 100.000 Einwohnern eine Bildungsberatung bereitstellt (ebd.: 33). Wird davon ausgegangen, dass sich diese Richtgröße auf die Bevölkerung im erwerbsfähigen Alter[25] bezieht, so bedeutet dies bei einer Bevölkerung von ca. 82 Mio. Menschen und einer Erwerbsbevölkerung von ca. 55 %, dass 450 Bildungsberatungseinrichtungen für ca. 45 Mio. Menschen vorzuhalten sind. Damit ist jedoch noch nichts über die Größe der Einrichtungen gesagt. Um eine Vorstellung vom finanziellen Aufwand zu erhalten, wird im Folgenden eine Modellrechnung präsentiert:

Es wird davon ausgegangen, dass eine Beratungsstelle im Durchschnitt mit fünf Beschäftigten zu besetzen ist. Diese Annahme erscheint plausibel, da zu den Aufgaben einer Beratungsstelle nicht nur die Beratung selbst, sondern auch der Kontakt zu den Weiterbildungsträgern, den Agenturen für Arbeit, den örtlichen Unternehmen usw. gehört. Weiterhin wird davon ausgegangen, dass das jährliche Durchschnittseinkommen bei 40.000 € liegt. Dieser relativ grob geschätzte Wert wird zugrunde gelegt, da erhebliche regionale Streuungen bestehen, und zudem die Besetzung der Stellen regional mit unterschiedlichen Qualifikationsniveaus erfolgen müsste. Schließlich wird für jede Stelle eine Ausstattung mit 20 % der Personalkosten kalkuliert. Damit ergeben sich jährliche Aufwendungen in Höhe von 90 Mio. € Personalkosten und für die Ausstattung jährlich 18 Mio. € – insgesamt somit 108 Mio. €.

2.5.5 Zwischenfazit

Die ermittelten zusätzlichen Finanzierungsaufwendungen für die Weiterbildung werden in der folgenden Tabelle zusammengefasst.

---

[25] Nach der Definition des Statistischen Bundesamtes die 20-Jährigen bis unter 60-Jährigen.

*Tabelle 5: Zusätzlicher Finanzierungsbedarf
für den Bereich Weiterbildung*

Handlungsbedarf	Jährliche öffentliche Mehraufwendungen	Jährliche Mehraufwendungen der Unternehmen	Gesamte Mehraufwendungen
Betriebliche Weiterbildung	1,2 Mrd. €	5,9 Mrd. €	7,1 Mrd. €
Individuelle berufliche Weiterbildung	0,1 Mrd. €		
Weiterbildung von Erwerbslosen	6,4 Mrd. €		
Weiterbildungsberatung	0,11 Mrd. €		
Summe	7,81 Mrd. €	5,9 Mrd. €	13,71 Mrd. E

3 Reichen 10 % des BIP für Bildung und Forschung?

3.1. Ist der Anteil der Bildungsausgaben am BIP eine sinnvolle Zielgröße für die Höhe der Bildungsausgaben?

Gerade durch die jährlichen Veröffentlichungen der OECD „Bildung auf einen Blick" ist das Bruttoinlandsprodukt (BIP) als Vergleichsindikator für die Bewertung von nationalen Bildungssystemen geeignet. Wird die häufig vertretene These zugrunde gelegt, nach der ein positiver Zusammenhang zwischen dem Bildungsstand der Bevölkerung und der Wirtschaftsleistung besteht, erscheint der Anteil der Bildungsausgaben am BIP als sinnvolle Zielgröße. Zudem erlaubt dies internationale Vergleiche, die unabhängig von der jeweiligen nationalen Ausgestaltung des Bildungssystems sind. Dem steht jedoch ein Nachteil gegenüber: Das BIP schwankt im Konjunkturverlauf.

Generell sind die Bildungsausgaben als Anteil am BIP ein geeigneter Vergleichsindikator, und zwar aus zwei Gründen. Zum einen wird bei Formulierung einer Zielgröße wie z.B. 7 % eine verbindliche Festlegung der Bildungsbudgets auf Bundes- und Länderebene möglich, und damit der Zugriff der Finanzministerien auf Ressourcen erschwert. Zum anderen liegt Deutschland – wie sich im Folgenden zeigen wird – im internationalen Vergleich noch so weit zurück, dass der Anschluss an vergleichbare Länder auch bei konjunkturellen Einbrüchen zu einer Ausweitung des Bildungsbudgets führen müsste.

3.2. Wie hoch ist das Bildungsbudget eigentlich?

Nach der am 7. September 2010 vorgestellten OECD-Studie „Bildung auf einen Blick 2010" verringerten sich die deutschen Ausgaben für Bildung im Verhältnis zum Bruttoinlandsprodukt, die 1995 noch 5,1 % betrugen, auf 4,7 % im Jahr 2007. Deutschland liegt damit deutlich unter dem OECD-Durchschnitt von 5,7 %, unterboten nur noch von den Ländern Italien, Slowakische Republik und Tschechische Republik. Auch wenn internationale Vergleiche aufgrund der unterschiedlichen Bildungssysteme nur bedingt aussagefähig sind, wird deutlich, dass in Deutschland ein erheblicher Nachholbedarf besteht, zumal wenn als Messlatte die Spitzenreiter wie die Vereinigten Staaten, Korea oder Dänemark in den Blick genommen werden, die 7 % und mehr des BIP in Bildung investieren.

Nimmt man die Veröffentlichungen des Statistischen Bundesamtes, ergibt sich allerdings das folgende Bild: Zu unterscheiden ist zwischen dem Bildungsbudget insgesamt und dem Bildungsbudget in internationaler Abgrenzung. Das Bildungsbudget insgesamt umfasst das Bildungsbudget in internationaler Abgrenzung – das Bildungsbudget im engeren Sinne, zu dem der Elementarbereich, Schulen einschließlich der Berufsausbildung, der Hochschulbereich sowie sonstige Ausgaben z.B. für die Beamtenausbildung oder Serviceleistungen der öffentlichen Verwaltungen gehören – sowie zusätzliche bildungsrelevante Ausgaben für die betriebliche Weiterbildung und für weitere Bildungsangebote (Krippen und Horte, Einrichtungen der Jugendarbeit, Lehrerfortbildung, Volkshochschulen und Bildungseinrichtungen der Tarifparteien, Kammern und Verbände) und die Förderung von Teilnehmern an Weiterbildung.

Zu beachten ist zudem, dass das Bildungsbudget nicht nur öffentliche Ausgaben für Bildung beinhaltet, sondern auch die privaten Ausgaben für Bildung (meist der Unternehmen und ohne Lohnfortzahlungen). Wenn also für 2005 ausgewiesen wird, dass das Bildungsbudget im engeren Sinne 5,1, % des BIP ausmacht, muss im Blick behalten werden, dass hierin 25,6 Mrd. € private Ausgaben – also über ein Viertel – enthalten sind. Werden nur die öffentlichen Ausgaben für Bildung im engeren Sinn in den Blick genommen, reduziert sich der Anteil am BIP auf 4,5 %.

Im Jahr 2008 betrug das Bildungsbudget insgesamt 155,0 Mrd. € und entsprach damit 6,2 % des BIP. Das Bildungsbudget in internationaler Abgrenzung gemäß ISCED-Gliederung belief sich auf 137,9 Mrd. € und entsprach 5,5 % des BIP. Der Unterschied zu den OECD-Daten rührt daher, dass hier die Ausgaben für Bildungseinrichtungen in den Blick genommen werden, das Bildungsbudget aber noch weitere Ausgaben enthält.

Das Ziel, 10 % des BIP für Bildung und Forschung bzw. 7 % für Bildung aufzuwenden, lässt also unterschiedliche Interpretationen zu. Auf das Jahr 2008 bezogen kann „7 % für Bildung" somit bedeuten:

– Eine Erhöhung des Bildungsbudgets um 20 Mrd. € jährlich, wenn das Bildungsbudget insgesamt in den Blick genommen wird.

– Eine Erhöhung des Bildungsbudgets um 37,6 Mrd. € jährlich, wenn das Bildungsbudget in internationaler Abgrenzung gemäß ISCED-Gliederung in den Blick genommen wird.

– Eine Erhöhung des Bildungsbudgets um 56 Mrd. € jährlich, wenn das Bildungsbudget wie in der OECD-Studie verwendet in den Blick genommen wird.

3.3. Wie wirken sich die vorgeschlagenen Änderungen auf das Bildungsbudget aus?

In der folgenden Tabelle 6 werden die im Kapitel 2 als wünschenswert ermittelten Veränderungen der Bildungsausgaben bezogen auf das Jahr 2007 noch einmal zusammen aufgelistet:

Tabelle 6: Gesamter zusätzlicher jährlicher Finanzierungsbedarf

Bildungsbereich	Zusätzlicher öffentlicher Finanzierungsbedarf	Summe öffentliche Mehrausgaben	Zusätzlicher privater Finanzierungsbedarf	Gesellschaftliche Mehrausgaben	Umverteilung vom privaten zum öffentlichen Bereich
Kindertagesstätten					
Ausbau der Betreuung für unter 3-Jährige	3,29 Mrd. €				
Ausbau der Ganztagsbetreuung	0,83 Mrd. €				
Kindertagesstätten als Bildungseinrichtungen	2,11 Mrd. €				
Abschaffung der Elternbeiträge					1,97 Mrd. €
Summe Kindertagesstätten		**6,23 Mrd. €**		**6,23 Mrd. €**	
Allgemeinbildende Schulen					
Ausbau des Ganztagsbetriebs für 60 % der Schüler/Innen	5,30 Mrd. €				
Verbesserung des Lehrer-Schüler-Verhältnisses	0,94 Mrd. €				

Bildungsbereich	Zusätzlicher öffentlicher Finanzierungsbedarf	Summe öffentliche Mehrausgaben	Zusätzlicher privater Finanzierungsbedarf	Gesellschaftliche Mehrausgaben	Umverteilung vom privaten zum öffentlichen Bereich
Förderung benachteiligter Schülerinnen und Schüler	2,07 Mrd. €				
Lernmittel					0,24 Mrd. €
Summe Schulen		**8,31 Mrd. €**		**8,31 Mrd. €**	
Berufsausbildung					
Förderung der dualen Berufsausbildung	- 0,76 Mrd. €		3,29 Mrd. €		
Integration aller jungen Menschen in die Berufsausbildung	1,02 Mrd. €				
Summe Berufsausbildung		**0,26 Mrd. €**	**3,29 Mrd. €**	**3,55 Mrd. €**	
Hochschulen					
Verbesserung Personalausstattung	1,74 Mrd. €				
Höhere Studierendenzahlen	2,90 Mrd. €				
Reform BaföG	0,50 Mrd. €				
Abschaffung Studiengebühren					1,11 Mrd. €

Bildungsbereich	Zusätzlicher öffentlicher Finanzierungsbedarf	Summe öffentliche Mehrausgaben	Zusätzlicher privater Finanzierungsbedarf	Gesellschaftliche Mehrausgaben	Umverteilung vom privaten zum öffentlichen Bereich
Insgesamt Hochschulen		**5,14 Mrd. €**		5,14 Mrd. €	
Weiterbildung					
Betriebliche Weiterbildung	1,2 Mrd. €		5,9 Mrd. €		
Individuelle berufliche Weiterbildung	0,1 Mrd. €				
Weiterbildung von Erwerbslosen	6,4 Mrd. €				
Weiterbildungsberatung	0,11 Mrd. €				
Insgesamt Weiterbildung		**7,81 Mrd. €**	**5,9 Mrd. €**	13,71 Mrd. €	
Insgesamt	**27,75 Mrd. €**	**27,75 Mrd. €**	**9,19 Mrd. €**	36,94 Mrd. €	3,32 Mrd. €

Ohne Berücksichtigung von zusätzlichen Investitionsausgaben beträgt der zusätzliche jährliche Finanzierungsbedarf insgesamt 36,9 Mrd. €. Dieser ist zu ca. ¾ von der öffentlichen Hand aufzubringen und zu ¼ von den Unternehmen. Die öffentlichen jährlichen Mehraufwendungen erhöhen sich noch einmal von 27,75 Mrd. € um 3,32 Mrd. € auf 31,07 Mrd. € jährlich, wenn berücksichtigt wird, dass bisher von den Bildungsteilnehmern bzw. deren Eltern getragene Aufwendungen (Kita-Gebühren, Studiengebühren) von der öffentlichen Hand übernommen werden.

Dies erscheint angesichts der derzeitigen Haushaltslage der öffentlichen Hand als utopische Vision. Die OECD zeigt in ihrer Veröffentlichung „Bildung auf einen Blick 2010" (BMBF 2010b: 5ff) jedoch, dass sich Investitionen in Bildung lohnen. Sie führte eine Modellrechnung durch, in die die Kosten und Erträge von Bildung eingehen, und kommt zu dem Ergebnis, dass sich ein höherer Bildungsabschluss sowohl für den Einzelnen als auch für die öffentliche Hand auszahlt. So gesehen sind Investitionen in Bildung Zukunftsinvestitionen.

Literatur

Behringer, F./Moraal, D./Schönfeld, G. (2008): Betriebliche Weiterbildung in Europa: Deutschland weiterhin nur im Mittelfeld. Aktuelle Ergebnisse aus CVTS 3, in: BWP 1/2008, S. 9-14

Beicht, U./Walden, G./ Herget, H. (2004): Kosten und Nutzen der betrieblichen Berufsausbildung in Deutschland, in: Berichte zur Beruflichen Bildung, Heft 2.64/2004

Bundesministerium für Bildung und Forschung (BMBF)(Hg.) (2000): Berichtssystem Weiterbildung VII. Integrierter Gesamtbericht zur Weiterbildungssituation in Deutschland, Bonn/Berlin

Bundesministerium für Bildung und Forschung (2005): Grund- und Strukturdaten 2005, Bonn/Berlin

Bundesministerium für Bildung und Forschung (BMBF)(Hg.)(2007a): Die wirtschaftliche und soziale Lage der Studierenden in der Bundesrepublik Deutschland 2006. 18. Sozialerhebung des Deutschen Studentenwerks durchgeführt durch HIS Hochschul-Informations-System, Berlin/Bonn

Bundesministerium für Bildung und Forschung (BMBF) (2007b): Wachstumspotential der Weiterbildung nutzen. Eckpunktepapier zur Einführung des Weiterbildungssparens, Bonn

Bundesministerium für Bildung und Forschung (BMBF) (2009a): Berufsbildungsbericht 2009, Bonn

Bundesministerium für Bildung und Forschung (BMBF)(2009b): OECD-Veröffentlichung „Bildung auf einen Blick". Wesentliche Aussagen in der Ausgabe 2009, Berlin/Bonn

Bundesministerium für Bildung und Forschung (BMBF) (2010a): Berufsbildungsbericht 2010, Bonn

Bundesministerium für Bildung und Forschung (BMBF) (2010b): OECD-Veröffentlichung „Bildung auf einen Blick". Wesentliche Aussagen der Ausgabe 2010, Bonn

Bundesregierung (2008): Aufstieg durch Bildung. Die Qualitätsinitiative für Deutschland, Beschluss der Bundesregierung und der Regierungschefs der Länder in Dresden am 22. Oktober 2008

Dohmen, D./Erbes, A./Fuchs, K./Günzel, J. (2008): Was wissen wir über Nachhilfe? – Sachstand und Auswertung der Forschungsliteratur zu Angebot, Nachfrage und Wirkungen, Berlin

Ehmann, C. (2001): Bildungsfinanzierung und soziale Gerechtigkeit, Bielefeld

Expertenkommission Finanzierung Lebenslangen Lernens (2002): Auf dem Weg zur Finanzierung Lebenslangen Lernens, Bielefeld

Expertenkommission Finanzierung Lebenslangen Lernens (2004): Auf dem Weg zur Finanzierung Lebenslangen Lernens, Bielefeld

GEW (2007a): Wie gehts im Job? KiTa-Studie der GEW, Frankfurt/M.

GEW (2007b): Bildungs-, Berufs- und Weiterbildungsberatung. Bestandsaufnahme und Eckpunkte zur Weiterentwicklung, Frankfurt/M.

Heine, C./Quast, H./Spangenberg, H. (2008): Studiengebühren aus der Sicht von Studienberechtigten, Gutachten im Auftrag des BMBF, HIS: Forum Hochschule 15/2008, Hannover

Hönigsberger, H. (2004): Hochschulfinanzierung aus dem Geist der demokratischen Republik, in: Haubner, D. u.a. (Hg.): Wissensgesellschaft, Verteilungskonflikte und strategische Akteure, Marburg, S. 235-257

Jaich, R. (2008): Gesellschaftliche Kosten eines zukunftsfähigen Bildungssystems, Hans-Böckler-Stiftung, Arbeitspapier 165, Düsseldorf

Klemm, K. (2005): Bildungsausgaben in Deutschland: Status Quo und Perspektiven, Gutachten im Auftrag der Friedrich-Ebert-Stiftung, Netzwerk Bildung, Bonn

Klemm, K. (2009): Bildungsausgaben im föderalen System. Zur Umsetzung der Beschlüsse des Bildungsgipfels, Studie im Auftrag der Friedrich-Ebert-Stiftung, Berlin

Lang, T. (2005a): HIS-Dokumentation zu Studiengebühren/Studienbeiträgen, Teil I, Erwartete Effekte und internationale Erfahrungen, Hannover

Lang, T. (2005b): HIS-Dokumentation zu Studiengebühren/Studienbeiträgen, Teil II, Verfahren zur Sensitivitätsanalyse der Einnahmepotenziale von Studiengebühren – Einfluss verschiedener Darlehens-, Stipendien- und Freiplatzlösungen, Hannover

Nagel, B./Jaich, R. (2004): Bildungsfinanzierung in Deutschland, Baden-Baden

Riedel, B. (2008): Das Personal in Kindertageseinrichtungen: Entwicklungen und Herausforderungen, in: Deutsches Jugendinstitut (Hg.): Zahlenspiegel 2007, Kindertagesbetreuung im Spiegel der Statistik, München, S. 170-202

Schilling, M. (2004): Berechnung der Platzkosten als finanzielle Grundlage für den quantitativen und qualitativen Ausbau, in: Diller, A./Leu, H. R./Rauschenbach, T. (Hg.): Kitas und Kosten. Die Finanzierung von Kindertageseinrichtungen auf dem Prüfstand, München, S. 31-54

Schilling, M. (2008): Kosten für Kindertageseinrichtungen und Kindertagespflege und ihre Finanzierung, in: Deutsches Jugendinstitut (Hg.): Zahlenspiegel 2007, Kindertagesbetreuung im Spiegel der Statistik, München, S. 219-232

Schulz-Oberschelp, P. (2008): Erheblich mehr Neueintritte bei der beruflichen Weiterbildung – aber im Schnitt keine Steigerung der Teilnehmerzahlen, http://www.netzwerk-weiterbildung.info [28.05.2010]

Sekretariat der ständigen Konferenz der Kultusminister der Länder (KMK) (Hg.) (2007): Vorausberechnung der Schüler- und Absolventenzahlen 2005 bis 2020, Bonn

Statistisches Bundesamt (2007a): Statistiken der Kinder- und Jugendhilfe. Kinder und tätige Personen in Tageseinrichtungen am 15.03.2007, Wiesbaden

Statistisches Bundesamt (2007b): Berufliche Weiterbildung in Unternehmen. Dritte europäische Erhebung über die berufliche Weiterbildung in Unternehmen (CVTS 3), Wiesbaden

Statistisches Bundesamt (2007c): Bildung und Kultur. Aufstiegsförderung nach dem Aufstiegsfortbildungsförderungsgesetz (AFBG) 2006, Fachserie 11, Reihe 8, Wiesbaden

Statistisches Bundesamt (2007d): Bildung und Kultur. Personal an Hochschulen 2006, Fachserie 11 Reihe 4.4, Wiesbaden

Statistisches Bundesamt (2008a): Bildungsfinanzbericht 2008, Wiesbaden

Statistisches Bundesamt (2008b): Statistisches Jahrbuch 2008, Wiesbaden

Statistisches Bundesamt (2009a): Bildungsausgaben. Ausgaben je Schüler/-in in 2006, Wiesbaden

Statistisches Bundesamt (2009b): Internationale Bildungsindikatoren im Ländervergleich, Wiesbaden

Statistisches Bundesamt (2009c): Bildung und Wissenschaft. Auszug aus dem Statistischen Jahrbuch 2009, Wiesbaden

TNS Infratest Sozialforschung (2008): Weiterbildungsbeteiligung in Deutschland – Eckdaten zum BSW-AES 2007, München

Ulrich, J. G. (2006a): Wie groß ist die Lehrstellenlücke wirklich? Vorschlag für einen alternativen Berechnungsmodus, in: Berufsbildung in Wissenschaft und Praxis, 35. Jg., Heft 3, S. 12-16.

Ulrich, J. G. (2006b): Transparenz auf dem Ausbildungsmarkt. Aktuelle Lage, Intransparenzen und Lösungsmöglichkeiten, Vorlage zur Sitzung 1/2006 des Hauptausschusses des Bundesinstituts für Berufsbildung am 09. März 2006 in Bonn

Ulrich, J. G./Krekel, E. M. (2007): Zur Situation der Altbewerber in Deutschland, Ergebnisse der BA/BiBB-Bewerberbefragung 2006, in: BiBB Report 1/2007

Vereinigung der Bayerischen Wirtschaft (2004): Bildung neu denken! Das Finanzierungskonzept, Wiesbaden

Wissenschaftlicher Beraterkreis der Gewerkschaften IG Metall und ver.di (2009): Berufs-Bildungs-Perspektiven 2009. Bildungsprivilegien für alle! Berlin/Frankfurt/M.

Unterdurchschnittliche Performanz und unterdurchschnittliche öffentliche Bildungsausgaben – Deutschland im OECD-Vergleich

Cornelia Heintze

Die internationale Bildungsfinanzstatistik hat in den letzten Jahren große Fortschritte gemacht und ist mittlerweile so ausgereift, dass ihre Daten eine hohe Vergleichbarkeit aufweisen. Gemessen an der Wirtschaftskraft präsentiert sich Deutschland als Land mit geringen Bildungsausgaben. Über die öffentlichen Haushalte werden deutlich weniger Finanzmittel zur Verfügung gestellt als im OECD- wie EU-Durchschnitt. Weder die rot-grüne Bundesregierung unter Gerhard Schröder noch die nachfolgende Große Koalition unter Angela Merkel haben über eine Stärkung der Einnahmenseite öffentlicher Haushalte die Voraussetzung dafür geschaffen, dass das Bildungssystem nachhaltig besser mit Finanzmitteln ausgestattet werden kann. Priorität hatten Steuersenkungen und damit die Schwächung der öffentlichen Einnahmebasis. Das Versprechen, mehr Geld für Bildung auszugeben, konnte so nicht umgesetzt werden. Allerdings wurde das Bildungssystem zur Reformbaustelle. Die Politik ist bestrebt, das System bei der Elementar-, der Hochschul- und der Weiterbildung auszubauen und seine Leistungsfähigkeit zu steigern, ohne jedoch die Finanzausstattung im gebotenen Umfang zu verbessern. Eine Art Quadratur des Kreises, bei der Verbesserungen an einer Stelle Mittelkürzungen an anderer Stelle bedingen.

Der nachfolgende Beitrag versucht ein empirisches Fundament für eine Reformdebatte zu legen, die die Ausstattung mit öffentlichen Finanzmitteln als Ausgangspunkt wählt. Die Analyse gliedert sich in vier Schritte. Auf einen Einleitungsteil, der sowohl die Hauptschwächen des deutschen Bildungssystems als auch die jüngste Entwicklung bei seinen traditionellen Stärken knapp anreißt, folgt eine empirische Analyse des Zusammenhangs von öffentlicher Finanzierung und Bildungsoutcome, damit dem, was an Ergebnissen feststellbar ist. Für die Gruppe der europäischen OECD-Länder wird der Frage nach der Erklärungskraft der Höhe öffentlicher Bildungsausgaben für das Abschneiden bei Performanzindikatoren sowohl in der Einzelbetrachtung wie auch bei einer integrierten Analyse nachgegangen. Es schließt sich als dritter Schritt die Beantwortung der Frage an, welche zusätzlichen öffentlichen Mittel Deutschland mobilisieren müsste, um bei den Bildungsausgaben international aufzuschließen. Auf ihre Stichhaltigkeit hin beleuchtet werden danach jene Argumente, die gerne bemüht werden, um genau dies nicht zu tun. Die Schlussbetrachtung gibt einen pessimistischen Ausblick.

1 Einführung

Im OECD-Vergleich schneidet das deutsche Bildungssystem unterdurchschnittlich ab. Schwachpunkte sind die hohe Abhängigkeit der Bildungskarriere von der sozialen Herkunft, eine unzureichende Dynamik beim Erwerb höherer Bildungsabschlüsse und bei der lebenslangen Weiterbildung sowie geringe Zufriedenheitswerte[1] in der Bevölkerung.

Während bei den Kompetenztests 15-Jähriger die Ergebnisse von PISA 2006 gegenüber PISA 2000 und 2003 als leichte Verbesserung interpretiert werden können, ist Deutschland auf der Ebene des Erwerbs von Zertifikaten und des lebenslangen Lernens relativ zurückgefallen. Auch die Zahl der Schul- wie der StudienabbrecherInnen[2] ist erschreckend hoch. Dort, wo traditionell die deutsche Stärke lag, nämlich

---

[1] Auf die Frage „Sagen Sie bitte, wie Sie alles in allem den derzeitigen Zustand des Bildungssystems ihres Landes einschätzen" äußerten sich im Durchschnitt der Erhebungen des European Social Survey (ESS) von 2002/2003, 2004 und 2006 nur 18,6 % zufrieden bis sehr zufrieden. Einzig die Portugiesen sind mit ihrem Bildungssystem noch unzufriedener. Die wesentlichsten Befunde der ersten 3 Erhebungswellen finden sich unter: http://www.europeansocialsurvey.de/aktuelles/ (Zugriff 24.5.2010).

[2] Gut ein Viertel der StudienanfängerInnen verlassen die Hochschule ohne Abschluss (27 % der StudienanfängerInnen des Jahres 1999, Statistisches Bundesamt, Pressemitteilung Nr.183 vom 25.05.2010) und die Quote der SchulabbrecherInnen lag 2009 immer noch bei 11,1 % (Quelle: Eurostat, Indikator „Early school leavers" mit update vom 9.9.2010).

beim Erwerb eines mindestens oberen sekundaren Schulabschlusses, haben andere Länder Deutschland bei den jüngeren Alterskohorten überholt. Folgende Differenz macht dies deutlich: 2007 lag Deutschland unter 29 OECD-Ländern (plus Slowenien) bezogen auf den Anteil der älteren Bevölkerung (55 bis 64 Jahre), die über einen mindestens oberen sekundaren Abschluss verfügt, auf Platz 4, bei der Bevölkerung im erwerbsfähigen Alter insgesamt (25 bis 64 Jahre) aber nur noch auf Platz 8 und bei den 25- bis 34-Jährigen gar nur noch auf Platz 14. Innerhalb Europas erreichen zehn Länder bei der jüngeren Alterskohorte höhere Quoten.[3] Dort aber, wo Deutschland und auch die anderen deutschsprachigen Länder traditionell zurückliegen, nämlich bei den Bevölkerungsanteilen, die tertiäre Bildungsabschlüsse erwerben, findet kein Aufholprozess statt. Während die Graduiertenquote bei akademischen Tertiärausbildungen (OECD-Indikator A3.2) von 1995 bis 2007 im OECD-Durchschnitt um 92 % und im EU19-Durchschnitt um 100 % anstieg und nun bei 38,6 % (OECD) respektive 36,7 % (EU19) liegt, gab es in Deutschland nur eine Zunahme um 68 % auf einen Wert von 23,4 %. Schlimmer noch: Die Analyse nach Alterskohorten ergibt, dass unter allen OECD-Ländern 2007 nur in Deutschland der Anteil derer, die über einen tertiären Bildungsabschluss verfügen, unter den Älteren höher ausfällt als unter den Jüngeren. Im Ergebnis hatten unter den 25- bis 64-Jährigen 24,3 % einen tertiären Abschluss, in der jüngeren Alterskohorte der 25- bis 34-Jährigen aber nur noch 22,6 % (OECD 2009: Tab. A1.3a).

Der Standardverweis auf das Duale System[4] und die hohe Bedeutung vollwertiger Akademikerausbildungen gegenüber einer Dominanz von Kurzzeitstudien in anderen Ländern liefert für die beschriebene Entwicklung keine Erklärung. Außerdem hat dieser Hinweis nur bezogen auf die angelsächsischen Länder Berechtigung.[5] Bei Ländern, die wie Däne-

---

[3] Finnland, Schweden, Dänemark, die Schweiz, Österreich, Ungarn, die Slowakei, Slowenien, Polen und Tschechien. Quelle: OECD-Bildungsindikator Tab. A1.2a mit update vom 3. Sep. 2009. Bei den Jugendlichen bis 24 Jahren lagen 2008 sogar 22 europäische Länder vor Deutschland. Daten nach Eurostat (Indikator „Youth education attainment level" mit update vom 19.5.2010).

[4] Nicht-akademisches Berufsausbildungssystem mit den Lernorten Betrieb/Verwaltung (praktische Ausbildung) und Berufsschule (Theorievermittlung).

[5] Dort dominieren Kurzstudiengänge von weniger als 5 Jahren mit Anteilen (2007) von 97 % in Großbritannien, 95 % in Australien und 85 % in Neuseeland. Demgegenüber stehen in mitteleuropäischen Ländern hinter akademischen Tertiäraus-

mark, die Niederlande, Österreich und die Schweiz ebenfalls über ein duales Ausbildungssystem verfügen, sowie dort, wo analog zu Deutschland fünf- und sechsjährige Studiengänge eine hohe Bedeutung haben, geht das Argument ins Leere. Nicht nur Finnland, wo duale Ausbildungen eine geringe Rolle spielen, hat den Graduiertenanteil bei akademischen Tertiärausbildungen von 1995 bis 2005 von 20 % auf 48 % mehr als verdoppelt und in den Folgejahren auf diesem Niveau gehalten. Auch in Dänemark, wo ein duales Ausbildungssystem von ähnlicher Relevanz wie in Deutschland existiert, stiegen die entsprechenden Werte von 25 % (1995) auf 47 % (2007) und in der Schweiz gar von 9 % (1995) auf 31 % (2007).[6] Offensichtlich steht in diesen Ländern das Festhalten an einem dualen Ausbildungssystem einer kräftigen Steigerung tertiärer Graduierungen nicht entgegen. Zu Recht konstatiert die OECD:

> „Das Tempo beim Ausbau des tertiären Bildungssystems fiel in Deutschland in den letzten Jahren deutlich hinter den Durchschnitt im OECD-Raum zurück. Dadurch hat sich der in den achtziger und neunziger Jahren angestaute Rückstand tendenziell vergrößert." (OECD 2007b: 2)

Zwar gab es im Wintersemester 2008/2009 einen starken Zuwachs von StudienanfängerInnen (plus 12 % gegenüber dem Vorjahr) auf insgesamt 455.300 Studierende im ersten Fachsemester (von denen zwei Drittel einen Bachelorstudiengang wählten).[7] Ein erheblicher Teil dieser Erhöhung ist jedoch der Einführung des G8-Abiturs zuzuschreiben. Die Verkürzung der Gymnasialzeit führt dazu, dass Doppeljahrgänge an die Hochschulen drängen. Ob aus der Verkürzung der Schulzeit eine deut-

---

bildungen (5a-Graduationen) in weit höherem Umfang Studiengänge mit einer Dauer von 5 bis 6 Jahren. Die Spitze bildet Polen (2007) mit einem Anteil von 72 %, gefolgt von Österreich (65 %), Deutschland (59 %) und Spanien (53 %). Auch in Dänemark und Finnland spielen Langstudiengänge eine größere Rolle als im OECD-Durchschnitt (Dänemark: 42 %; Finnland: 44 %). Quelle: OECD (2009b), Tab. A3.1 Graduation rates in tertiary education (2007), update vom 3. Sept. 2009.

[6] Die Steigerung in der Schweiz erfolgte allerdings, anders als in Dänemark, vorrangig über den Bereich von Kurzstudiengängen. Der Anteil von Langstudiengängen liegt mit 37 % nahe am OECD-Mittel.

[7] Pressemitteilung Nr. 356 des Statistischen Bundesamtes vom 21.09.2009 (http://www.destatis.de/jetspeed/portal/cms/Sites/destatis/Internet/DE/Presse/pm/2009/09/GenTable__200909,templateId=renderPrint.psml; Zugriff 16.9.2010).

liche Steigerung des Bevölkerungsanteils mit tertiärem Bildungsniveau resultiert, bleibt offen.

2 Öffentliche Bildungsausgaben als Schlüsselgröße

Zwischen der Ausstattung eines Bildungssystems mit öffentlichen Finanzmitteln und dem, was damit für die Bildung der Bevölkerung bewirkt wird, besteht keine einfache Beziehung. Die hier vertretene Hypothese geht dahin, dass in komplexer Weise vier Faktorenbündel zusammenwirken:

- Strukturfaktoren (systemischer Aufbau, Grad von Integration und Durchlässigkeit usw.),

- Steuerungsmerkmale (Art der Steuerung, dominante Steuerungsinstrumente),

- kulturelle Faktoren (Bildungsverständnis, Bildungsorientierung der Bevölkerung, Lernkultur) und

- Höhe, Verteilung und Finanzierung der eingesetzten Ressourcen.

Eine strategische Schlüsselstellung haben unter den zahlreichen Einzelfaktoren die öffentlichen Bildungsausgaben, d.h. die Ausgaben, die direkt[8] von den öffentlichen Haushalten für Bildungszwecke eingesetzt werden. Ein Schlüssel liegt hier insoweit vor, als sowohl Ausbaumaßnahmen (z.B. Ganztagsschulen an Stelle der traditionellen Halbtagsschulen) wie auch die Realisierung einer den heutigen pädagogischen Erkenntnissen Rechnung tragenden Lernkultur davon abhängen, dass durch die öffentliche Hand eine ebenso auskömmliche wie nachhaltige Finanzierung gesichert ist. Bei knappen Mitteln leidet die Qualität und sickert Mängelverwaltung selbst in die Kernbereiche von Schulen und Hoch-

---

[8] Die Klassifikation von Bildungsausgaben nach der gemeinsamen Datensammlung von UNESCO, OECD und Eurostat (UOE-System) definiert Ausgaben dahingehend, dass Zahlungen geleistet werden. Kalkulatorische Kosten sind in diesem System nur in einem engen Rahmen (fiktive Sozialbeiträge bei Beschäftigung von Beamten z.B.) zugelassen und Steuersubventionen ausgeschlossen. Diese Klarstellung ist wichtig, da Deutschland bestrebt ist, Steuersubventionen, die Mindereinnahmen des Staates bedingen, als „indirekte Bildungsausgaben" zu erfassen. Näheres vgl. Heintze (2010).

schulen ein. Dies mit vielfältigen Folgen: „Individuelle Förderung" bleibt Makulatur, weil dazu kleine Klassen und zusätzliches Unterstützungspersonal erforderlich sind, wofür aber das Geld fehlt. Auch die Ausbildung von Pädagogen, die mit Gespür für die individuellen Potenziale von Kindern gelernt haben, Kinder statt Fächer zu unterrichten, gelingt kaum, wenn dabei das Lehramtsstudium aus Kostengründen auf Schmalspur gesetzt wird.[9] Ein Determinismus dergestalt, dass mit mehr Geld automatisch die Qualität steigt, existiert allerdings nicht. Aber: Eine gute und dauerhaft gesicherte Finanzausstattung ist eine unabdingbare Voraussetzung dafür, dass sich bestimmte Qualitäten überhaupt erreichen lassen.

Nur dort, wo die Finanzausstattung die Gestaltung eines anregenden Lernumfeldes und das Arbeiten mit wissenschaftlich begründeten Personalschlüsseln[10] erlaubt, gibt es für die oberen Einkommens- und Bildungsschichten wenig Anreiz für die Flucht in ein teures Privatschulsystem. Wenn sich eine Generation jedoch in diejenigen spaltet, die das öffentliche System besuchen und in diejenigen, die Statussicherung über den Besuch von Privatschulen zu realisieren suchen, dann entsteht ein Prozess der Selbstverstärkung sozialer Ungleichheit und des Rückgangs sozialer Mobilität. In den USA akzeptiert die Mehrheit ein hohes Maß an Einkommensungleichheit und das Fehlen eines Sozialstaates, weil sie an das Versprechen glaubt, über Bildung aufsteigen zu können. Dies ist jedoch kaum mehr als ein Mythos. Gute Bildung für alle und ein niedriges Niveau an Einkommensungleichheit sind gleichermaßen wesentlich für ein hohes Niveau an sozialer Mobilität. Diese ist folglich dort gering, wo die Einkommensungleichheit hoch ist. (Wilkinson/Pickett 2009: 185ff.) Der Traum, „vom Tellerwäscher zum Millionär" aufzusteigen, bricht sich an der Realität einer in den USA besonders hohen Abhängigkeit des Einkommens der Söhne von dem ihrer Väter. Im relativ egalitä-

---

[9] In Sachsen plant Bildungsminister Roland Wöller (CDU) eine Verkürzung der Studienzeit von Grundschullehrern von 5 auf 4 Jahre (Leipziger Volkszeitung 3.6.2010: 4).

[10] Im Elementarbereich (Kinder ab 3 Jahren) sollten weniger als 7 Kinder auf eine Fachkraft kommen, im Primarbereich weniger als 12 Kinder und auf der Sekundarstufe ist ein Fachpersonalschlüssel von 1:15 bis max. 1:16 erstrebenswert. Zur Frage guter Personalschlüssel und ihrer Begründung vgl. Heintze (2007: 253ff.). Für Dänemark belegt Heinesen (2010), dass kleinere Klassen zu besseren Lernergebnissen führen, wobei Jungen weit stärker profitieren als Mädchen und Kinder aus bildungsfernen Milieus stärker als andere Kinder.

ren Dänemark ist diese Abhängigkeit um 70 % geringer; Deutschland weist eine mittlere soziale Mobilität auf. (OECD 2010a: 185)

*2.1. Korrelationen und Abhängigkeiten:
Europäische OECD-Länder im Vergleich*

Um zu überprüfen, ob und in welchem Maße höhere öffentliche Bildungsausgaben ein besseres Abschneiden bei Bildungsindikatoren bedingen, habe ich eine Reihe einfacher Regressionsanalysen durchgeführt. Als Ländergruppe ausgewählt wurden die derzeit 24 europäischen OECD-Länder (incl. Slowenien).[11] Drei Argumente stützen diese Auswahl.

– Erstens liefern 24 Länder eine genügende Anzahl von Beobachtungspunkten, um rein zufällige Korrelationen auszuschließen.

– Zweitens liegen für die Länder des europäischen OECD-Raums gleichermaßen OECD-Daten (Indikatoren der internationalen Bildungsberichterstattung und Daten aus den PISA-Erhebungen) wie auch Daten von Eurostat vor. Die Eurostat-Daten sind dort, wo sich die europäische Gemeinschaft auf gemeinsam zu erreichende Ziele verständigt hat, aktueller als die OECD-Daten. Für die Länder des europäischen OECD-Raumes ist die Datenlage damit besser als für die OECD-Länder insgesamt und auch besser als für die 27 EU-Mitgliedsländer.

– Drittens verteilen sich die 24 Länder relativ gut auf verschiedene Typen von Wohlfahrtsstaaten,[12] was die Annahme stützt, dass tatsächlich der Einfluss der öffentlichen Bildungsausgaben gemessen wird.

---

[11] Slowenien war Partnerland der OECD und ist seit dem 21. Juli 2010 Mitglied.

[12] Vier Länder (Spanien = ES, Portugal = PT, Italien = IT, Griechenland = GR) repräsentieren den mediterranen Typ, der ein hohes Niveau an sozialer Ungleichheit mit einem schwach ausgebauten Wohlfahrtsstaat verbindet. Drei Länder (Österreich = AT, Deutschland = DE, Schweiz = CH) können als deutschsprachige Teilgruppe des konservativen kontinentaleuropäischen Sozialstaates mit der Gemeinsamkeit eines stark gegliederten Schulsystems angesehen werden. Die zweite Teilgruppe wird von Frankreich (FR) und den drei Benelux-Staaten (Belgien = BE, Luxemburg = LU, Niederlanden = NL) gebildet. Von den im Rahmen der EU-Osterweiterung zur Europäischen Gemeinschaft gestoßenen osteuropäischen Transformationsländern sind fünf vertreten (Tschechien = CZ, Ungarn = HU, Polen = PL, Slowakei = SK, Slowenien = SI). Ebenfalls fünf Länder (Dänemark = DK, Finnland = FI,

Für die 24 genannten Länder liegen von Eurostat Längsschnittsdaten zu den gesamten öffentlichen Bildungsausgaben (in % des BIP) vor. Dies sind nach der gemeinsamen Klassifikation von UNESCO, OECD und Eurostat die Ausgaben, die über die Haushalte von Gebietskörperschaften und anderer öffentlicher Einrichtungen, etwa die Bundesagentur für Arbeit, sowohl für Bildungsinstitutionen als auch für die finanzielle Förderung derjenigen aufgewandt werden, die an formalen Bildungsprozessen teilnehmen.[13] Der Durchschnitt der Jahre 1999 bis 2007 ist als unabhängige Variable definiert. Sonderfaktoren, die die Aussagekraft zeitpunktbezogener Daten beeinträchtigen können, werden durch die Wahl des Durchschnitts aus neun Zeitpunkten in ihrer Wirkung minimiert. Als abhängige Variablen (näheres siehe in der Übersichtstabelle) wurden in die Analyse einbezogen:

- Indikatoren der Kompetenzmessung (PISA-Erhebungen),
- Indikatoren der Zertifikaterreichung (Bevölkerungsanteile mit geringen, mittleren, gehobenen und hohen Abschlüssen) und der Realisierung von Chancengleichheit,
- die Bildungsbeteiligungsquoten der nicht mehr schulpflichtigen Bevölkerung,
- der Ausbaustand formaler Elementarbildung,

Island = IS, Norwegen = NO, Schweden = SE) bilden die Gruppe der skandinavischen Wohlfahrtsstaaten, sie unterhalten hochintegrierte öffentliche Bildungssysteme. Die Angelsachsen-Gruppe ist mit lediglich Irland (IE) und Großbritannien (UK) etwas unterrepräsentiert. Dies auszugleichen durch die Hereinnahme weiterer angelsächsischer Länder würde jedoch mit dem teilweisen Fehlen von Daten erkauft werden. Die Türkei (TR) schließlich steht für ein muslimisches OECD-Land mit EU-Beitrittswunsch, das als Nicht-Wohlfahrtsstaat anzusehen ist.

[13] Für den internationalen Vergleich öffentlicher Bildungsausgaben stehen zwei Informationssysteme zur Verfügung. Erstens die auf der ISCED-Klassifikation aufbauende internationale Bildungsberichterstattung. Sie fußt auf einer gemeinsamen Datenbank von UNESCO, OECD und Eurostat (UOE). Zweitens die Abbildung staatlicher Bildungsausgaben in der international harmonisierten Volkswirtschaftlichen Gesamtrechnung (COFOG-System). Konzeptionell decken sich die beiden Systeme nicht, weisen in der Strukturierung (ISCED-Stufen als Gliederungsprinzip) aber ein hohes Maß an Übereinstimmung auf. Zu Konzeption, Entwicklungsstand und Ergebnissen vgl. Heintze (2010).

– die bei den European Social Surveys (ESS) erhobenen Daten zur Zufriedenheit der Bevölkerung mit ihrem nationalen Bildungssystem.

19 Korrelationsrechnungen wurden durchgeführt. Die ermittelten Bestimmtheitsmaße bewegen sich in einer Bandbreite zwischen weniger als 10 % und mehr als 50 %. Der Schwerpunkt allerdings ist zwischen 25 % und 35 % angesiedelt. Bei 9 der 19 Indikatoren kann gesagt werden, dass ein Viertel bis ein gutes Drittel der Varianz bei der Zielvariablen von der Höhe der öffentlichen Bildungsausgaben abhängt. Bei 6 der restlichen Indikatoren gibt es einen stärkeren Zusammenhang und bei 4 einen schwächeren oder keinen Zusammenhang.[14] 14 Ergebnisse sind signifikant, wobei sich die p-Werte zwischen 0,000047 (hoch-signifikant) und 0,01729 (signifikant) bewegen.

Besonders ausgeprägt ist die Korrelation zwischen hohen Bildungsausgaben und hoher Bildungsbeteiligung der nicht mehr schulpflichtigen Bevölkerung. Dies gilt sowohl insgesamt als auch auf Altersgruppen bezogen. Bei den 20- bis 29-Jährigen, die an formalen Bildungsprozessen teilnehmen, liegt der Korrelationswert z.B. bei rd. 0,73 und das Bestimmtheitsmaß bei über 0,53. Gering und nicht signifikant ist auf der anderen Seite der Zusammenhang zwischen der Quote früher SchulabgängerInnen und der Höhe öffentlicher Bildungsausgaben. Sofern Länder wenigstens 3,5 % des BIP an öffentlichen Mitteln einsetzen, kann nicht argumentiert werden, dass die Quote früher SchulabgängerInnen mit steigendem BIP-Ausgabenanteil sinkt. Es kristallisieren sich verschiedene Ländergruppen heraus. Osteuropäische Länder schneiden bei diesem Indikator unabhängig von der Höhe der öffentlichen Bildungsausgaben am besten ab. Nicht nur die in die Analyse einbezogenen OECD-Länder Polen, Tschechien, die Slowakei und Slowenien erreichen Quoten von unter oder knapp über 6 %. Auch die EU-Kandidaten Bulgarien und Kroatien stechen positiv hervor.

Das gleiche Bild bietet sich bei der Quote der Jugendlichen, die bis zum 24. Lebensjahr einen mindestens oberen sekundären Bildungsabschluss erreicht haben. Auch hier liegen die osteuropäischen Länder in Führung, ohne dass ein klarer Zusammenhang mit dem Niveau der öffentlichen Bildungsausgaben erkennbar wäre. Bei genauer Analyse freilich tauchen Widersprüche auf, denn Kompetenz- und Zertifikatent-

---

[14] Der auch als relevant anzunehmende Mitteleinsatz (Bildungszwecke und Ausgabearten) bleibt bei der Analyse ausgeblendet.

wicklung gehen bei einigen osteuropäischen Ländern auffällig stark auseinander. Beispiel Slowakei: Bei der Lesekompetenz (PISA 2006) erreichten rd. 28 % der 15-Jährigen max. die unterste Kompetenzstufe und damit ein Niveau, das für einen unteren sekundaren Schulabschluss eigentlich nicht ausreicht. Nach der Türkei ist dies der zweitschlechteste Wert. Eine hohe Schulabbrecherquote wäre zu erwarten. Tatsächlich aber lag die Quote früher SchulabgängerInnen im Durchschnitt der Jahre 1999 bis 2008 nur bei 6,3 %. Nach Slowenien, Tschechien und Polen ist dies der viertbeste Wert. Wie ist das Missverhältnis zwischen Kompetenz- und Zertifikatarmut zu erklären? Die Frage nach der Qualität der vergebenen Zertifikate drängt sich auf, kann hier aber keiner Prüfung unterzogen werden.

2.2. Gemeinsame Betrachtung von 10 Zielindikatoren

Wie verändert sich das Bild, wenn nach der Erklärungskraft öffentlicher Bildungsausgaben für das gleichzeitig gute Abschneiden bei verschiedenen Performanzindikatoren gefragt wird? Ein Land mit schmalem öffentlichen Bildungsbudget mag bei schulischen Indikatoren, wenn es seine knappen Mittel auf den Schulbereich im engeren Sinne konzentriert, gut abschneiden. Wie aber ist es dann um den Ausbau lebenslangen Lernens als einer eigenständigen Bildungssäule bestellt, wie um die Hochschulbildung? Wo Finanzmittel fehlen, kann versucht werden, den Mangel durch eine Erhöhung des Leistungsdruckes und eine Kultur der Angst so auszugleichen, dass Bildungsteilnehmer bei Kompetenzen und Zertifikaten trotz schlechter Lernbedingungen gute Ergebnisse erzielen. Die Erkenntnisse der modernen Lernforschung lassen allerdings nicht erwarten, dass damit eine gute Basis für lebenslanges Lernen gelegt wird. Wer Lernen aufgrund schulischer Erfahrungen mit der Angst vor Versagen verbindet, wird sich als Erwachsener nicht ohne Not einer Lernanstrengung aussetzen. Wer beim Lernen Freude empfindet dagegen schon. Auch wird eine Kultur der Angst und des übersteigerten Wettbewerbs zwar die Kassen privater Nachhilfeinstitute klingeln lassen, aber kaum das Vertrauen einer breiten Bevölkerungsmehrheit in das staatliche Bildungssystem stützen.

Ausgewählt für die integrierte Analyse habe ich 10 Indikatoren (vgl. Übersichtstabelle: Nr. 1 bis 10): Erstens solche, auf die bezogen in der

EU im Rahmen des Lissabon-Prozesses Benchmarks für die Jahre 2010 und 2020 festgelegt wurden. Die meisten Länder haben die 2010-Ziele[15] noch nicht einmal zur Hälfte erreicht (EU-Kommission 2009, Allmendinger et al. 2010). Dieses Scheitern stellt die verfolgte Strategie, nicht aber die Ziele in Frage. Dass sie erreichbar sind, belegen die Länder, die sie übererfüllen. Zweitens ging in die Analyse ein, welches quantitative Niveau (in Stundenvolumina) die formale Elementarbildung in den Vergleichsländern erreicht hat, wie stark die Abhängigkeit des schulischen Erfolgs auf der Sekundarstufe vom sozioökonomischen Hintergrund der SchülerInnen ist und wie es um die Zufriedenheit der Bevölkerung mit ihrem Bildungssystem bestellt ist. Wie auch bei den öffentlichen Bildungsausgaben als erklärender Variable wurden dort Durchschnitte über eine Reihe von Jahren gebildet, wo Jahresdaten Schwankungen unklarer Ursache aufweisen.[16]

Aus den Rangpositionen, die die 24 Vergleichsländer bei den 10 Indikatoren einnehmen, wurde ein Durchschnittsrang als abhängige Variable definiert. Das Ergebnis findet sich in dem Streudiagramm der Abbildung 1. Ersichtlich ist, dass höhere Werte auf der X-Achse, die die öffentlichen Bildungsausgaben (in % des BIP) darstellt, mit niedrigeren Werten auf der Y-Achse, also besseren durchschnittlichen Rangpositionen, einhergehen. Die Korrelation ist hochsignifikant mit einem Bestimmtheitsmaß von 0,57. Der theoretisch beste Gesamtperformanzwert beträgt 1 und würde dann erreicht, wenn ein Land bei allen 10 Indikatoren den besten Wert erreichte. Auch der Bildungsspitzenreiter Finnland (FI) ist davon ein ganzes Stück entfernt. Der theoretisch schlechteste Performanzwert liegt bei 24 und würde erreicht, wenn ein Land bei allen Indi-

---

[15] Es handelt sich um 5 Ziele. U.a. sollte die Quote früher SchulabgängerInnen auf max. 10 % und die Quote 15-Jähriger mit Leseschwächen auf max. 15,5 % gesenkt werden. Bei der Beteiligung Erwachsener am lebenslangen Lernen wurde eine Quote von mind. 12,5 % angestrebt. Für einen Überblick vgl. Heintze (2010: 22).
[16] Sowohl bei Zertifikat- und Kompetenzindikatoren wie auch bei der Bildungsbeteiligung verbessern sich nicht alle Länder im Zeitverlauf. Im Zeitraum ab 1999 gibt es Länder, die sich bei einzelnen Indikatoren zunächst verbessert, dann aber wieder verschlechtert haben. Andere stagnieren auf einem bestimmten Niveau oder schwanken richtungslos zwischen mal besseren mal schlechteren Werten. Auch stetige Verbesserungen bei einzelnen Indikatoren können beobachtet werden. Angesichts dieser Volatilitäten liefern Durchschnitte eine bessere Annäherung an die tatsächliche Performanz als die Auswahl der je aktuellsten Daten.

katoren den letzten Platz belegte. Die Türkei (TR) mit einem Durchschnittsrang von 21,1 kommt dem recht nahe. Zugleich ist sie das Land mit den weit geringsten öffentlichen Bildungsausgaben. Am zweitgeringsten waren die Bildungsausgaben in Griechenland, das auch bei der Performanz die zweitschlechteste Position erreicht (Durchschnitt: 18,7). Es zeigt sich, dass höhere öffentliche Bildungsausgaben eine bessere Gesamtperformanz bedingen. Gut die Hälfte der Varianz bei den Performanzpositionen kann über die Höhe der öffentlichen Bildungsausgaben erklärt werden.

Dies bedeutet nicht, dass überdurchschnittlich hohe Bildungsausgaben zwangsläufig zu überdurchschnittlich guten Ergebnissen führen. Island investiert weit überdurchschnittlich in Bildung, erzielt aber nur ein leicht überdurchschnittliches Ergebnis. Die besondere Schwäche Islands besteht in einem hohen Anteil von SchulabbrecherInnen und einem geringen Prozentsatz der bis 24-Jährigen, die mindestens einen oberen sekundaren Schulabschluss erreichen. Durch die Stärken bei der Chancengleichheit, dem lebenslangen Lernen und dem hervorragenden Ausbaustand bei der frühkindlichen Bildung kann dies nicht ausgeglichen werden, zumal Island bei anderen Indikatoren nur Mittelmaß ist.

Echte Ausreißer in die eine wie andere Richtung sind Irland und Portugal. Bei Irland lagen die öffentlichen Bildungsausgaben mit 4,4 % des BIP deutlich unter dem Länderdurchschnitt von 5,3 %. Trotzdem erreicht Irland eine überdurchschnittliche Performanz. Allerdings: Von den 10 Ländern mit unterdurchschnittlichen Bildungsausgaben schneiden 7 auch bei der Performanz unterdurchschnittlich ab. Lediglich Großbritannien erreicht eine leicht überdurchschnittliche und Tschechien noch eine durchschnittliche Performanz. Das gemessen am Einsatz öffentlicher Finanzmittel gute Abschneiden der beiden angelsächsischen Länder erklärt sich nicht über die Betrachtung der aus öffentlichen und privaten Finanzquellen insgesamt verfügbaren Mittel. Private Finanzierung spielt in Großbritannien eine große Rolle; nicht aber in Irland. Im Durchschnitt der Jahre 1999 bis 2006 beläuft sich der private Finanzierungsanteil in Irland nur auf einen Anteil von 0,3 % am BIP – gegenüber einem Wert von 1 % in Großbritannien. Irland rangiert damit weit unter dem EU-27-Durchschnitt von 0,64 %, während Großbritannien an der Spitze liegt. Der andere größere Ausreißer ist Portugal. Mit leicht überdurchschnittlichen öffentlichen Bildungsausgaben, die im Zeitablauf bezogen auf das BIP konstant blieben, erzielt das Land nur unterdurchschnittliche Ergebnisse.

Es liegt diesbezüglich etwa auf der Höhe von Deutschland, wo unterdurchschnittliche öffentliche Ausgaben Hand in Hand gehen mit einer unterdurchschnittlichen Performanz.

Nicht nur fehlt es in Deutschland an gleichen Bildungschancen, auch die Unzufriedenheit ist groß. Weniger als 2 von 10 BürgerInnen sind mit dem Bildungswesen zufrieden bis sehr zufrieden. Andere Länder Andere Länder (Belgien, Dänemark, Finnland, Irland, Norwegen, Schweiz) erreichen Zufriedenheitswerte von über 50 %, Finnland sogar von fast 90 %. Auch bei den Benchmarks des Lissabon-Prozesses bewegt sich Deutschland unter der Ziellinie. Dabei sind die Zielmarken nicht besonders ambitioniert. So wurde bei der Leseschwäche der 15-Jährigen eine Zielmarke (max. 15,5 % unter Kompetenzstufe 2) festgelegt, die den von Finnland bei PISA 2006 realisierten Wert (4,8 %) um mehr als das Dreifache übersteigt. Trotzdem haben unter den 24 Ländern nur drei weitere Länder (Irland, Niederlande, Schweden) das Ziel erreicht. Dänemark, Polen und Slowenien sind in Zielnähe, Deutschland mit 20 % deutlich davon entfernt. Beim lebenslangen Lernen fällt das deutsche Ergebnis noch dürftiger aus. 12,5 % sind die Zielmarke. Deutschland schafft sie nur zur Hälfte (Durchschnitt 1999 – 2008: 6,6 %; Durchschnitt 2008: 7,9 %). Die drei Spitzenländer Schweiz, Schweden und Island kommen auf Werte zwischen 25 % (Island) und fast 30 % (Schweiz).

Die Ergebnisse der durchgeführten Regressionsanalyse zeigen Tendenzen auf. Bei der Interpretation ist zu berücksichtigen, dass die Abstände zwischen zwei Rangpositionen gleich sind, die Abstände zwischen den dahinter stehenden Messwerten aber differieren. Um belastbarere Ergebnisse zu erhalten, hätte die Streuung bei den abhängigen Variablen so in relative Rangpositionen umgerechnet werden müssen, dass die Abstände zwischen den Rangpositionen den Abständen bei den Ausgangsdaten entsprechen. Aus Vereinfachungsgründen unterblieb dies. Damit entstand ein Informationsverlust, der gewisse Verzerrungen bedingt, die Kernaussage aber nicht berührt.

Die Analyse stützt die Aussage, dass die Höhe der öffentlichen Bildungsausgaben wesentlich erklärt, ob ein Land gleichzeitig bei verschiedenen Performanzindikatoren, die von der Elementarbildung bis zur lebenslangen Weiterbildung das ganze Spektrum abdecken, sehr gute bis gute, durchschnittliche oder unterdurchschnittliche bis schlechte Ergebnisse erzielt. Öffentliche Finanzmittel wirken dabei nie aus sich selbst heraus, sondern sie interagieren in einem wohlfahrtsstaatlichen Kontext mit den systemischen Faktoren, den kulturellen Gegebenheiten etc. Insoweit resultieren die Einzelbefunde aus Prozessen, die einerseits kontextgebunden sind, andererseits aber auch verallgemeinerungsfähige Komponenten enthalten. Die öffentlichen Bildungsausgaben auf eine bestimmte Höhe zu bringen, ist in unterschiedlichen wohlfahrtsstaatlichen Kontexten möglich, damit verallgemeinerungsfähig. Die konkreten Wirkungen jedoch, die mit höheren öffentlichen Bildungsausgaben erzielt werden, hängen auch ab von dem Kontext, in dem sie zur Entfaltung kommen.

Abbildung 1: Gesamte öffentliche Bildungsausgaben
(% des BIP im Durchschnitt der Jahre 1999 bis 2007) und
Bildungsperformanz anhand des Rangplatzes bei 10 Indikatoren:
europäische OECD-Länder (incl. Slowenien)

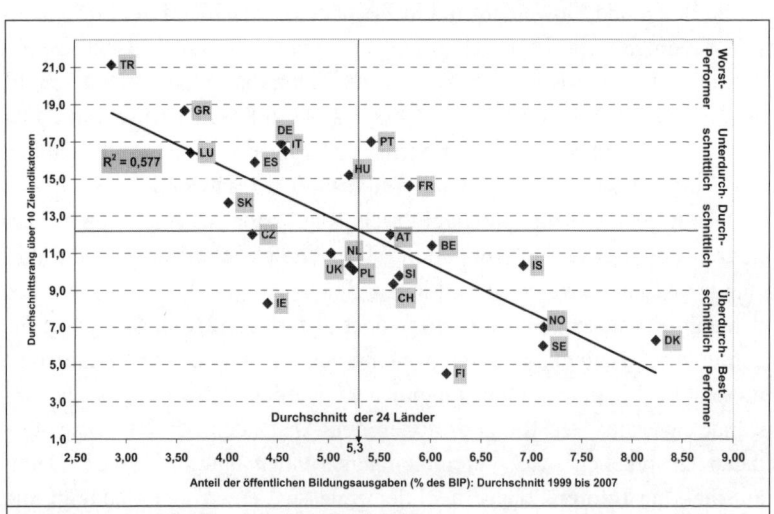

Erläuterung und Quellen: Gesamte öffentliche Bildungsausgaben nach Eurostat mit Update vom 28.5.2010 (eurostat.ec.europa.eu/tgm/table.do?tab=table&init=1&plugin=1& language= en&pcode=tsiir010). Als Performanzindikatoren sind 10 Indikatoren einbezogen (vgl. Nr. 1 bis 10 in der Übersichtstabelle). Die durchschnittliche Rangposition ist als abhängige Variable definiert. Die Korrelation ($r = 0{,}759^{***}$) ist signifikant zum Niveau $< 0{,}001$ (P-Wert: 0,00001691).

3 Deutsche finanzielle Unterdeckung im breiten OECD-Vergleich

Die nachfolgende Abbildung 2 zeigt für das Jahr 2006, welche zusätzlichen, in wenigen Fällen auch geringeren Finanzmittel der deutsche Staat hätte einsetzen müssen, um im Elementarbildungsbereich, im Primar- bis Postsekundar- und im Tertiärbereich die BIP-Anteile anderer OECD-Länder zu erreichen. Gegenüber der obigen Analyse fehlen Griechenland und Luxemburg. Für diese Länder liegen zu den Einzelbereichen keine Daten vor. Zusätzlich berücksichtigt wurden die angelsächsischen Länder außerhalb Europas. Deutschland erweist sich in jeder Hinsicht als Land, das wenig Mittel für die Bildung aufwendet. Von Dänemark trennen Deutschland 84,4 Mrd. € und vom OECD-Durchschnitt immerhin noch 22,4 Mrd. €. Nur vier Länder (Tschechien, Spanien, Slowakei, Türkei) schneiden noch schlechter ab, wobei die Differenz zu Tschechien nicht signifikant ist. Die Analyse nach Ländergruppen ergibt: Deutschland hat sich aus der Gruppe der mittel- und kontinentaleuropäischen Länder abgesetzt und in die Gruppe der südeuropäischen Länder eingereiht. Zum Gruppenmittel der fünf skandinavischen Länder besteht eine Differenz von 60,6 Mrd. €; soviel hat Deutschland bezogen auf die eigene Wirtschaftskraft für Bildung weniger ausgegeben. Die Differenz zum Gruppenmittel der sechs anderen mitteleuropäischen Länder (Belgien, Frankreich, Niederlande, Österreich, Schweiz, Slowenien) beträgt 28 Mrd. € und die Differenz gegenüber der Angelsachsengruppe (Australien, Großbritannien, Irland, Kanada, Neuseeland, USA) immerhin noch 19,6 Mrd. €. Auch bei der bereichsspezifischen Betrachtung erweist sich Deutschland überwiegend als Land, das wenig Geld für Bildung verwendet. Am deutlichsten gilt dies für den Primar- bis Postsekundarbereich. Gegenüber der Angelsachsengruppe besteht hier nur eine unwesentlich geringere Differenz als gegenüber der Gruppe der anderen mitteleuropäischen Länder. Gleiches prägt den Tertiärbereich; hier liegt die deutsche Finanzierungslücke jeweils bei rd. 6 Mrd. €. Unterschiede bestehen im Restbereich, der die Elementarbildung und Sonstiges umfasst. Hier reiht sich Deutschland in die Gruppe der anderen mitteleuropäischen Länder ein und gibt gegenüber der Angelsachsengruppe im Schnitt gut 6 Mrd. € mehr aus. Zur skandinavischen Gruppe dagegen besteht eine durchgängige Finanzierungslücke. Sie beträgt 37,3 Mrd. € bei der Primar- bis Postsekundarbildung, 18,3 Mrd. € bei der Tertiärbildung und gut 5 Mrd. € bei der Elementarbildung (incl. Sonstiges).

Abbildung 2: Fiktive öffentliche Minder- und Mehrausgaben von Deutschland im Jahr 2006 bei Anlegung der Bildungsquoten anderer OECD-Länder

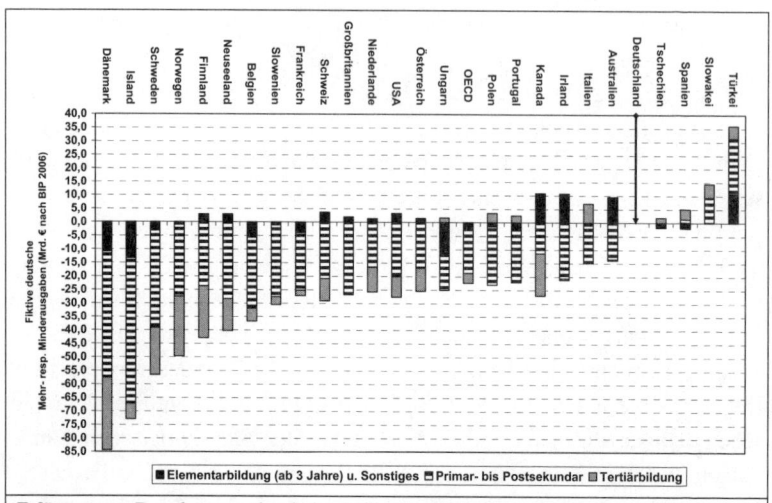

Erläuterung: Berechnung anhand des Indikators B4.1 (gesamte öffentliche Bildungsausgaben). Er erfasst zusätzlich zu institutionellen Ausgaben auch Ausgaben der Bildungsförderung.
Lesehilfe: Hätten öffentliche Haushalte 2006 bezogen auf die deutsche Wirtschaftskraft (BIP zu laufenden Preisen) so viel für Bildungsinstitutionen und Bildungsförderung aufgewandt wie Dänemark, dann hätten die Bildungsausgaben um 84,4 Mrd. € höher liegen müssen. Davon wären plus 47 Mrd. € in der Primar- bis Postsekundarbildung und 10,9 Mrd. € im sonstigen Bereich eingesetzt worden. Hätte Deutschland dagegen die BIP-Anteile von Irland eingesetzt, hätte der Mittelmehreinsatz nur 10,4 Mrd. € betragen (+ 20,6 Mrd. € im Primar- und Postsekundarbereich und + 0,6 Mrd. € im Tertiärbereich, aber 10,4 Mrd. € weniger für Elementarbildung und Sonstiges)
Quelle: OECD: Education at a Glance fortlaufend bis 2009, Indikator B4.1; eigene Berechnung

„Elementarbildung und Sonstiges" sind der Bereich, wo Deutschland relativ noch am besten abschneidet. Gegenüber einer Reihe von Ländern, darunter auch Finnland, sind Mehrausgaben zu verzeichnen. In Relation zu Finnland hat Deutschland im Jahr 2006 2,9 Mrd. € mehr aufgewandt. Auch die Lücken zu Schweden und Norwegen fallen weit geringer aus, als es der hohe Ausbaustand, den diese Länder bei frühkindlicher Bildung und Betreuung erreicht haben, erwarten lässt. Ein erstaunlicher Befund, der jedoch erklärbar ist:

– Die UOE-Datensammlung erfasst nur den Anteil von Kinderbetreuung, der sich auf formalisierte Bildungsprozesse in fachlich qualifizierten Einrichtungen für Kinder ab 3 Jahren bis zur Einschulung bezieht. Die formale Betreuung jüngerer Kinder wird als eine primär familien- und weniger bildungspolitische Aufgabe angesehen. Dies mag man bedauern, hat aber auch Argumente für sich. Dass Deutschland beim Krippenausbau immer noch Entwicklungsland ist, kommt in den Bildungsausgaben nach internationaler Abgrenzung also gar nicht zum Tragen.

— Bei der formalen Kinderbetreuung stehen zwei Philosophien gegeneinander. Die angelsächsische Philosophie setzt auf frühe Verschulung in Form von quasi schulischen Programmen bereits für Kinder ab 3 Jahren und frühe Einschulung ab 5 Jahren. Die skandinavische Philosophie setzt auf späte Verschulung mit spielerisch-ungezwungenem Lernen und später formaler Einschulung ab 6 oder 7 Jahren. Dem UOE-System unterliegt eine implizite Wertentscheidung für die frühe Verschulungsphilosophie. Daraus resultiert, dass bei den Leistungen, die einem Kind in einer Kindertageseinrichtung zuteil werden, künstlich die Care-Leistungen von den Education-Leistungen abgespalten werden. Ein Vergleich der Daten der Education Database mit denen der Family Database ist hier aufschlussreich. Aus der Family Database ergibt sich, dass die skandinavischen Länder für Bildungsleistungen ähnlich viel Geld ausgeben wie die Länder im OECD-Durchschnitt auch, gleichzeitig aber die Care-Komponente um ein Vielfaches höher gewichten. Pro ganztags betreutem Kind (unter und über 3 Jahre) wurden 2005 in der Summe gut 10.000 PPP's (Kaufkrafteinheiten in US-Dollar gemessen) an öffentlichen Mitteln eingesetzt gegenüber rd. 6.000 PPP's im Durchschnitt der 21 OECD-Länder, für die Daten vorliegen. Mit 4.399 PPP's lag Deutschland deutlich darunter. Für Care-Leistungen setzte hier die öffentliche Hand ähnlich geringe Mittel ein wie die USA oder Korea; Finnland setzte 8-mal so viel ein (DE: 860 PPP's; FI: 7.118 PPP's).[17]

---

[17] Die künstliche Abspaltung von Care-Leistungen ist dort, wo diese Leistungen von Einrichtungen erbracht werden, die als Bildungseinrichtungen gewertet werden, schwer nachzuvollziehen. Regel im UOE-System ist nämlich, dass die von Bildungsinstitutionen erbrachten Hilfsleistungen berücksichtigt werden, sofern sie den Lernprozess unterstützen. Warum diese Bedingung vom Schulessen bis zum Hochschulsport bejaht, bei den von Bildungseinrichtungen erbrachten Pflegeleistungen aber verneint wird, erscheint mehr willkürlich als sachlich zwingend. Nähe-

– Als weiteres Erklärungsmoment sind Datenlücken und eine nicht vereinheitlichte Meldepraxis zu nennen. Während Deutschland für den OECD-Indikator B1.1, der die öffentlichen und privaten Ausgaben pro Vorschulkind abbildet, neben den über öffentliche Haushalte bereitgestellten Finanzmitteln zwischenzeitlich auf einer Schätzbasis auch die privaten Ausgaben (Ausgaben privater Haushalte, Eigenmittel kirchlicher Träger etc.) meldet, erfassen eine Reihe anderer Länder nur die öffentlichen Ausgaben. Schweden geht noch weiter. Es meldet nur die öffentlichen Ausgaben, die für die Finanzierung der kostenfrei gestellten Kita-Leistungen eingesetzt werden. Drei Stunden täglich sind kostenfrei; für die darüber liegenden Zeitkontingente leisten Eltern über einkommensabhängige Gebühren einen Finanzierungsbeitrag. (Heintze 2007: 97) Da schwedische Kinder Kitas durchschnittlich für 6 Stunden täglich besuchen, liegt eine Untererfassung der öffentlichen Ausgaben vor.

4 Deutsche Entlastungsargumente – eine Geschichte fortgesetzter Legendenbildung

Links blinken und rechts fahren, nach dieser Methode verfährt die deutsche Politik mit der angeblichen Steigerung öffentlicher Bildungsausgaben. Seit 1997 wurden über die Haushalte von Bund, Ländern und Gemeinden Jahr für Jahr leicht sinkende Anteile der Wirtschaftsleistung für Bildung bereit gestellt (vgl. Statistisches Bundesamt 2009: 25). Hinter der nominalen Steigerung von 75,9 Mrd. € im Jahr 1995 auf 89,2 Mrd. € im Jahr 2006 (plus 13,2 Mrd. € respektive plus 17,5 %) steht ein realer Rückgang (sowohl inflationsbereinigt als auch gemessen am BIP). Gleichzeitig werden Abwehrargumentationen bemüht:

– Der Blick nur auf die öffentlichen Bildungsausgaben verkenne, dass in Deutschland die Privatwirtschaft im Rahmen der dualen Ausbildung einen Finanzierungsbeitrag erbringe, den es so in anderen Ländern nicht gäbe, lautet ein erstes wichtiges Argument.

res siehe bei Heintze (2010); Daten der Family Database (Indikator PF 10.2) sind zugänglich unter: www.oecd.org/els/social/family/database.

- Ein zweites Argument zielt auf Datenlücken. Es müsse gesehen werden, dass bei den privaten Bildungsausgaben Erfassungslücken existierten.
- Drittens wird die Abgrenzung des Bildungsbegriffs bemüht: Deutschland setze stärker als andere Länder auf indirekte Bildungsförderung, was in der internationalen Systematik unterbelichtet bleibe.
- Das demografische Argument tritt hinzu: Mit Verweis auf sinkende Schülerzahlen wird dabei zugleich eine „demografische Rendite" geltend gemacht, über die sich das Unterfinanzierungsproblem quasi von alleine lösen werde.

4.1 Argument „Finanzierungsbeitrag der Privatwirtschaft"

Beginnen wir mit dem Finanzierungsbeitrag der Privatwirtschaft im Rahmen dualer Ausbildung. Formen dualer Ausbildung, die von mindestens 10 % eines Jahrgangs besucht werden, gibt es in insgesamt 14 OECD-Ländern (Heintze 2010: 81). Nur fünf dieser Länder (Finnland, Deutschland, Niederlande, Schweiz, Großbritannien) erfassen und melden das damit verbundene finanzielle Engagement der Privatwirtschaft; neun Länder (Australien, Österreich, der flämische Teil von Belgien, Tschechien, Dänemark, Frankreich, Ungarn, Island und Norwegen) verzichten darauf. Zweierlei könnte vermutet werden: Erstens, dass in den Ländern, die auf Kostenerfassungen verzichten, duale Ausbildungen keine wirkliche Rolle spielen; zweitens, dass die öffentlichen Bildungsausgaben in Ländern mit bedeutsamem dualen Ausbildungssystem der Tendenz nach geringer sind als in Ländern mit vollzeitschulischem Ausbildungssystem. Beide Vermutungen treffen nicht zu.

So bildet Dänemark zusammen mit Deutschland und der Schweiz die kleine Ländergruppe, die ein duales Ausbildungssystem von Gewicht unterhält. Es folgt Österreich, wo rund ein Drittel eines Jahrgangs eine duale Ausbildung durchläuft. In den Niederlanden sind es noch 20 %; die anderen Länder liegen darunter. Machen wir bei Österreich einen Schnitt, so erfassen von den vier OECD-Ländern mit bedeutsamem dualen Ausbildungssystem bislang nur zwei Länder den Finanzierungsbeitrag der Privatwirtschaft. Zugleich liegen in 12 der 14 OECD-Länder, in denen es duale Ausbildungen im Minimum auf eine Quote von 10 % bringen, die öffentlichen Bildungsausgaben relativ höher als in Deutschland (vgl. Abb. 2). Damit nicht genug; die von Deutschland praktizierte Kostenerhebung weist Schwächen auf. Die meisten Betriebe erfassen die Ausbildungskosten gar nicht oder nach je eigenem Gusto (BiBB 2009a: 232). Eine gesetzliche Verpflichtung zur Kostenerfassung und Meldung existiert nicht. Die Erfassung erfolgt im 7-Jahres-Turnus durch das *Bundesinstitut für Berufsbildung* (BiBB). Für den Zeitraum bis zur je nächsten Erhebung wird die Kostenstruktur als konstant angenommen. Eine falsche Annahme, wie sich zeigt. Basierend auf der Erhebung des Jahres 2000 schätzte man die Nettokosten der betrieblichen Ausbildung für 2004 und für 2005 auf 14,7 Mrd. €. Die Erhebung des Jahres 2007 (BiBB 2009a, BiBB 2009b) ergab aber Nettokosten von nur 5,5 Mrd. €, wovon der größte Teil auf die Privatwirtschaft und ein kleiner Teil auf öffentliche Arbeitgeber entfällt. Der angeblich so große Finanzierungsbeitrag der Privatwirtschaft erweist sich als eher klein. Das Minus von mehr als 60 % resultiert aus besserer Erfassung und dem Umstand, dass Ausbildungsbetriebe die Zeiten, in denen sie Auszubildende für produktive Tätigkeiten einsetzen, stark ausgeweitet haben. Dies hat Folgen auch für die Bewertung von Ausbildungsvergütungen. Sie sind gedacht als Äquivalent für die von Auszubildenden erbrachten produktiven Leistungen, erfüllen diese Funktion aber nicht mehr. Die BiBB-Erhebung ergab Erträge pro Auszubildendem, die im Durchschnitt um 2.034 € über den Ausbildungsvergütungen liegen.

4.2 Argument „Datenlücken"

Auch Datenlücken führen nicht dazu, dass die Bildungsausgaben von Deutschland unterschätzt werden. In ihren jährlichen Berichten *Education at a Glance* führt die OECD im Anhang aus, welche Faktoren bei einzelnen Ländern zu Unter-, Über- oder auch Fehlerfassungen führen oder in der Vergangenheit geführt haben. Der letztjährige Bericht (OECD 2009b, Annex 3-B: 6ff.) liefert für Österreich (Forschung), Finnland (öffentliche Transfers an Einrichtungen), Frankreich (Bildungsförderung), Norwegen (Hilfsdienste), Schweden (Elementarbildung) wie auch für Spanien und Australien Hinweise auf eine gewisse Untererfassung öffentlicher Ausgaben. Außerdem ist dokumentiert, dass die Erfassung von privaten Ausgaben in Polen, Portugal, Luxemburg und Norwegen mehr oder weniger ausgeprägte Lücken aufweist. Bei Irland gibt es umgekehrt quantifizierte Überzeichnungen und gleichzeitig eine größenmäßig unbekannte Nichterfassung. Sieben Länder könnten sich also auf eine gewisse Untererfassung öffentlicher Ausgaben berufen. Deutschland zählt nicht dazu. Es zählt auch nicht mehr zu den Ländern, wo aufgrund von Datenlücken bei den Bildungsausgaben insgesamt eine Unterzeichnung angenommen werden kann. Vorhandene Erfassungslücken wurden sukzessive geschlossen. Seine relative Position konnte Deutschland dadurch nicht verbessern.

4.3 Argument „Bildungsförderung"

Auch die verstärkte Berücksichtigung von öffentlichen Ausgaben, die der Bildungsförderung dienen, führt Deutschland nicht aus dem Kreis der Länder mit geringen Bildungsausgaben heraus. Vergleicht man das deutsche Abschneiden beim OECD-Indikator B2.4, der nur die institutionellen Bildungsausgaben erfasst, mit dem Indikator B4.1, der die Förderung von Bildungsteilnehmern einschließt, verbessert sich Deutschland im Ranking beim Indikator B4.1 gegenüber dem Indikator B2.4 zwar um zwei Plätze, der Abstand zu den Ländern mit den höchsten öffentlichen Bildungsausgaben fällt im Gegenzug nun aber noch größer aus. Länder wie Dänemark geben erhebliche öffentliche Mittel gleichermaßen für Institutionen wie für die Förderung von Bildungsteilnehmern aus.

Bei der Erfassung von Ausgaben der Bildungsförderung gab es in den letzten Jahren Erweiterungen. Kindergeldzahlungen z.B. wurden bis 2005 nicht als Bildungsausgaben berücksichtigt. Mit gutem Grund, denn diese familienpolitische Leistung ist im Unterschied zum BAföG nicht an einen Bildungszweck gekoppelt. Auf wesentlich deutsches Drängen hin sind Kindergeldzahlungen nun berücksichtigungsfähig. Bedingung: Bei den Begünstigten muss es sich um volljährige Bildungsteilnehmer respektive deren Eltern handeln. Da es zu diesem Personenkreis keine Statistiken gibt, wird mit anfechtbaren Schätzzahlen operiert. Auf 3,6 Mrd. € lautete die Schätzung für 2005; sie wurde im Nationalen Bildungsbudget unter „bildungsrelevante Ausgaben in nationaler Abgrenzung" (Modul B) verbucht. Auf 7,4 Mrd. € verdoppelte sich der Schätzbetrag prompt, als 2006 die Position ins Modul A, das Ausgaben nach internationaler Abgrenzung erfasst, umgebucht werden konnte. (Statistisches Bundesamt 2008: 25 und 2009: 33). Welcher Betrag der Realität näher kommt, entzieht sich meiner Beurteilung. Von Interesse ist das Muster, in das sich der Fall fügt. Statt Bildungsausgaben real zu steigern, wird nach Wegen gesucht, um höhere Ausgaben lediglich darzustellen. Die Aufweichung des Bildungsbegriffs wird in Kauf genommen.

Zwischenfazit: Deutschland wird den Befund, in Sachen Bildung ein Niedriginvestitionsland zu sein, weder durch Verweis auf den Finanzierungsbeitrag der Privatwirtschaft im Rahmen der dualen Ausbildung los, noch erweist sich die Argumentation mit Datenlücken und einer vermeintlichen Unterbelichtung der Bildungsförderung als stichhaltig.

4.4 Argument „Demografische Rendite"

Überzeugt wenigstens das demografische Argument? Richtig ist zunächst: Die Ausgaben pro SchülerIn oder StudentIn sind die praktisch bedeutsame Größe, da hierüber die Lernbedingungen in den Bildungseinrichtungen und die konkreten Lernumstände der SchülerInnen und StudentInnen in Klassenräumen, Hörsälen usw. ganz wesentlich beeinflusst werden.[18] Sinken die SchülerInnenzahlen aufgrund des Rückgangs der Besetzungsstärken jüngerer Alterskohorten, besteht die Möglichkeit, Mittel, die gekürzt werden könnten, im Bildungssystem zu halten, um sie für Kapazitätsausweitungen in neuen Bedarfsbereichen und für qualitative Verbesserungen einzusetzen. Das Denkmuster einer „demografischen Rendite" verheißt genau dies.[19] Zugleich offeriert es einen Weg,

---

[18] Dass Deutschland bei der Lernumfeldgestaltung erhebliche Mängel aufweist, zeigt der Vergleich mit den skandinavischen Ländern. Im Elementarbildungsbereich ist die fachliche Qualifikation der ErzieherInnen nicht auf der Höhe des Bildungsauftrages und die realisierten Personalschlüssel sind unzulänglich; im Schul- und Hochschulsektor wird gleichfalls mit ungünstigen Schüler-Lehrer-Relationen gearbeitet. Zudem gibt es, letztlich aus Kostengründen, kaum Anstrengungen, beim Unterstützungspersonal (Schulpsychologen, Schulsozialarbeiter etc.) wenigstens Mindeststandards zu erreichen. Zu den Qualitäten, die mit einer guten Finanzausstattung erreichbar sind, und zur fiktiven Personallücke, die Deutschland im Ergebnis aufweist, vgl. Heintze (2007).

[19] „Die Länder werden in den kommenden Jahren unter anderem die vorschulischen und schulischen Betreuungs- und Bildungsangebote ausbauen und die Zahl der Studienabschlüsse deutlich erhöhen. Die sich aus der demografischen Entwicklung ergebenden finanziellen Spielräume werden zur Verbesserung der Bildungsqualität

wie Bundesländer und Kommunen die relative Unterfinanzierung ihrer Bildungseinrichtungen abbauen können, ohne ihre Bildungsetats über die Preissteigerungsrate hinaus anwachsen zu lassen.[20] Die nähere Analyse freilich zeigt: Das Argument hält nicht, was es verspricht. Gehen wir zunächst der Frage nach, ob die „demografische Rendite" in den zurückliegenden Jahren, wo im allgemeinbildenden Schulwesen bundesweit bereits ein deutlicher SchülerInnenrückgang zu verzeichnen war, für eine Verbesserung der relativen Position von Deutschland gesorgt hat. Zwei Analyseebenen seien angesprochen:[21]

– Ausgabenentwicklung (nominal) pro SchülerIn in Kaufkrafteinheiten: Bundesweit lag die SchülerInnenzahl an allgemeinbildenden Schulen im Schuljahr 2007/2008 um 3,8 % unter dem Niveau des Schuljahres 2004/2005. Die Ausgaben pro rechnerischem Vollzeitschüler stiegen parallel (2007 gegenüber 2004) im Primarbereich um 12,1 % resp. 600 PPP's und im Sekundarbereich um 3,5 % resp. 265,5 PPP's. Im internationalen Vergleich brachte dies keine Verbesserung. Zwar rückte Deutschland im Primarbereich um einen Platz vor (von Rang 20 auf Rang 19), gleichzeitig fiel es im Sekundarbereich jedoch um fünf Plätze zurück (von Rang 14 auf Rang 19). Gleichermaßen im OECD- wie im EU19-Durchschnitt stiegen die nominalen Ausgaben pro Primar- und SekundarschülerIn weit stärker als in Deutschland.[22] Im Primarbereich lagen die deutschen Ausgaben 2004 um 840 PPP's unter dem EU19-Durchschnitt und 2007 um 1.204 PPP's. Im Sekundarbe-

---

genutzt." KMK-Präsidentin Annegret Kramp-Karrenbauer bei der Vorlage des Bildungsfinanzberichts 2008 (Quelle: Pressemitteilung vom 2.12.2008).

[20] Nach einer im Auftrag der Robert-Bosch-Stiftung (2006: 8f.) von der PROGNOS AG durchgeführten Studie werden von 2006 bis 2020 real rund 80 Mrd. € frei. Der Finanzbedarf einer umfassenden Bildungsreform lasse sich darüber zu drei Vierteln decken.

[21] Der tertiäre Bildungsbereich bleibt dabei außen vor, weil hier der öffentliche Finanzierungsanteil eine große Spannweite zwischen weniger als 50 % (Australien, USA, Japan, Korea) und über 85 % (Skandinavien, Belgien, Irland, Deutschland und Griechenland) aufweist, so dass Steigerungen der realen Ausgaben pro StudentIn nur bei den Ländern, die tertiäre Bildung als strikt öffentliche Aufgabe begreifen und finanzieren, Hinweise auf ein vermehrtes Engagement der öffentlichen Hand liefern.

[22] Vgl. OECD (2007c, 2008, 2009b und 2010b), und zwar den Indikator B1.1a; eigene Auswertung (wegen teilweise fehlender Daten ohne Kanada, aber incl. Slowenien).

reich gab Deutschland 2004 340 PPP's mehr aus als die EU19-Länder im Durchschnitt, 2007 aber 505 PPP's weniger.[23]

- Vergleich von SchülerInnenentwicklung zu Ausgabenentwicklung (2000 bis 2007): Die Analyse auf Basis konstanter Preise liefert einen gleichgerichteten Befund. Aufschlussreich ist der OECD-Indikator B1.5. Er stellt in Indexform dar, wie sich SchülerInnenzahlen und Ausgaben pro rechnerischem Vollzeitschüler (PPP's zu konstanten Preisen des Jahres 2000) zueinander entwickelt haben. Aus den Daten von „Education at a Glance 2010" (update vom 6.9.2010) ergibt sich eine Zweiteilung. In 13 der 26 OECD-Länder, für die Daten vorliegen, sank die SchülerInnenzahl, in der anderen Hälfte stieg sie. Außer Deutschland und Portugal haben die Länder mit rückläufigen SchülerInnenzahlen ihre Bildungsausgaben real gesteigert, so wie umgekehrt in 12 der 13 Länder mit gestiegenen SchülerInnenzahlen die Bildungsausgaben überproportional wuchsen. In Großbritannien z.B. stieg der Ausgabenindex auf 137, obwohl die SchülerInnenzahl um 12 % zurückging, und in Polen auf 116, obwohl bei den SchülerInnen ein Rückgang um gut 20 % zu verkraften war. In Irland umgekehrt erhöhte sich der Ausgabenindex auf einen Wert von 172,8, obwohl die SchülerInnenzahl nur um 5,8 % zulegte. Mit der Strategie, die Bildungsausgaben den um 4,4 % gesunkenen SchülerInnenzahlen nicht anzupassen, sondern konstant zu halten, ist Deutschland relativ weiter zurückgefallen. Im EU19-Durchschnitt war der SchülerInnenrückgang

---

[23] Die Entwicklung in den Bundesländern ist durch das gleiche Muster geprägt. Im Primarbereich gibt es eine leichte Verbesserung und im Sekundarbereich eine erhebliche Verschlechterung. Ins OECD-Gefüge gerückt, hätten sich 2007 13 Bundesländer bei den Ausgaben pro Primarschüler hinter Rang 20 eingeordnet und nur 3 Bundesländer (Sachsen-Anhalt, Thüringen und Hamburg) ein überdurchschnittliches Ergebnis erzielt. Sieben Bundesländer (u.a. Baden-Württemberg, Hessen, Nordrhein-Westfalen, Niedersachsen) erreichten trotz der leichten Positionsverbesserung nur 75 % bis 80 % des OECD-Durchschnitts. Dieser schon für sich allein nicht gerade glanzvolle Befund wurde erkauft mit einer erheblichen Verschlechterung bei den Ausgaben pro SekundarschülerIn. Acht Bundesländer schneiden hier nun schlechter ab als im Primarbereich; sieben landen gar auf Plätzen hinter Rang 30. Eigene Berechnung anhand der von den Statistischen Ämtern des Bundes und der Länder (2010: 38) zum OECD-Indikator B1.1 publizierten Länder-Daten.

mit 3,9 % fast so stark wie in Deutschland, gleichwohl legten die Bildungsausgaben um 22 Indexpunkte zu.

Der mit dem Begriff „demografische Rendite" beschriebene Mechanismus ist also bereits in der Vergangenheit grandios an der Aufgabe gescheitert, die Ausgaben pro SchülerIn wenigstens in Richtung des internationalen Mittelfeldes zu bewegen. Die Annahme, dass es in Zukunft andere Wirkungen geben würde, ist durch nichts begründet. Berücksichtigt ist dabei noch gar nicht, dass die Bevölkerungsentwicklung nur ein Einflussfaktor der Bildungsbeteiligung ist. Wenn die Besetzungsstärken jüngerer Jahrgänge schwächer werden, daraus aber der Anteil derjenigen wächst, die höhere Abschlüsse erreichen und zugleich in der Erwerbsphase die Quote derjenigen zunimmt, die für formale Bildungsprozesse eine Auszeit nehmen, kann die Gesamtzahl der BildungsteilnehmerInnen wachsen, auch wenn die Zahl junger Menschen im schulpflichtigen Alter abnimmt. Nur auf den Schulsektor zu schauen, ist unzureichend. Dies gilt umso mehr, als Deutschland bei tertiären Bildungsabschlüssen und der lebenslangen Bildungsbeteiligung international erheblich im Rückstand ist.[24]

5 Wandelt Deutschland bald auf Griechenlands Spur? Ein Ausblick

Gibt es Hoffnung auf eine Trendwende? Das beim Dresdner Bildungsgipfel (Oktober 2008) von Bund und Ländern verkündete und seither mehrfach bekräftigte 10-Prozent-Ziel (7 % für Bildung, 3 % für Forschung) legt eine solche Einschätzung nahe. Angeknüpft wird an die im Rahmen der Lissabon-Strategie festgelegten Ziele. Allerdings ist nur das Ziel, mindestens 3 % bezogen auf das BIP für Forschung und Entwicklung aufzuwenden, Teil der Lissabon-Benchmarks. Dem Forschungs-

---

[24] Ein Blick auf die Bildungsbeteiligungsquoten der erwachsenen Bevölkerung zeigt dies. Gemäß OECD-Indikator C1.1 waren 2007 im skandinavischen Durchschnitt 36,3 % der 20- bis 29-Jährigen in Bildungsprogramme eingeschrieben, in Deutschland aber nur 28,7 %. International ist dies ein mittlerer Wert, der bei höheren Altersgruppen aber deutlich unter den OECD-Durchschnitt absinkt. Im OECD-Durchschnitt (30 Länder) beteiligten sich 2007 5,9 % der 30- bis 39-Jährigen und 1,4 % der über 40-Jährigen an formalen Bildungsprozessen gegenüber nur 2,5 % und 0,1 % in Deutschland. Im Durchschnitt der skandinavischen Länder lagen die entsprechenden Quoten mit 10,9 % und 8,1 % vielfach so hoch.

zielwert hat sich Deutschland bereits ein gutes Stück angenähert, während die Bildungsausgaben insgesamt auf niedrigem Niveau blieben.[25] Dabei muss gesehen werden: Die Bildungsausgaben in internationaler Abgrenzung enthalten auch Forschungsausgaben (Hochschulforschung); bei ihrer Herausrechnung fiele Deutschland noch weiter zurück. Die Bildungsausgaben bis 2015 auf 7 % des BIP zu steigern, erweist sich umso mehr als ambitioniertes Ziel. Es könnte Signalwirkung für ganz Europa entfalten. Immerhin repräsentiert Deutschland die größte europäische Wirtschaftsmacht.

Tatsächlich ist das Ziel weniger ambitioniert als es scheint. Den politisch Verantwortlichen geht es nämlich nicht um die Zielerreichung im Rahmen der international harmonisierten Rechenwerke. Messlatte ist die deutsche Sonderrechnung eines Nationalen Bildungsbudgets. Dieses Budget enthält eine Reihe von Ausgaben, die weder bei der UOE-Datensammlung noch bei der Darstellung staatlicher Ausgaben in der Volkswirtschaftlichen Gesamtrechnung (COFOG-System) zu den Bildungsausgaben zählen. Die Erreichung eines bestimmten Wertes im Rahmen der Sonderrechnung ist damit international ohne Aussagekraft. Zwar unterscheidet das Nationale Bildungsbudget zwischen Ausgaben nach internationaler Abgrenzung (ISCED-Gliederung) und zusätzlichen Ausgaben in nationaler Abgrenzung. Die nötige Transparenz ist gleichwohl nicht gegeben. Erstens, weil bei der Darstellung gemäß ISCED-Gliederung Zurechnungen vorgesehen sind, die international nicht zulässig sind[26] und zweitens, weil die Methoden, nach denen man die Zielerrei-

---

[25] Nach aktuellen Daten liegt Deutschland bei Forschung und Entwicklung im oberen Länderdrittel. Schweden und Finnland übererfüllen das 3-Prozent-Ziel bereits seit Ende der 1990er Jahre und erreichen 2008/2009 Werte knapp unter 4 %. Deutschland folgt mit einem Anteil von 2,6 % des BIP nach Dänemark, Österreich und Island auf Platz 6. Konträr dazu landet Deutschland bei den gesamten öffentlichen Bildungsausgaben 2007 unter 30 Ländern des OECD- und EU-Raumes, für die Daten vorliegen, nur auf Platz 22. Eurostat, Mai 2010 (http://epp.eurostat.ec.europa.eu/cache/ITY_SDDS/Annexes/innore_ir02.htm; Zugriff 6.6.2010).

[26] Ein Punkt betrifft die Pensionslasten. Gemäß UOE-Konvention sind bei aktiven Beamten, sofern keine Zahlungen an Pensionsfonds erfolgen, fiktive Sozialbeiträge einzurechnen, um Vergleichbarkeit der Personalausgaben herzustellen. Auf rd. 8 Mrd. € belaufen sich bei der gegebenen Personalausstattung die fiktiven Sozialbeiträge (Statistisches Bundesamt 2009). Nach den Planungen der Finanzminister sollen sie auf das Niveau der Versorgungsausgaben für pensionierte Lehrkräfte von mind. 12,7 Mrd. € heraufgesetzt werden.

chung feststellen will, andere sind als die, die zum Zeitpunkt der Zielfixierung gegolten haben. Diese Methodenänderung mitten im Verfahren stellt einen fundamentalen Verstoß gegen Grundregeln statistischer Solidität dar. Wollte Deutschland das 10-Prozent-Ziel auf einer soliden Basis, die den internationalen Konventionen entspricht, erreichen, würde der Mehrbedarf an öffentlichen Mitteln beim Vielfachen der 13 Mrd. € liegen, die angeblich nur nötig sind. Dies brächte kräftige Steuererhöhungen auf die Tagesordnung und damit erhebliche Probleme für die, die mitten in der Weltfinanzkrise weiter am neoliberalen Ideal vom verarmten und zum Dienstleister der Märkte degradierten Staat festhalten.

Der für eine wirkliche Trendwende nötige finanz- und steuerpolitische Paradigmenwechsel ist jedenfalls nicht in Sicht. Damit erscheint die Fortsetzung des politischen Selbstbetrugs, als den man die Geschichte der öffentlichen Bildungsfinanzierung auch lesen kann, als das wahrscheinliche Szenario. Die Vorstellung, man könne die Bildungsquote bei Absenkung der Staatsquote steigern, ist hier ebenso einzuordnen wie das Hoffen auf die „demografische Rendite." Der nächste Akt dieses deutschen Selbstbetrugs ist bereits in Vorbereitung. In der EU spielt sich Deutschland gerne als finanzpolitischer Tugendwächter auf. Mit wenig Berechtigung, drängen sich doch bei der Bildungsfinanzierung Parallelen zu griechischen Rechenkünsten auf. Griechenland fand Aufnahme in die Eurozone, indem es bei der statistischen Erfassung seines Haushaltsdefizits Herausrechnungen vornahm und so die Finanzierungslücke weit geringer darstellte als sie tatsächlich war. Deutschland greift zu Hinzurechnungen, um die Bildungsausgaben, zumal die öffentlichen, höher dastehen zu lassen als sie sind. Für politische Aufgaben sollte eigentlich gelten: Die Bewältigung einer Herausforderung beginnt stets mit der ehrlichen, ungeschönten Bestandsaufnahme. Wer Nebelkerzen wirft, mag Leichtgläubige beeindrucken, tut sich in der Sache aber keinen Gefallen. Zur Bildungsrepublik kann Deutschland so nicht werden.

Literatur

Allmendinger, Jutta/Ebner, Christian/Nikolai, Rita (2010): Bildung in Europa 2010 – Ziele erreicht oder verfehlt?, in: WSI Mitteilungen, Nr. 4, S. 171-178

BiBB (= Bundesinstitut für Berufsbildung) (2009a): Datenreport zum Berufsbildungsbericht 2009, Bonn

BiBB (= Bundesinstitut für Berufsbildung) (2009b): Report Betriebliche Berufsausbildung: Eine lohnende Investition für die Betriebe. Ergebnisse der BIBB-Kosten- und Nutzenerhebung 2007; Heft 8/2009

Deutsches PISA-Konsortium (Hrsg.) (2001): PISA 2000. Basiskompetenzen von Schülerinnen und Schülern im internationalen Vergleich, Opladen

Deutsches PISA-Konsortium (Hrsg.): PISA 2003. Ergebnisse des zweiten internationalen Vergleichs. Zusammenfassung: http://pisa.ipn.uni-kiel.de/ Ergebnisse_PISA_2003.pdf (Zugriff 7.2.2005)

European Commission (2008): Implementation of the Barcelona objectives concerning childcare facilities for pre-school-age children, Report from the Commission to the European Parliament, the Council, the European economic and social Committee and the Committee of the regions, COM(2008) 598, Brussels, SEC (2008) 2524

European Commission (2009): Progress towards the Lisbon objectives in education and training: Indicators and benchmarks 2009, Commission Staff Working Document, Brussels 23.11.2009, SEC (2009) 1616 finanl

Heinesen, Eskil (2010): Estimating Class-size Effects using Within-school Variation in Subject-specific Classes, in: The Economic Journal, Vol 120, p. 737–760

Heintze, Cornelia (2007): Bildung und Gesundheit als öffentliche Güter im wohlfahrtsstaatlichen Kontext – ein Vergleich zwischen Deutschland und skandinavischen Ländern hinsichtlich Finanzierung, Wohlfahrtsergebnissen und Beschäftigungsrelevanz, Studie im Auftrag der Hans-Böckler-Stiftung, Abschlussbericht vom 3. August 2007: http://www.boeckler.de/ pdf_fof/S-2006-918-4-1.pdf

Heintze, Cornelia (2010): Statistische Erfassung der öffentlichen Bildungsfinanzierung. Deutschland im internationalen Vergleich, Studie im Auftrag der Max-Traeger-Stiftung, Leipzig, Online-Publikation unter: http:// www.gew.de/Binaries/Binary62542/Heintze-Studie_akt.pdf

OECD (2004): Lernen für eine Welt von morgen. Erste Ergebnisse von PISA 2003, Paris: http://www.pisa.oecd.org/dataoecd/18/10/34022484.pdf

OECD (2005): Bildung auf einen Blick 2005, OECD-Indikatoren, Paris

OECD (2006): Education at a Glance 2006, OECD Indicators, Paris: http:// www.oecd.org/document/37/0,2340,en_-2825_293564_-37387877_1_1_ 1_1,00.html

OECD (2007a) PISA 2006: Science Competencies for Tomorrow's World, OECD, Paris

OECD(2007b): Education at a Glance, OECD Briefing Notes für Deutschland, Paris

OECD (2007c): Education at a Glance 2007, OECD Indicators, Paris

OECD (2008): Education at a Glance 2008, OECD Indicators, Paris

OECD (2009a): Society at a Glance 2009, OECD Social Indicators, Paris

OECD (2009b): Education at a Glance 2009, OECD Indicators mit Annex, Paris:
http://www.oecd.org/findDocument/0,2350,en_2649_37455_1_119687_1_1_37455,00.html

OECD (2010a): Economic Policy Reforms. Going for Growth 2010, Paris

OECD (2010b): Education at a Glance 2010, OECD Indicators mit Annex, Paris:
http://www.oecd.org/document/52/0,3343,en_2649_39263238_45897844_1_1_1_1,00.html; Zugriff 10.9.2010

Robert-Bosch-Institut (Hrsg.) (2006): Demografie als Chance. Demografische Entwicklung und Bildungssystem – finanzielle Spielräume und Reformbedarf, Stuttgart

Statistische Ämter des Bundes und der Länder (Hrsg.) (2010): Internationale Bildungsindikatoren im Ländervergleich, Ausgabe 2010 – Tabellenband, Wiesbaden

Statistisches Bundesamt (2008): Bildungsfinanzbericht 2008 mit Anlagen, Wiesbaden

Statistisches Bundesamt (2009): Bildungsfinanzbericht 2009 mit Anlagen, Wiesbaden

Wilkinson, Richard/Pickett, Kate (2009): Gleichheit ist Glück. Warum gerechte Gesellschaften für alle besser sind, Wiesbaden (engl. Originalausgabe: The Spirit Level, London 2009)

Übersichtstabelle 1: Durchgeführte Korrelationen

Nr.	Indikator	Erläuterung und Quellen	Corr	R2
1	Ausbaustand der Elementarbildung	Anteil der Vorschulkinder (ab 3 Jahre) mit wöchentlichem Kitabesuch von mind. 30 Std. im Jahr 2006 (EU-Commission 2008: Tab. S. 4f.); IS-Daten von 2005 (Heintze 2007: Tab. A-2, S. 406); Daten von NO und CH geschätzt. Daten für Norwegen aus der Kindergartenstatistik 2010 (Anteil der ein- bis fünfjährigen Kinder, die 2006 wöchentlich 33 Std. und mehr eine Kita besuchten). In der Schweiz ist der Ausbaustand so gering, dass die amtliche Statistik danach unterscheidet, ob ein Kind im Schnitt weniger oder mehr als einen Tag in der Woche eine Kita besucht. 2007 wurden nur 23,5 % der Kinder bis 6 Jahre an mehr als einem Tag in der Woche außerhäuslich betreut.	0,513*	0,263[1] (0,226)
2	Kompetenzen 15-Jähriger	Durchschnittspunktwerte (Lesen, Mathematik und Naturwissenschaften) der drei PISA-Erhebungen 2000, 2003 und 2006. 2000 ohne die Niederlande; 2003 ohne Großbritannien; 2000 und 2003 ohne Slowenien: Deutsches PISA-Konsortium und OECD (2004, 2007a)	0,542**	0,294 (0,261)
3	Familiärer Einfluss	Einfluss des familiären Hintergrundes auf den schulischen Erfolg in der Sekundarstufe bereinigt um die national unterschiedlichen Arm-Reich-Bevölkerungsanteile: OECD (2010a: Abb. 5.3)	0,321^{NS}	0,103 (0,06)
4	Lissabon-BM: Leseschwäche	Anteil der 15-Jährigen, die bei PISA 2006 Leseschwächen aufwiesen (< Kompetenzstufe 2): OECD (2007a)	0,547**	0,299 (0,267)
5	Lissabon-BM: Schulabbrecher[2]	Bevölkerung zwischen 18 und 24 Jahren, die im DS der Jahre 1999 bis 2008 ohne Schulabschluss blieb: http://epp.eurostat.ec.europa.eu/tgm/table.do?tab=table&init=1&plugin=1&language=en&pcode=tsisc060	0,316^{NS}	0,100 (0,059)
6	Lissabon-BM: Mind. oberer Sekundarabschluss[2]	Anteil der bis 24-Jährigen, die im DS der Jahre 1999 bis 2008 einen mind. oberen sekundaren Schulabschluss erreicht haben: http://epp.eurostat.ec.europa.eu/tgm/table.do?tab=table&init=1&plugin=1&language=en&pcode=tsiir110	0,158^{NS}	0,025 (-0,02)
7	Tertiäre Bildungsabschlüsse (A-Programme)	25- bis 34-Jährige, die 2007 einen akademischen tertiären Bildungsgrad (A-Programme) erreicht haben: OECD (2009b: Tab. A1.3a)	0,566**	0,321 (0,29)

Nr.	Indikator	Erläuterung und Quellen	Corr	R2
8	Lissabon-BM: Lebenslanges Lernen[2]	Bevölkerung von 25 bis 24 Jahren (%), die jeweils in den 4 Wochen vor der Erhebung eine Weiterbildung besuchte. DS der Jahre 1999 bis 2008: http://epp.eurostat.ec.europa.eu/tgm/table.do?tab=table&init=1&plugin=1&language=en&pcode=tsdsc440	0,644***	0,414 (0,388)
9	Umsetzung des Bologna-Prozesses	Performanz bei der Umsetzung des Bologna-Prozesses (Bologna Scorecard 2009). Ohne die Schweiz: European Commission (2009: 48)	0,62**	0,384 (0,355)
10	Zufriedenheit der Bevölkerung	Anteil der Bevölkerung, der alles in allem mit dem eigenen Bildungssystem zufrieden bis sehr zufrieden ist: DS der Erhebungsergebnisse des European Social Surveys der Jahre 2002/2003, 2004 und 2006. Zu Island und der Türkei liefern die Erhebungen keine Daten und zu 7 Ländern (AT, CZ, IE, GR, LU, NL, SK) Daten nur für einen bis zwei Zeitpunkte. European Social Survey (http://www.europeansocialsurvey.de/)	0,502*	0,252 (0,215)
11	Kleinkind-Betreuung	Kinder bis 2 Jahren in formaler Kinderbetreuung (%) in 2006: OECD Family Database: Tab. PF3.2A	0,596**	0,355 (0,323)
12	Bildungsbeteiligung	Anteil der 20- bis 29-Jährigen, die 2007 in formale Bildungsprogramme eingeschrieben waren: OECD (2009b: Tab. C1.2)	0,732***	0,536 (0,515)
13	Weder erwerbstätig noch in Bildung: Jungen	Männliche jugendliche Arbeitslose, die nicht in Bildungs- oder Trainingsmaßnahmen sind (DS 2000 bis 2006): OECD (2009a: Tab. SS5.1)	-0,539*	0,290 (0,251)
14	Wie Indikator 14: Junge Frauen	Weibliche jugendliche Arbeitslose, die nicht in Bildungs- oder Trainingsmaßnahmen sind (DS 2000 bis 2006): OECD (2009a: Tab. SS5.2)	-0,652**	0,425 (0,394)
15	Wachstum niedrige Bildung	Unter Sekundar-Stufe: Wachstumsrate bei der 25- bis 64jährigen Bevölkerung 1998 bis 2006 (DS): OECD (2009b: Tab. A1.5)	0,377^{NS}	0,142 (0,097)
16	Wachstum ab Sekundar-Stufe-II	Mind. Sekundar-Stufe-II: Wachstumsrate bei der 25- bis 64jährigen Bevölkerung 1998 bis 2006 (DS) OECD (2009b: Tab. A1.5)	-0,545*	0,297 (0,26)
17	Wachstum Tertiärbildung	Wachstumsrate bei der 25- bis 64jährigen Bevölkerung 1998 bis 2006 (DS): OECD (2009b: Tab. A1.5)	0,489*	0,240 (0,2)
18	Tertiäre Abschlüsse (A- und B-Programme)	25- bis 34-Jährige, die 2007 einen tertiären Bildungsgrad (A- und B-Programme) erreicht haben: OECD (2009b: Tab. A1.3a)	0,597**	0,356 (0,327)
19	Sozioökonomischer Einfluss	Wirkung auf die interschulische Varianz der Mathematikkompetenz 2003: OECD (2005: Tab. A6.1)	0,545*	0,297 (0,26)

Nr.	Indikator	Erläuterung und Quellen	Corr	R2
20	Y = Durchschnittsrang aus den Indikatoren 1 bis 10	Durchschnittsrang aus den Indikatoren 1 bis 10; vgl. oben	0,759***	0,577 (0,557)

Legende:
Corr = Korrelationskoeffizient; R^2 = Bestimmtheitsmaß; Lissabon-BM = Lissabon-Benchmark
* = signifikant zum Niveau < 0,05; ** = signifikant zum Niveau < 0,01; *** = signifikant zum Niveau < 0,001
NS = nicht signifikant; DS = Durchschnitt; Abb. = Abbildung; Tab. = Tabelle.
[1] Klammerwert: Adjustiertes Bestimmtheitsmaß
[2] Update bei den Lissabon-Benchmarks: 19.05.2010; Zugriff 23.05.2010

Privatisierung von Bildung – Ursprung, Besonderheiten und Erscheinungsformen

Tobias Kaphegyi und Gunter Quaißer

Warum überhaupt Privatisierung?

Es war einmal ... (ein makroökonomisches Gedankenspiel):

Nehmen wir einmal an, das Kapital wäre nach den Ölkrisen der 70er Jahre besorgt gewesen. Verunsichert von den damals aktuellen Diskussionen über Überproduktionskrisen, dem „tendenziellen Fall der Profitrate"[1] und den ökologischen, fossilen und ökonomischen „Grenzen des Wachstums"[2] bekam es das Kapital doch etwas mit der Angst zu tun. Um sicher zu gehen, dass dem Kapitalismus kein Zusammenbruch droht, wollte es sich beim bis dahin wissenschaftlich und wirtschaftspolitisch dominanten Keynesianismus erkundigen, welche Entwicklung der Kapitalismus zukünftig nehmen werde.

Es hatte auch nach dem Zweiten Weltkrieg immer wieder Auseinandersetzungen um die Verteilung der arbeitsteilig produzierten Wertschöpfung gegeben. Aber mit den Konzepten des Keynesianismus war auch das Kapital gerade nach dem Zweiten Weltkrieg ganz gut zurechtgekommen („Fordismus", „Taylorismus", Massenkonsum und ausgebaute Wohlfahrtsstaaten). Zum Entsetzen des Kapitals sprach der Keynesianismus aber nicht ausschließlich von Konjunkturzyklen, einem „immer weiter so" und einer Politik des „Deficit Spending", sondern von einer dritten, stark krisenhaften Phase der kapitalistischen Entwicklung, die

---

[1] Interessant sind hierzu vor allem aktuelle empirische Arbeiten zur Entwicklung der Profitrate (Deumelandt 2008 oder auch Bontrup 2005).

[2] Auch in der aktualisierten Version hat die Studie nichts an empirisch gestärkter Brisanz verloren (Meadows/Randers/Meadows 2006)

jetzt anstehen würde. Prägend für diese Phase sei eine zunehmende Konumsättigung in den Industrieländern: „Damit tendiert die Gesamtwirtschaft zur Stagnation, d.h. das reale BIP-Wachstum falle dauerhaft unter die Zunahme der Produktivität. [...] Zu Beginn der Stagnation steht noch die relative Sättigung als Nachfrage senkende Ursache im Vordergrund. Im Verlauf der weiteren Entwicklung, d.h. mit steigender Arbeitslosigkeit, wird jedoch der Verlust an Masseneinkommen bzw. an Massenkaufkraft mehr und mehr zur Hauptursache der Nachfrageschwäche" (Zinn 2005: 18). *Um das Wohlstands- und Beschäftigungsniveau der Menschen zu halten, plädierte der Keynesianismus zwar nicht für die Revolution und die Enteignung des Kapitals. Er empfahl aber eine „Ausweitung der öffentlichen Leistungen", eine „Stimulierung ‚vernünftigen' Konsums" und eine „schrittweise" Reduzierung der Arbeitszeit* (Zinn 2005: 19).

Alle drei Vorschläge haben starke verteilungspolitische Konsequenzen. Um die kommenden Krisen keynesianisch zu bewältigen, müssten Steuern im Bereich der relativ hohen Einkommen (die auch eine hohe Sparquote aufweisen) erhöht werden. Löhne müssten steigen und Arbeit müsste gleichmäßiger verteilt werden.

Erschrocken wandte sich das Kapital ab und fand in den ökonomischen Theorien der Neoklassik und des Neoliberalismus theoretische Verbündete. Sie versprachen durch die Umsetzung ihrer Thesen auch weiterhin ungestörte Profitakkumulation. Aus dem System selbst hervorgehende Wachstumskrisen waren der neoliberalen Theorie zu Folge in der zum Gleichgewicht tendierenden Ökonomie nicht vorgesehen. Wenn Krisen auftreten würden, läge es an exogenen Störungen der Märkte. Da sich jedes Angebot seine Nachfrage schaffen würde (Saysches Theorem), sollte sich der Wohlfahrtsstaat auf die Gewährleistung von Sicherheit für die Märkte zurückziehen. Durch den schlanken Staat würden nicht nur die belastenden Kosten für die Unternehmen sinken (Steuern und Sozialabgaben), sondern neue Profitfelder in der täglichen Daseinsvorsorge der Menschen würden frei werden. Diese könnten durch Privatisierung profitabel gemacht werden. Dazu zählen Felder wie Gesundheit, Rente und die Absicherung anderer Lebensrisiken – aber auch Bildung. Das empfohlene Eintreten für eine geringere Staatsquote versprach also einen doppelten Nutzen: Das Sparen von Kosten könnte sogar neue Gewinne ermöglichen. Der Neoliberalismus erklärte sozusagen den keynesianischen Wohlfahrtsstaat zum doppelten Feind und deutete den Sozialabbau für die Menschen positiv um: „Die Gewinne von heute sind die Investitionen von morgen und die Arbeitsplätze von übermorgen". Eine Theorie, die es verstand im Sinne „des Kapitals" auch jede Krise am Arbeitsmarkt mit einem größeren Verzicht der ArbeitnehmerInnen zu therapieren.

Da beschloss das Kapital, sich ab jetzt vollständig dem Neoliberalismus zuzuwenden und dieses Denken zu fördern und hegemonial werden zu lassen.

1 Keine Privatisierungsverschwörung – it's the economy, stupid!

Natürlich gibt es das Kapital nicht als einheitlichen Akteur. Aber es gibt das – den Kapitalismus konstituierende – Hauptmotiv der Profitmaximierung. Die Profitmaximierung gilt im Kapitalismus nicht nur als Grundtugend, sondern sie wurde im finanzmarktgetriebenen Akkumulationsmodell zum absolut dominierenden Motiv des Handelns wirtschaftlicher Akteure. Vor diesem Hintergrund mag das einleitende Gedankenspiel weniger verschwörungstheoretisch anmuten. Denn das Hauptmotiv der Profitmaximierung bringt ohne größere Absprachen der Kapitalseite konzertiert anmutende Handlungsweisen in unterschiedlichen Kulturen und Staaten und auf allen gesellschaftlichen Ebenen hervor. Alle auf dem „Ideen-Markt" der Ökonomie angebotenen Theorien – mit Ausnahme des Neoliberalismus – benötigen zur Überwindung zukünftiger Krisen des Kapitalismus Einschnitte in die Profitmaximierung der Kapitalseite. Der Kampf gegen den Wohlfahrtsstaat und für eine zunehmende Privatisierung begann daher in den 1970er Jahren an mehreren Fronten. In diesem Kampf eignet sich der Neoliberalismus hervorragend als Theorie der Herrschenden. Universitäten mit ihrem Postulat der freien Forschung und der freien Meinungsäußerung waren immer auch umkämpfte Machtmotoren herrschender Klassen. Mit der zunehmenden Dominanz der Neoklassik bzw. des Neoliberalismus an den Universitäten wurde die „Lehre der Herrschenden" zur „herrschenden Lehre" (Zinn 2005: 8). Die neoliberalen „Klassenkämpfe von oben" wurden durch eine mehr und mehr krisenhafte Entwicklung des Kapitalismus verschärft. Die neoliberalen Akteure beziehen sich aufeinander und verstärken so ihre Gesamtwirkung: In der Politik, an den Universitäten und über eine sich hinter der „Hoffnung auf Völkerverständigung" verbergende wirtschaftliche Globalisierung, mit der sich die Kapitalseite aus dem Korsett des nationalen Wohlfahrtstaates befreit.

2 Doppelstrategie der Profitmaximierung – Leere Kassen und Privatisierungen

Aus dem Neoliberalismus ergibt sich logisch eine Doppelstrategie für das Vorgehen der Kapitalseite.

Zum Einen: Die finanzielle Beteiligung am Wohlfahrtsstaat zurückdrängen!

„Starving the Beast!" (Die Bestie – den öffentlichen Sektor – aushungern) – so nannten das schon früh die US-amerikanischen Neoliberalen (vgl. Holland-Letz 2009a: 9). Herbert Giersch, einer der bedeutendsten und einflussreichsten neoliberalen Ökonomen in Deutschland, sprach bereits 1991 davon, dass man den Staat durch eine Mobilisierung des „Diktat[s] der leeren Kassen" zurückdrängen und dadurch die neoliberale Wirtschaftspolitik etablieren sollte (Kröll 2008: 74). In Zeiten schwachen Wirtschaftswachstums und wegen der geleerten Kassen wären die Privatisierungserlöse für politische Entscheidungsträger willkommene Möglichkeiten (neben den ungeliebten Steuererhöhungen und Kreditaufnahmen), zusätzliche Finanzmittel zu mobilisieren. Denn die Politik benötigt wenigstens ausreichende Mittel, um für ihre Legislatur politische Handlungsfähigkeit – und damit ihre Bedeutsamkeit – unter Beweis stellen zu können. So fand gerade die neoliberale Ökonomie, die an den wirtschaftswissenschaftlichen Lehrstühlen der Universitäten seit den achtziger Jahren langsam aber sicher auf dem Vormarsch war und in ihrer Politikberatung den „schlanken Staat" empfahl, Einzug in die praktische (Wirtschafts-)Politik. Ein wesentlicher Kern des neoliberalen Gedankenguts ist der Glaube an die Überlegenheit des Marktes – in allen (!) gesellschaftlichen Bereichen. Das führt auch in den deutschen Bundesländern zur immer gleichen Politik. So postuliert beispielsweise die Staatskanzlei der Hessischen Landesregierung ganz offen: „Jede staatliche Leistung soll auf ihre Notwendigkeit und ihre Privatisierungsfähigkeit hin überprüft werden" (Hessische Staatskanzlei o.D.).

Zum Anderen: Die brachliegenden Geschäftsfelder in Besitz nehmen!

Parallel zum Aushungern des öffentlichen Sektors werden genau die brachliegenden Geschäftsfelder, die der sich zurückziehende Wohlfahrtsstaat hinterlässt, von der Kapitalseite in Besitz genommen. Allerdings eignen sich dafür nur die Bereiche ehemals öffentlicher Daseinsvorsorge, die auch rentabel sind bzw. erscheinen. Die Übernahme dieser Leistungen bietet der auf kurzfristigen Profit orientierten Kapitalseite die Möglichkeit, konstant zurückgehende Wachstumsraten und damit ein drohendes Stagnieren (bzw. auch Absinken) der Profitraten zu kompensieren bzw. weiterhin hohe Profite zu realisieren. Denn die Kapitalseite ist fortwährend unter Druck (konkurrierender Profitmaximierungsdruck) und auf der Suche nach neuen Geschäftsbereichen. Steigende Gewinnmöglichkeiten bietet beispielsweise auch der deregulierte Finanzmarkt, weshalb er sich im Vergleich zur so genannten „Realwirtschaft" bis zum Crash 2008 extrem aufgebläht hatte (und nun wieder neu anwächst). Aus diesem (und aus anderen Gründen) entstehende ökonomische und gesellschaftliche Krisen eignen sich für Privatisierungswellen besonders, weil sie durch die weitere Verschuldung des Staates, zusätzlich zur sowieso schon bestehenden Unterfinanzierung, einen hohen Reformdruck erzeugen. Die Wirtschaftskanzlei Freshfields, die die Bankenrettungsgesetze (z.B. SoFFin) für die Bundesregierung entworfen hat, spricht beispielsweise von der Finanzkrise als Gelegenheit zum „permanenten Transfer öffentlicher Infrastruktur an den privaten Sektor" (zitiert nach Rügemer 2010: 77). Die Rhön-Klinikum AG etwa kündigte im Sommer 2009 im Vorfeld einer „sich abzeichnenden Privatisierungswelle" eine Kapitalerhöhung an und teilte mit: „Angesichts einer Rezession [...] werden die Kommunen und Länder ihrem medizinischen Versorgungsauftrag nicht mehr ausreichend nachkommen können. [...] In der letzten Rezession 2002/03 hat uns deshalb die öffentliche Hand fast 20 Kliniken übertragen [...]" (Rhön-Klinikum AG, zitiert nach Holland-Letz 2010: 44).

3 Eine Welle formiert sich neu – Entwicklung der Privatisierung über die Finanzkrise hinweg

Die kapitalistischen Industrieländer lassen sich nach der relativ weit verbreiteten und anerkannten Systematik des dänischen Soziologen Gøsta Esping Andersen (1990) in unterschiedliche Wohlfahrtsstaatstypen einteilen. Es lässt sich feststellen, dass große Privatisierungsschübe von ehemals öffentlichen Unternehmen am frühesten und am stärksten in Staaten des liberalen Wohlfahrtsstaatstypus stattfanden. Dort war das Organisationsprinzip „Markt" in Bereichen der täglichen Daseinsvorsorge schon immer stärker etabliert als in den konservativen oder sozialdemokratisch geprägten Wohlfahrtsstaaten. Eine erste Welle von Privatisierungen öffentlichen Eigentums gab es beispielsweise bereits ab Ende der siebziger Jahre unter Thatcher in Großbritannien. Dort liegen dementsprechend schon lange Erfahrungen mit privatisierter Daseinsvorsorge vor. Ein Resultat der Privatisierung ist beispielsweise der Anstieg großer Vermögen. „In den Zentren des Kapitalismus (USA, EU, Japan) verdoppelte oder verdreifachte zwischen 1975 und 2005 das oberste eine Prozent der Vermögensbesitzer und Einkommensbezieher seinen Anteil am Volksvermögen und -einkommen, eine dramatische [...] Steigerung. [...] Diese Verschiebung war auch ein Ergebnis der Vermögensbildung aus der Privatisierung staatlichen (und genossenschaftlichen) Eigentums [...]. Die Privatisierung des Öffentlichen ist in den letzten drei Jahrzehnten eine ganz wesentliche Triebkraft bei der Herausbildung eines neoliberalen Finanzmarktkapitalismus gewesen" (Candeias/Rilling/Weise 2009: 7).

Die Privatisierung öffentlicher Bereiche kann auf verschiedenen Wegen erfolgen: Zunächst geht es um die Umwandlung eines Unternehmens mit öffentlich-rechtlicher Unternehmensform in ein Unternehmen mit privatrechtlicher Rechtsform. In einem nächsten Schritt werden dieses Unternehmen oder Teile davon auf dem Markt angeboten und verkauft. Darüber hinaus gibt es eine Form der Privatisierung, bei der Aufgaben, die bisher vom Staat erfüllt wurden, ausgelagert wurden („outsourcing"), sei es in Form von Dienstleistungen an öffentliche Unternehmen, sei es in Form von so genannten Private-Public-Partnerships. Eine wenig beachtete Form ist die „innere" (endogene) Privatisierung insbesondere im Bildungsbereich, auf die später zurück gekommen wird.

Die Privatisierungsdynamik scheint vordergründig ins Stocken geraten zu sein: „2006-2008 verringerte sich ihre Bedeutung als Medium der Umverteilung von Reichtum und Macht rapide – zumal die Filetstücke des öffentlichen Eigentums längst ihren Besitzer gewechselt hatten" (Candeias/Rilling/Weise 2009: 7). Ursache dafür waren aber auch die negativen Erlebnisse mit privatisierter Daseinsvorsorge und vielfältige Bürgerproteste gegen weitere Privatisierungen. „Die Erfahrungen sind eindeutig", bilanziert der Privatisierungskritiker Werner Rügemer (2008) beispielsweise unter Hinweis auf die Unfallserie, den Preisanstieg und die Qualitätsabsenkung der Personenbeförderung bei der 1996 privatisierten britischen Eisenbahn (Waser 2007). In Ansätzen lässt sich sogar ein Trend zur Rekommunalisierung privatisierter und ehemals öffentlicher Güter feststellen. Manche Unternehmensverbände sehen „diesen

Trend zur Rekommunalisierung mit großer Sorge". Die Kommunen hätten beispielsweise das „lukrative Geschäft mit dem Müll wiederentdeckt und wollen sich die Einkommensquellen sichern" (Bundesverband der Deutschen Entsorgungswirtschaft, nach Rügemer 2008: 8).

Die Privatisierung der öffentlichen Daseinsvorsorge scheint mit der Finanzkrise 2008 zunächst noch stärker ins Stocken geraten zu sein. Prominentestes Beispiel hierfür ist der verschobene Börsengang der Deutschen Bahn AG. Mit der massiven staatlichen Finanzhilfe für ins Trudeln geratene Banken scheint die Privatisierungswelle vordergründig sogar ins Gegenteil umgeschlagen zu sein.

Jedoch sind „Krisen wahre Wunderkammern der Enteignung" (Candeias/Rilling/Weise 2009: 8). Und so könnte sich dieser Zusammenbruch der Privatisierungswelle als seine Neuformierung darstellen: „What a year 2009 was for privatization worldwide! One year after witnessing massive injections of government capital into financial systems, 2009 saw a record volume of state sales of corporate equity – or, stated more accurately, a record volume of corporate repurchases of government-owned shares" (Privatization barometer 2009: 3). Die Frage ist dabei, zu welchem Preis diese Rückkäufe stattfinden. Des Weiteren befördern die „Rettungs-Verstaatlichungen" die Verschuldung der öffentlichen Hände massiv. Dies erhöht den Privatisierungsdruck im Bereich der täglichen Daseinsvorsorge extrem – von den Kommunen bis zum Bundeshaushalt: Ende 2009 rechneten Bund, Länder und Gemeinden bis zum Jahr 2013 mit Steuerausfällen, die um 316 Mrd. € höher liegen als noch im Mai 2008 geschätzt (vgl. Holland-Letz 2010: 39). Die Staatsverschuldung steigt massiv an. Dies wirkt sich ebenfalls positiv auf die Profite der Banken aus, die gut daran verdienen, wenn Staaten sich auf den internationalen Finanzmärkten Geld leihen müssen. Gleichzeitig verfolgt auch die aktuelle CDU-FDP-Regierung eine Steuersenkungspolitik, wie zuvor schon die rot-grüne als auch die schwarz-rote Vorgängerregierung. Das Wachstumsbeschleunigungsgesetz sorgt beispielsweise für weitere Steuerausfälle, die sich allein für die Kommunen auf 1,6 Mrd. € jährlich summieren. Der deutsche Städte- und Gemeindebund fürchtet daher um die Handlungsfähigkeit der Kommunen. „Noch redet kaum jemand öffentlich davon, aber es naht eine zweite große Privatisierungswelle in Ländern und Gemeinden" (Hamann 2009). Wenig diskutiert wird die Tatsache, dass der Druck der „leeren Kassen" auf einer absichtsvollen Steuerpolitik beruht. So haben die seit 1998 beschlossenen Steuerrechtsänderungen bis 2010 zu insgesamt über 300 Mrd. € an Steuerausfällen geführt. Allein für 2010 sind das etwa 50 Mrd. €, was fast der Nettoneuverschuldung entspricht. Ohne die politisch gewollten Steuerausfälle würde die Privatisierungsdynamik längst nicht so stark ausfallen (vgl. Truger 2010).

4 Public Private Partnership – eine verdecktere Form der Privatisierung

Des Weiteren hat sich vor allem aufgrund der Proteste und Widerstände gegen offene Privatisierungen ein neuer Trend hin zu so genannten Public Private Partnerships (PPP) vollzogen. Seit 2003 ist diese verdecktere Form der Privatisierung öffentlicher Infrastruktur regelrecht in Mode gekommen. „PPP wird mit dem Argument angepriesen, hier werde nichts verkauft, der Staat behalte Eigentum und Kontrolle. Doch dieses Argument, das der gewachsenen Privatisierungsskepsis entgegenwirken soll, ist vordergründige Kosmetik" (Rügemer 2008: 8). Bei PPP-Projekten baut ein privater Investor, meist staatlich subventioniert, Teile der öffentlichen Infrastruktur aus oder übernimmt die ausbleibenden Investitionen des Staates.

Die öffentliche Hand zahlt dann für die Nutzung dieser Infrastruktur auf Jahre hinaus festgelegte Mietbeträge an den Investor. Die Vertragsbedingungen von PPPs sind oft sehr kompliziert und oftmals nicht mehr von MandatsträgerInnen und der politischen Öffentlichkeit einsehbar. Meist wird auch ein „Einredeverzicht" beschlossen. Dadurch können Mietforderungen weiter verkauft werden. Aus Mieterträgen können so Finanzprodukte werden. Bei baulichen Mängeln kann es dann passieren, dass die Baufirma in Regress genommen wird, die öffentliche Hand aber weiter an eine Bank Mietzahlungen leisten muss (Holland-Letz 2010: 50). Die Privatisierung über PPPs scheint gerade in den deutlicher auf den Staat und auf korporatistische Organisationsprinzipien konzentrierten so genannten konservativen Wohlfahrtsstaaten (beispielsweise BRD, Österreich, Frankreich) stärker voranzuschreiten als das Überführen der staatlichen Daseinsvorsorge in komplett privatisierte Unternehmen. Dieses Modell scheint besser zum stärker korporatistisch ausgerichteten konservativen Wohlfahrtsstaatstypus zu passen als komplette Verkäufe öffentlicher Infrastruktur: „,Innerhalb von nur vier Jahren von Null auf

Hundert', freute sich Achim Großmann, Parlamentarischer Staatssekretär im Bundesbauministerium [...] Die Bundesregierung will mit der Initiative den PPP-Anteil bei öffentlichen Hochbauten auf rund 15 % steigern" (BMVBS 2007). Gleichzeitig gründeten der Bund, das Land NRW und der deutsche Städtetag gemeinsam mit Banken und Bauunternehmen den Lobby-think-tank „ÖPP Deutschland AG", um PPP-Projekte weiter voran zu bringen. Die Gründung solcher öffentlich-privater Lobbythink-tanks ist typisch für eine Entwicklung hin zu einer „kooperativen Konsensdemokratie" (vgl. Bode/Pink 2010: 47). Die Konsequenz sei eine „Privatisierung von Gesetzgebung und Rechtssetzung". PPP als verdeckte Form der Privatisierung scheint bei den Menschen in Deutschland bisher noch weniger Widerstand hervorzurufen, weil der Anschein der staatlichen Hoheit gewahrt bleibt. Vor der Finanzkrise (2007) lässt sich daher im internationalen Vergleich eine Schwerpunktverlagerung der Privatisierungsintensität feststellen – weg von den klassisch liberalen Wohlfahrtsstaaten wie Großbritannien, USA oder Neuseeland hin zu EU-Staaten wie Frankreich oder Deutschland. Im Jahresbericht des Privatisierungsbarometers von 2007 wird Deutschland sogar als „Privatisierungs-Schwergewicht" bezeichnet (Rügemer 2008: 7). Und das obwohl Rechnungshöfe des Bundes und der Länder, der Bund der Steuerzahler, Gewerkschaften und einige WirtschaftswissenschaftlerInnen mit empirischen Beispielen davor warnen, dass PPP-Projekte oftmals finanzielle Desaster hinterlassen (z.B. in Großbritannien, Frankfurt/Main, Köln etc.; vgl. Holland-Letz 2010: 49). Ein Lobbyist der deutschen Bauindustrie stellte im Frühjahr 2009 dementsprechend auf einer Tagung fest: „,PPP leidet unter Eintrübung des Meinungsfeldes'. Derlei Projekte würden ,im politischen Raum als privatisierungsnah diskreditiert'" (Holland-Letz 2010: 54). Immer mehr Menschen in Deutschland betrachten die PPPs anscheinend immer kritischer. Dennoch stimmte der Deutsche Bundestag am 19. März 2009 mit seiner damaligen schwarz-roten Mehrheit für einen Antrag auf die Entlastung der PPPs von der Umsatzsteuer (in Höhe von bis zu 50 Mio. € in fünf Jahren).

5 *Struktur des Privatisierungsdrucks im deutschen Bildungssystem*

Die neoliberale Ideologie entfaltet seit geraumer Zeit ihre Wirkung auch in der deutschen Bildungspolitik. Die ständig wiederholte Mär von der

Überlegenheit des Marktes gegenüber dem öffentlichen Sektor und die direkte Beeinflussung der Gesetzgebung scheinen Früchte zu tragen. Grundsätzlich besteht der Privatisierungsdruck aus den drei gleichen Hauptelementen wie in anderen Bereichen der Daseinsvorsorge: Unterfinanzierung durch den Rückzug des Staates, krisenhafte Auswirkungen des staatlichen Rückzugs sowie neoliberales Lobbying, das das Eindringen privater Akteure in die Bereiche der Daseinsvorsorge vorbereitet. Das deutsche Bildungssystem, das als „konservative Bildungsstaatlichkeit" (Arbeitsgruppe Alternative Wirtschaftspolitik 2010: 239, oder auch Gottschall 2002) beschrieben werden kann, steht bei spezifischer Betrachtung sogar unter einem fünffachen neoliberalen Transformationsdruck (Arbeitsgruppe Alternative Wirtschaftspolitik 2010: 241f.):

(1) Unterfinanzierung des Bildungssystems
„Die ständige Unterfinanzierung des Bildungssystems durch das neoliberale Zurückfahren der steuerlichen Verantwortung der Kapitalseite lässt Bildungspotenziale verkümmern. Wenn man sich die Entwicklung der öffentlichen Ausgaben für Bildung anschaut, sieht man, dass heute deutlich weniger ausgegeben wird als in den siebziger Jahren. Um den gleichen Anteil der öffentlichen Bildungsausgaben am Bruttoinlandsprodukt wie in den siebziger Jahren zu erreichen, müssten rund 35 Mrd. € (plus ca. 38 %) mehr ausgegeben werden – und zwar jährlich! Und selbst um das Niveau von 1995 zu erreichen, wären noch über 10 Mrd. € (plus 11 %) nötig. Um die wesentlichen Forderungen für ein zukunftsfähiges Bildungssystem zu realisieren, ist eine Steigerung des Bildungsetats um etwa 40 Mrd. € nötig (vgl. Jaich 2010).

(2) Verarmung von Kindern und Jugendlichen
In der Bundesrepublik Deutschland geht neoliberale Politik vor allem mit einer sehr starken Exportorientierung einher, die als Kehrseite durch das Zurückfahren der Reallöhne und die Prekarisierung der Arbeitswelt eine zunehmende Verarmung von Kindern zur Folge hat. Von den 1980er Jahren bis Mitte des ersten Jahrzehnts des 21. Jahrhunderts hat sich die Armut aller unter 18-Jährigen in Deutschland um fast 40 % erhöht (OECD 2008). Die Armutsquoten bei unter 18-Jährigen bewegen sich gemessen am Bundeseinkommensmedian zwischen 16,2 % aller Jugendlichen in Baden-Württemberg und 34,5 % aller Kinder in Mecklenburg-Vorpom-

mern (Statistische Ämter des Bundes und der Länder 2009). Obwohl die konservative Bildungsstaatlichkeit in Deutschland die soziale Mobilität eher behindert, fordert der neoliberale politische Mainstream vermehrt eine Stärkung der Bildungspolitik an Stelle eines Ausbaus der „teuren" Sozialpolitik zur Bewältigung der sozialen Probleme, die aus dieser wachsenden Kinderarmut resultieren. Die Sozialdemokratie spricht dabei vom „vorsorgenden Sozialstaat". Bundeskanzlerin Merkel verkündete 2008 als Grundprinzip ihrer „Bildungsrepublik Deutschland": „Bildungspolitik ist der beste Sozialstaat" (FAZ.NET, o.J.). Viele der neoliberalen gesellschaftlichen Verwerfungen sollen in Zukunft also auch über Bildung angegangen werden.

(3) Übergang in die „Wissensgesellschaft"
Gleichzeitig wird von Verbänden, Organisationen (Beispiel Wissenschaftsrat) und der Politik sowie von Internationalen Organisationen wie der OECD angemahnt, dass Deutschland im Sinne einer nachhaltigen Standortpolitik (also aus arbeitsmarkt- und wirtschaftspolitischen Gründen) mehr Menschen an die Universität bringen müsse: „Vorrangiges Ziel müsse es sein, 35 % (derzeit 20,5 %) eines Altersjahrganges zu einem Studienabschluss zu führen" (Wissenschaftsrat 2007: 23).

Bereits diese drei Punkte sorgen insgesamt für eine systematische Überforderung des unterfinanzierten und strukturkonservativen deutschen Bildungssystems. Die sich hier präsentierende chronische Krise erzeugt einen Druck hin zur scheinbar kostenneutralen Reform und damit hin zu mehr Privatisierung im Bildungssystem. Ideologisches Tabu sind für neoliberale Reformer Verbesserungen der staatlichen Einnahmenseite: „[…] eine solche Bildungsstrategie [darf] jedoch nicht das Ziel der Haushaltskonsolidierung gefährden" (Erdmann u.a. 2010: 4).

(4) Internationale Organisationen und neoliberales Lobbying erhöhen den Privatisierungsdruck
Zusätzlich wird die Krise des deutschen Bildungssystems durch internationale Abkommen und Organisationen, die Teil des neoliberalen Globalisierungsprozesses sind, sichtbar gemacht und verstärkt. WTO, OECD und EU üben mit verschiedenen Programmatiken Druck auf nationale Bildungspolitiken aus (z.B. GATS-Abkommen, Bologna-Prozess etc.). Mit Maßnahmen der so genannten „offenen Koordinierung" über Ran-

kings, Benchmarkings und Vergleichsstudien (z.B. OECD: „Bildung auf einen Blick", PISA, TIMMS, IGLU etc.) hat allein die OECD einen enormen Reformdruck auf die deutsche Bildungspolitik aufgebaut. Kaum ein Ereignis hat in der deutschen Bildungspolitik solchen Reformeifer ausgelöst wie die Ergebnisse der PISA-Studien. Der Glaube an eine vergleichsweise hohe Qualität des deutschen Bildungssystems wurde stark erschüttert. Die internationalen Organisationen halten zumeist auch gleich Politikberatungselemente bereit, die zeigen sollen, wie diese Krisen des Bildungssystems bewältigt werden können. Meist drehen sich die Empfehlungen um den marktmäßigen Umbau der Bildungssysteme (z.b. outputorientierte Steuerungsverfahren). Teilweise werden auch ganz direkt Privatisierungen empfohlen. Perfiderweise führen die empfohlenen Maßnahmen (z.b. das Erheben von Bildungsgebühren) langfristig dazu, dass öffentlich getragene Bildungsleistungen aufgrund der Gebührenerhebung auf einmal in den Einzugsbereich der EU-Dienstleistungsrichtlinie oder des Welthandelsabkommens GATS (General Agreement on Trades in Services) geraten können.

(5) Die Krise des Bildungssystems betonen und gleichzeitig neoliberale Reformempfehlungen (z.B. Privatisierung) geben – das ist auch das alltägliche Geschäft der neoliberalen think tanks. Wichtige think tanks und Akteure, die ihren Fokus vor allem auf eine marktwirtschaftliche Umgestaltung des Bildungswesens in Deutschland gelegt haben, finden sich in der Bertelsmann Stiftung, beim Centrum für Hochschulentwicklung (CHE), im Institut der deutschen Wirtschaft (IW), dem „Aktionsrat Bildung" der Vereinigung der bayerischen Wirtschaft (vbw), bei der „Initiative Neue Soziale Marktwirtschaft" und bei wenigen, aber offensichtlich einflussreichen Ökonomen wie Ludger Wößmann von der Ludwig-Maximilian-Universität München und vom ifo-Institut.

6 Privatisierung im Bildungsbereich – ein ganz besonderes gesellschaftliches Problemfeld

Als die Weltbank in den achtziger Jahren ihre Privatisierungsstrategie zu forcieren begann, war Bildungsprivatisierung nur ein kleiner Teil davon. Der ganze Prozess der Bildungsprivatisierung ist aber als ein integraler Bestandteil der neoliberalen Ideologie zu sehen, wobei das Marktprinzip in alle Bereiche der Gesellschaft wie z. B. Infrastruktur, Gesundheit, Energieversorgung, Alterssicherung eingeführt werden soll. Im Bildungsbereich geht es jedoch um mehr als nur um kurzfristige Profitmaximierung. Der frühere Bundespräsident Roman Herzog schrieb schon 1997, dass Bildung in die Freiheit entlassen werden müsste. Das gleiche fordern heute insbesondere neoliberale Ökonomen. Die Entlassung in die Freiheit bedeutet in dieser Logik, das „Sprengen der staatlichen Fesseln". Im Hochschulbereich wird dies beispielsweise vom Centrum für Hochschulentwicklung propagiert („Die entfesselte Hochschule" ist der Titel eines Buches aus dem Hause CHE, vgl. Müller-Böling 1999). Die Vermutung liegt nahe: Wie viele andere Eliten auch sieht die neoliberale Elite in Politik, Wirtschaft und Wissenschaft das Bildungssystem mit seinen Inhalten und Prägungen als den Schlüssel zu einer nachhaltig „besseren" Welt – geprägt nach ihren Überzeugungen. Daher unterscheiden sich die Privatisierungsprozesse im Bildungsbereich von Privatisierungen in anderen Bereichen der öffentlichen Daseinsvorsorge. Hier geht es nicht nur einfach um den Verkauf von öffentlichen Unternehmen, sondern um die schleichende Einführung marktwirtschaftlicher Prinzipien in den Bildungsbereich und in die Bildungsinhalte. SchülerInnen und Studierende sollen kapitalistische Prinzipien verinnerlichen. Die Ideologie des Neoliberalismus soll über eine doppelte Privatisierung des Bildungssystems zum „kulturellen Kapital" werden (Kröll 2008).

Um dies zu beschleunigen, wird versucht, den Charakter von Bildung umzudefinieren. „Bildung ist keine Ware" – bei Gewerkschaften und einigen anderen Akteuren ist das eine verbreitete Forderung. Aber selbst der Leiter des Hamburgischen WeltWirtschaftsArchivs (HWWA) schließt sich hier an. Bei den Gewerkschaften liest sich die vollständige Forderung so: „Bildung ist keine Ware. Sie ist ein Menschenrecht." Straubhaar vom HWWA aber meint: „Bildung ist keine Ware. Sie ist eine Investition." (Straubhaar 2006) Das wiederum macht deutlich, wie die neoliberale Ökonomie „denkt". Wer von Investitionen spricht, meint auch Profite aus den Investitionen. Und wer den Gewinn einstreicht (das lernende Individuum), sollte dafür auch die Rechnung bekommen – d.h. die Investition muss aus der eigenen Tasche bezahlt werden. Die Tatsache, dass nach Lesart der neoliberalen Ökonomie die Individuen eine höhere Bildungsrendite einfahren als der Staat, legt in dieser Logik die Schlussfolgerung nahe, Gebühren für Bildung zu erheben. „Im Namen dieses zum politischen Aktionsprogramm gewandelten wissenschaftlichen Ansatzes vollzieht sich eine ungeheure politische Arbeit, die darauf zielt, die Betriebsbedingungen dieser ‚Theorie' herzustellen" (Bourdieu 1998: 21). Unter Rückgriff auf Gramsci kann dieser Prozess als das Streben nach „Kultureller Hegemonie" verstanden werden: Es geht um die Prägung der Beurteilungs- und Handlungsmaßstäbe der Menschen.

7 Endogene und exogene Privatisierung – der Prozess verläuft oftmals im Verborgenen

Die Umgestaltung, in deren Verlauf die Bedeutung marktwirtschaftlicher Prinzipien zunimmt, muss allerdings schleichend stattfinden: Erstens gilt Bildung bei vielen Menschen in den meisten Industrieländern doch noch als grundständiges öffentliches Gut, das durch den Staat jedem bereitgestellt werden sollte. Bei offenen Formen der Vermarktlichung kommt es gelegentlich zu Protesten. Zweitens sind die Strukturen im Bildungsbereich – insbesondere in Deutschland – oft strukturell noch gar nicht darauf ausgerichtet, nach Marktprinzipen zu funktionieren. Die öffentliche Organisation von Bildung muss zuerst zerschlagen und umgebaut werden. Im Bildungsbereich werden also nicht einfach Schulen oder Hochschulen an private Träger verkauft. Im Vorhinein muss der ganze gesellschaftliche Sektor umgebaut werden. So bezeichnen die englischen BildungsforscherInnen Stephen Ball und Deborah Youdell (2007) den internen und marktförmigen Umbau des Bildungssystems als „endogene Privatisierung", die formale Übernahme von Bildungseinrichtungen durch private Träger als „exogene Privatisierung" (siehe unten).

Dass dieser Umbau in fast allen Industrieländern so wenig in der Öffentlichkeit diskutiert wird, beschreiben Ball und Youdell in ihrer international vergleichenden Arbeit: „Die erste Form der Privatisierung, in der vom öffentlichen Sektor erwartet wird, sich wie der private Sektor zu verhalten, ist weit verbreitet und etabliert. Die zweite (exogene) Form der Privatisierung, bei der sich der private Sektor in der öffentlichen Bildung engagiert, ist neuer, aber rasch wachsend. Diese beiden Formen der Privatisierung schließen sich nicht gegenseitig aus und sind oft verbunden, tatsächlich wird die exogene Privatisierung oft erst durch vorherige endogene Formen ermöglicht. Privatisierung im Bildungswesen und Privatisierung von Bildungseinrichtungen bleiben oft versteckt und werden nicht öffentlich debattiert – im ersten Fall werden die Techniken und

Praktiken nicht Privatisierung genannt, im zweiten Fall ist die Privatisierung öffentlich nicht bekannt oder wird nicht als solche verstanden." (Ball/Youdell 2007: 13. Übersetzung aus dem Englischen.)

Wettbewerb und Effizienz sind dabei die zentralen Schlagwörter. Außerdem steht nicht nur die Gestaltung der Bildungsprozesse im Fokus der neoliberalen Umgestaltung, sondern Bildung selbst wird unter dem Ziel gesehen, marktkonforme Ergebnisse zu erzielen (Humankapitaltheorie).

8 Wie erfolgt die versteckte Privatisierung im Bildungswesen?

In einem ersten Schritt kann z. B. die Modularisierung und Zertifizierung des Bildungsangebotes erfolgen. Die Aufteilung in Module ermöglicht größere Flexibilität, die Zertifizierung eine Klassifizierung der erbrachten Leistungen. Im Hochschulbereich wird dies im Rahmen des Bologna-Prozesses und mit der Einführung von Credit-Point-Systemen bereits praktiziert. Danach muss die „Ware" Bildung „bepreist" werden. Wenn Bildung gratis bleibt, kann man nicht mit ihr handeln. Deshalb werden Gebühren oder ähnliche Systeme wie Bildungsgutscheine oder Bildungskonten eingeführt. Gleichzeitig gewähren Bund und Länder den Bildungseinrichtungen eine Budgetautonomie. Schließlich benötigt man noch Marktinformationen. Das sind neben den Preisen Vergleiche durch Rankings, Bestenlisten usw. oder – wie im Hochschulbereich bereits praktiziert – Akkreditierungsagenturen. Letztere sind übrigens private Einrichtungen, die ohne demokratische Kontrolle arbeiten.

Alle diese Schritte (vgl. dazu Arbeitsgruppe Alternative Wirtschaftspolitik 2006: 124f.) sind die Kennzeichen der „endogenen Privatisierung", also des marktförmigen Umbaus des Bildungssystems und seiner Steuerung. Die Einführung von marktwirtschaftlichen Steuerungsinstrumenten (Budgetierung, Preise usw.) ändert das Bildungssystem gravierend. Sie schaffen die Basis für den Markteintritt von anderen Anbietern („exogene Privatisierung"). Wenn Studierende an öffentlichen Hochschulen Gebühren zahlen müssen, die in Zukunft eher steigen als sinken werden, dann gibt es auch für private Anbieter Anreize, Hochschulen zu betreiben. Derzeit ist das noch nicht von Erfolg gekrönt. Private Hochschulen wie in Witten-Herdecke benötigen immer wieder staatliche Mittel, andere sind zu teuer und kommen über eine Startphase nicht hinaus. Werden öffentliche Hochschulen aber immer teurer, kann sich das schnell ändern. Für den Staat ist die Zunahme privater Bildungseinrichtungen ein Erfolg – denn er kann sich weiter aus der Bildung zurückziehen. Ob man es mag oder nicht – über diese Schritte hat man eine marktförmige Regulierung des Bildungswesens erreicht.

9 Erscheinungsformen exogener Privatisierungsprozesse im deutschen Bildungssystem

„Angesichts der Notwendigkeit, stärker auf alternative Finanzierungsquellen zurückzugreifen, nehmen die privaten Bildungsausgaben stärker zu als die öffentlichen" (OECD 2009a: 6). Dieses Zitat drückt den weltweiten Privatisierungstrend im Bereich der Bildung aus. Private Bildungsausgaben beinhalten z.B. Studiengebühren, Schulgelder, Ausgaben für Nachhilfe oder auch Aufwendungen der Wirtschaft für die duale Ausbildung. Aufgrund der neoliberalen Entstaatlichung steigen diese privaten Bildungsausgaben. In der deutschen Primar-, Sekundar- und nichttertiären Postsekundarstufe haben laut OECD die privaten Ausgaben für Bildungsinstitutionen im Verhältnis zu den öffentlichen Ausgaben zwischen dem Jahr 2000 und 2006 jedoch ganz leicht abgenommen. In der tertiären Ausbildung in Deutschland haben die privaten Ausgaben für Institutionen im Verhältnis zu den öffentlichen Ausgaben jedoch zugenommen (2000: öffentlich 88,2 %, privat 11,8 %; 2006: öffentlich 85 %, privat 15 %) (OECD 2009b: 233). Das verdeutlicht eine gewisse Konstante: Im Schulbereich spielen z.B. Privatschulen, die ohne größere staatliche Förderung kommerziell zu reüssieren versuchen, immer noch eine eher unbedeutende Rolle. Das zeigte beispielsweise auch die Schließung des Kölner Schulstandorts der Phorms-AG, die versucht in Deutschland mit Privatschulen Geld zu verdienen. Der private Anbieter hatte vor allem Ärger mit den Aufsichtsbehörden. Die AG konnte kein befriedigendes Ausbildungsniveau der Lehrkräfte nachweisen, was eventuell auf eine Prekarisierung des LehrerInnenberufs aus Kostengründen an solchen kommerziellen Privatschulen hinweist (Kramer 2010). Bereits in den 1990er Jahren hatte die amerikanische Wirtschaftswissenschaftlerin E. James ein Erklärungsmodell aufgestellt, das auch für die heutige Entwicklung im Privatschulbereich zutreffend erscheint. Die quantitative Bedeutung des Privatschulsektors in einem Land ist im internationalen Vergleich abhängig davon, ob (1) der Staat quantitativ ein ausreichendes Angebot macht, er (2) dem Vorliegen differenzierter Bildungs- und Distinktionswünsche nachkommt, es (3) religiöse oder ideologische Gruppen und Initiativen gibt, die Privatschulen für sich aufbauen, und ob es (4) eine ausgeprägte staatliche Subventionierung privater Schulen gibt (Weiß 2000: 39). Eine naheliegende These könnte daraus abgeleitet werden: Da es in Deutschland mit dem dreigliedrigen Schulsystem und dem Gymnasium ein großes Entgegenkommen gegenüber bürgerlichen Differenzierungswünschen gibt, scheint sich noch kein großer Privatschulbereich entwickelt zu haben. Die meisten Privatschulen in Deutschland haben religiöse oder weltanschauliche Träger und fordern eine stärkere staatliche Subventionierung. Gerade Forderungen nach mehr staatlichem Geld für Privatschulen (und entsprechende Demonstrationen) scheinen in jüngster Zeit auf große Resonanz zu stoßen. So protestierten im Januar 2010 beispielsweise stattliche 20.000 Menschen für höhere Landeszuschüsse (Brachmann 2010). Zwar sind die Schulträger privat. Aber die weitaus größte Zahl privater Schulen in Deutschland sind so genannte „Ersatzschulen", die Regelabschlüsse und Bildungsgänge innerhalb der schulpflichtigen Altersklassen anbieten und dafür staatliche Unterstützung bekommen. Private, allgemeinbildende Schulen finanzieren sich zu 82 % aus öffentlichen Zuschüssen (Statistisches Bundesamt 2008: 38). Der Rest muss über andere Einnahmen (beispielsweise über das Schulgeld) generiert werden. Auch hier sind Grenzen gesetzt. Nach dem Grundgesetz müssen Privatschulen eigentlich darauf achten, dass „eine Sonderung der Schüler nach den Besitzverhältnissen der Eltern nicht gefördert wird." (GG, Art. 7, Abs. 4)

Die staatliche Schulkrise (siehe oben) scheint sich in den letzten Jahren jedoch trotz allem in starken Zuwachsraten im deutschen Privatschulbereich niederzuschlagen – ohne bisher im OECD-Vergleich eine überdurchschnittliche Größe entwickelt zu haben. Andererseits gibt es bei der Privatschulquote sehr große internationale Unterschiede und Traditionen. Trotzdem haderten beispielsweise bei einer forsa-Umfrage der Zeitschrift „Eltern" 54 % der Befragten mit dem staatlichen Bildungssystem und würden ihre Kinder gerne auf eine Privatschule schicken, wenn sie sich das leisten könnten (Holland-Letz 2009b: 15f). Von 1992 bis 2008 hat sich der Anteil der SchülerInnen an privaten, allgemeinbildenden Schulen in Westdeutschland von 6,1 % auf 7,8 % erhöht. In Ostdeutschland stieg der Anteil im gleichen Zeitraum von 0,9 % auf 6,1 %. Durch das forcierte Wachstum in Ostdeutschland hat sich mittlerweile eine Angleichung in Ost und West ergeben, wobei es insgesamt eine breite Spannweite von 3,6 % in Schleswig-Holstein bis 13 % in Sachsen gibt (vgl. Statistisches Bundesamt 2009).

Die meisten PrivatschülerInnen besuchen ein Gymnasium in der Sekundarstufe. Entgegen der weitverbreiteten Berichterstattung über eine DIW-Studie beweist diese nicht, dass das Einkommen der Eltern für den Privatschulbesuch nicht bedeutend wäre – im Gegenteil.[3] Auch zeigen inzwischen Auswertungen von PISA 2006, dass die Mutmaßungen über eine Überlegenheit der Privatschulen und ihrer pädagogischen Leistungen bei Kontrolle der sozialen Herkunft der SchülerInnen nicht haltbar sind (OECD 2007: 268f).

Insgesamt scheint sich das Erklärungsmodell von James für die Größe des Privatschulbereichs zu bestätigen: Das dreigliedrige Schulsystem bietet noch ausreichend Distinktionsmöglichkeiten für die Mehrheit der vermögenden und aufstiegsorientierten Mittel- und Oberschichten. Außerdem scheint die finanzielle Förderung privater Einrichtungen durch den Staat noch zu gering zu sein, um den Schulen zu ermöglichen, staatlich kontrollierte Qualitätsstandards erfüllen und gleichzeitig Profit zu machen. Der finanzielle Rückzug des Staates und die strukturkonservative deutsche Bildungspolitik scheinen aber den Wunsch nach mehr Privatschulen massiv zu befördern. Vor allem weil die Krise der staatlichen Schulen voranschreitet und sich der Mythos von der Überlegenheit der Privatschulen hält. Zu prüfen wäre auch die These, dass die Attraktivität einer Distinktion über den Privatschulbesuch mit einer stärkeren Polarisierung der Gesellschaft in Arm und Reich zunimmt.

Im Hochschulbereich bietet sich ein etwas anderes Bild mit Parallelen zum Schulbereich: Private Hochschulen wurden in den letzten beiden Jahrzehnten ebenfalls eingefordert und gefördert. Inzwischen sind 24,9 % der deutschen Hoch- und Fachhochschulen in privater (nichtkirchlicher) Trägerschaft (AGs, GmbHs oder Stiftungen). Sie haben sich in den letz-

---

[3] „Reiche Eltern, die deutlich mehr verdienen als der Durchschnitt, schicken ihre Kinder ebenso häufig auf Privatschulen wie weniger Begüterte mit normalen Einkommen", so die Süddeutsche Zeitung vom 14.09.2009 (Berth 2009). Diese Information gibt aber die DIW-Studie eigentlich nicht her. Dort lässt sich nachlesen, dass 11 % aller Kinder aus Haushalten mit 150 % und mehr des Medianeinkommens an Privatschulen gehen. Aus Haushalten, denen weniger als 75 % des Medianeinkommens zur Verfügung steht besuchen nur 6,9 % eine Privatschule. Bei Haushalten mit 75 % bis 150 % des Medianeinkommens sind es auch nur 6,9 %.

ten zehn Jahren nahezu verdoppelt. Seit 2004 gab es einen starken Anstieg der Studierendenzahlen an privaten Hochschulen. Seit dem Wintersemester 2000/2001 hat sich der Anteil der Studierenden an privaten Hochschulen und Fachhochschulen von damals 1,4 % mehr als verdreifacht! Trotzdem besuchen gerade einmal 4,5 % aller Studierenden eine private Hochschule. Und nichtsdestotrotz liest man immer wieder von insolventen Privathochschulen, obwohl diese staatlich stark subventioniert wurden („Privatuni in Bruchsal ist pleite", Spiegel Online 2009). Der Unterschied zum Schulbereich ist der, dass die öffentliche Förderung von privaten Universitäten pro Studienplatz nicht so hoch ist. So bestehen Diskussionen unter den Privathochschul-BefürworterInnen, ob man nicht auch eine stärkere staatliche finanzielle Förderung von privaten Hochschulen einfordern sollte, weil es sich in der Praxis zeigt, dass eine vorwiegend privat finanzierte Hochschule vor allem im Forschungsbereich zurückfällt (Weiler 2005). Gleichzeitig steigen sonst auch die Studiengebühren in schwindelnde Höhen und die Nachfrage sinkt. Besonders beklagen die privaten Hochschulen die mangelnde Spendenbereitschaft der deutschen Wirtschaft, ohne die sich nicht analog zu den amerikanischen Hochschulen ein finanzielles Stiftungs-Fundament („endowment") legen ließe. Hier deutet sich die Grenze von Privatisierung als Profitmaximierungsstrategie an. Anscheinend lässt sich Hochschulbildung ohne finanzielle Hilfe des Staates selbst in Premiumsegmenten nur schwer profitabel organisieren. Die Kapitalseite scheint daher stärker dazu übergegangen zu sein, die Notsituation der öffentlichen Hochschulen und die dortigen endogenen Privatisierungsprozesse zu nutzen, um zielgerichtet ihren interessengeleiteten Einfluss auf Forschungsinhalte und Ausbildungsprofile an staatlichen Hochschulen geltend zu machen. Dies geschieht über Drittmittel und direkte Kooperationen wie z.B. die am Standort Wolfsburg der FH Braunschweig/Wolfenbüttel durchgeführte Ausbildung des technischen Nachwuchses für die Volkswagen AG (vgl. Stratmann 2005: 177).

Die Drittmitteleinnahmen der Universitäten haben sich seit 1975 von umgerechnet 500 Mio. € auf 4,85 Mrd. € in 2008 erhöht und spielen inzwischen mit 25 % im Verhältnis zu den Grundmitteln (ohne medizinische Bereiche) eine erhebliche Rolle. Um diese Investitionen noch effizienter zu konzentrieren und weitere staatliche Mittel für wirtschaftsnahe Forschungen heranziehen zu können, plädierte die Kapitalseite (z.B. die VW-Stiftung) schon 2005 für eine Art Exzellenzinitiative und betonte,

„dass in der internationalen Spitzengruppe nur eine überschaubare Zahl von deutschen Hochschulen wird mitspielen können" (Krull u.a. 2005: 11). Durch die endogene Privatisierung der Hochschulsteuerung, in der die Höhe der eingeworbenen Drittmittel die entscheidende Rolle spielt, kann die Kapitalseite auch staatliche Gelder zur Förderung ihrer interessengeleiteten Forschung in Anspruch nehmen. Diese Umverteilung staatlicher Gelder zur wirtschaftsnahen Forschung wird in der Exzellenzinitiative nahezu perfektioniert.

Das größere Geschäft und damit auch die größeren exogenen Privatisierungsschübe haben sich im deutschen Bildungssystem, wie auch im Allgemeinen, über die so genannten Public-Private-Partnerships (PPP) etabliert (siehe oben). In einer allein auf „freiwilligen Angaben" der Unternehmen beruhenden Antwort der Bundesregierung auf eine Kleine Anfrage im Bundestag wird deutlich, wie die Attraktivität des Bildungsbereichs für „verdeckte" Privatisierungen über PPPs angestiegen ist. Zwischen 2002 und 2007 wurden im Bildungsbereich 46 PPPs gezählt. Dies entsprach einem Anteil von 37 % am Gesamtaufkommen der PPPs in Deutschland. Damit war hierzulande der Bildungssektor der attraktivste gesellschaftliche Teilsektor für PPP-Projekte. 26 neue PPPs wurden allein im Jahr 2007 realisiert und 50 (!) befanden sich in Ausschreibung. Alleine 19 der 26 PPP-Projekte im Jahr 2007 wurden im Schulbereich realisiert (vgl. Deutscher Bundestag 2009). Nur von 15 der PPP ist das Projektvolumen bekannt und summiert sich allein hier schon auf 740 Mio. €.

Durch den „managerialen" und marktförmigen Umbau der Schul- und Hochschulstrukturen (endogene Privatisierungsprozesse) haben sich neue Geschäftsideen aufgetan, die ebenfalls ein direktes Geschäft mit Bildung ermöglichen: schul- und hochschulnahe Dienstleistungen. Diese Dienstleistungen waren bisher oftmals nicht privat, weil sie durch die Einführung der marktmäßig gesteuerten „Selbstständigen Schule" bzw. mit der Steigerung der so genannten „Hochschulautonomie" erst erfunden wurden. Sie gehen einher mit outputorientierten „Qualitätsmanagementstrukturen". Dies sei hier kurz für den Schulbereich erläutert (siehe vor allem Holland-Letz 2009c). Schon immer war auch die öffentliche Schule ein Geschäftsfeld für private Unternehmen: Verlage handelten beispielsweise mit Schulbüchern, Turn- oder Technikräume mussten ausgestattet, Musikinstrumente oder Chemikalien etc. angeschafft werden. Nun drängen neue Anbieter auf den Markt, die vor allem Dienstleistungen in den Bereichen „Qualitätsentwicklung", „Evaluation", „Fortbildung von Führungskräften", „Schulmanagement", „E-Learning" und ähnlichem anbieten. Sie bilden in betriebswirtschaftlich anmutenden Disziplinen wie „Rechenschaftslegung", „Sach- und Personalmittelbewirtschaftung" oder „Qualitätssicherung" aus. Als Beispiel sei die Phorms Holding SE oder das „Projekt Schulleitungs-Coaching" durch „Seniorexperten" in NRW genannt. Es wird finanziert von unternehmensnahen Stiftungen.

10 Erscheinungsformen endogener Privatisierungsprozesse – Die neoliberale Privatisierung der Bildungsinhalte an Schulen

Ein Einfallstor für eine etwas andere Art endogener Privatisierungsprozesse im schulischen Bereich war die Diskussion um scheinbar mangelnde ökonomische Kenntnisse von SchülerInnen, die seit den 1990 Jahren vor allem von interessierter Seite immer wieder angestoßen wurde. Hierbei geht es um eine Art Privatisierung der Inhalte von ökonomischer Bildung an Schulen. Dabei sprachen sich nicht nur neoliberale Akteure, Wirtschaftsminister oder Unternehmensverbände für ein neues eigenständiges Schulfach „Wirtschaft" aus. Gleichzeitig zeigten sich nun Curricula-Entwicklungen und Bildungsplanentwürfe, wie sie beispielsweise von Hans Kaminski in die Diskussion eingeführt werden und die auf breite Anerkennung stoßen. Der Mitautor der Bankenverbands-Studie zur ökonomischen Bildung und Professor am Oldenburger Institut für ökonomische Bildung beklagt, dass die „individuelle Verantwortung durch den Staat systematisch untergraben und zerstört wird" (Kaminski 2005: 122). „Selbstverantwortung" erhöht er zur „Wurzel des Wohlstands". Die Einsicht in die richtige „Wirtschaftsgesinnung mit der Stärkung der Selbstverantwortung der Bürger" könne aber nur in einem langen Prozess neu entwickelt werden. Kaminski sieht deshalb eine „kopernikanische Wende" in den Köpfen zu mehr Eigenverantwortung als nötig an (ebd). Er bezieht sich in der Beschreibung von Märkten folgerichtig auf Friedrich August von Hayek (Kaminski 2005: 53).

Damit zeigt sich das neue Fach Wirtschaft als anfällig für tendenziöse Curricula-Entwürfe, in denen die richtige „Wirtschaftsgesinnung" eingebettet in eine ideologische neoliberale Theorie gelehrt werden soll. Die richtige „Wirtschaftsgesinnung" wird dabei als eine tendenziell parteinehmende politische Sichtweise für die Kapitalseite verstanden. Dies geht einher mit einer unkritischen, einseitigen Sichtweise auf die Geschichte des Wohlfahrtsstaates und den Antagonismus zwischen Kapitalinteressen und den Interessen der Beschäftigten. Es wird versucht, die zu lehrenden Inhalte in gewisser Weise ideologisch zu privatisieren bzw. zu kolonialisieren. Eine zweite, kritische Sichtweise, deren Berücksichtigung der Politikdidaktik-Diskussion aus den 70er Jahren entsprechen würde („Beutelsbacher Konsens"), soll unterdrückt werden. Als Argumentation dient immer wieder ein drohendes Zurückbleiben kommender deutscher Generationen und des ganzen Wirtschaftsstandortes aufgrund einer zu kritischen Haltung gegenüber dem Unternehmertum: „EU-Industriekommissar Günther Verheugen hat die Darstellung wirtschaftlicher Zusammenhänge in deutschen Schulbüchern kritisiert. [...] Verheugen stützte seine Kritik auf eine vom German Marshall Fund in Auftrag gegebene vergleichende Studie über das Bild der Marktwirtschaft in Lehrbüchern in Deutschland, Frankreich sowie den USA" (WELT ONLINE 2008). In einer ähnlichen Studie der FDP-nahen Friedrich-Naumann-Stiftung wird deutlich, was genau kritisiert und was von den Wirtschafts-, Politik- und Sozialkundebüchern eingefordert wird: „Neben einer marktkritischen Grundhaltung, die sich unter anderem in einer Befürwortung von staatlichen Eingriffen und einer unausgewogenen Beschäftigung mit wohlfahrtsstaatlichen Fragen zeigt, existieren auch positive Passagen – z.B. bei der Darstellung der Biographien von Industriepionieren" (Liberales Institut 2010: 61). Dies bedeutet: Marktkritik ist unerwünscht. Selbst staatliche Eingriffe möchte man trotz der jüngst erlebten Finanzkrise und der staatlichen Interventionen nicht als positiv dargestellt wissen. Gleichzeitig ist es in diesen Studien gang und gäbe, dass „gerade angesichts der Gründungskrise in Deutschland" (Liberales Institut 2010: 10) es als qualitativ „besser" bewertet wird, wenn Schulbücher Unternehmerpersönlichkeiten durchweg positiv darstellen. Der soziologisch hoch umstrittene normative Begriff der „Leistungsgerechtigkeit" (Hartmann 2002), der soziale (Chancen-)Ungleichheit weitgehend ausblendet, soll der etablierten Diskussion um die „Verteilungsgerechtigkeit" gleichgestellt werden. Es zeigen sich also auch bei der neoliberalen Beeinflussung der politischen Bildung an Schulen die gleichen Strukturelemente wie im gesamten Privatisierungsprozess: Neoliberale think tanks sorgen über Vergleichsstudien und den Verweis auf den Standort Deutschland für die Betonung eines Reformbedarfs, der dann an politische EntscheidungsträgerInnen herangetragen wird. Gleichzeitig wird von der neoliberalen Seite (Unternehmen, think tanks, Ökonomen) gefordert, dass der Staat sich zurückzieht (freie Wahl der Schulmaterialien), um dann selbst neoliberale Alternativen anzubieten.

Dasselbe Bild zeigt sich bei Unterrichtskonzepten, LehrerInnenausbildung und Lehrmaterialien. Durch die Diskussion um ein Schulfach Wirtschaft hat sich der Anteil ökonomischer Bildung vor allem in der gymnasialen Oberstufe – also bei den kommenden Eliten – erhöht. In der Evaluation der Kultusministerkonferenz von 2008 wird eine verstärkte Integration und „feste Verankerung" der „wirtschaftlichen Bildung" in den deutschen Schulen festgestellt. In den entsprechenden Lehrplänen der wirtschaftlichen Fächer setzen sich dabei natürlich die in der Wirtschaftswissenschaft dominanten neoklassischen Paradigmen durch. Des Weiteren scheinen in manchen Bundesländern bei entsprechenden Wahlmöglichkeiten in der gymnasialen Oberstufe die Wirtschaftskurse die früheren Staats-, Gemeinschaftskunde- oder Politikkurse zurück zu drängen. Dies geschieht vor allem aufgrund der Sorge der Eltern und SchülerInnen um die spätere Erwerbsfähigkeit der SchülerInnen. Zum zweiten findet die Verankerung wirtschaftlicher Bildung aber vor allem „außerhalb des Unterrichts, beispielsweise in Form von Schülerfirmen oder wirtschaftsbezogenen Schulprojekten" statt. Zum Dritten sogar „außerhalb der Schule, durch vielfältige Zusammenarbeit mit außerschulischen Partnern, z. B. Unternehmen und öffentlichen Einrichtungen" (beide Zitate aus: Sekretariat der Ständigen Konferenz der Kultusminister der Länder in der Bundesrepublik Deutschland 2008: 7). Gleichzeitig hält die „akademische Lehrerbildung [...] mit der stärkeren curricularen Verankerung in der Schule nicht Schritt" (Weber 2007: 6). Das Dargelegte spiegelt das Grundschema der Entwicklungen: Mehr ökonomische Bildung bei gleichzeitiger Überforderung der Lehrkräfte, bei gleichzeitiger Öffnung der Schulen für Unternehmen und schulfremde Akteure. Hier bietet sich ein Anknüpfungspunkt für interessengesteuerte Lobbygruppen aller Art. Eindrucksvoll ist beispielsweise der Umfang an neoliberalen und fertig aufbereiteten Materialien, den die arbeitgeberfinanzierte „Initiative Neue Soziale Marktwirtschaft" auf ihrer Internetplattform „Wirtschaft und Schule" bereithält. „Die Kultusministerkonferenz begrüßt die Kooperationsbereitschaft aller an diesem Prozess Mitwirkenden und spricht sich dafür aus, den Dialog Schule/Wirtschaft weiterhin intensiv fortzuführen" (Sekretariat der Ständigen Konferenz der Kultusminister der Länder in der Bundesrepublik Deutschland 2008: 7).

11 Ausblick: Warum die versteckte Privatisierung im Bildungsbereich aufgehalten werden sollte

Die Übernahme der mehr und mehr entstaatlichten Bildungsinfrastruktur durch die Privatwirtschaft stößt mit der geringen Profitabilität relativ schnell an ihre Grenzen – solange die privaten Einrichtungen mit den staatlichen konkurrieren müssen. Insgesamt stellt sich die Frage, ob Breitenbildung ohne den Staat überhaupt in profitabler Weise organisierbar ist. Daher versucht die Kapitalseite inzwischen sowohl im Privatschul- als auch im Privathochschulbereich staatliche Finanzströme umzulenken. Dies wird ermöglicht durch die vorausgegangene endogene Privatisierung und die Einführung marktförmiger Steuerungsmechanismen im staatlichen Bildungsbereich. Gesellschaftlicher Motor dieser Entwicklung sind vor allem die Distinktionsbedürfnisse der Mittel- und Oberschichten in einer sich immer stärker polarisierenden Gesellschaft.

Privatisierung von Bildung bedeutet dabei gleichzeitig einen Abbau von Demokratie, von Mitbestimmungsrechten und von Gestaltungsmöglichkeiten. Studierende z. B. können als Mitglieder ihrer Hochschule gesehen werden, die ihre Hochschule und ihre Bildung aktiv mitgestalten wollen. Oder sie werden als KundInnen definiert – das entspricht dem klassischen ökonomischen Verhältnis von Anbietern (Hochschule) und Nachfragern (den Lernenden).

Privatisierung ändert damit auch die Agenda des Lernens und Studierens: Marktrelevante Fähigkeiten werden wichtiger und bekommen eine größere Aufmerksamkeit. Studierende, die sich an ihrer Bildungsrendite orientieren, lernen, sich lukrative Studienfächer auszusuchen. Wenn es auf den Gewinn durch Bildung ankommt, warum sollte sich dann noch jemand für vergangene Kulturen interessieren und Archäologie studieren?

Privatisierung ist nicht nur ein formaler oder technischer Wechsel in der Art und Weise, wie eine Bildungseinrichtung gemanagt wird oder wie Bildung realisiert wird. Sie beinhaltet auch Änderungen bezüglich dessen, was es bedeutet, LehrerIn oder Studierender zu sein. Sie verändert, „wer wir sind" und beeinflusst „unser" Denken, „unser" Verhalten, „unsere" Beziehungen zu anderen Lernenden und Lehrenden – Privatisierung ändert das ganze Bildungsgefüge und den Habitus der darin Agierenden. Das ist nicht nur eine Reform, das ist ein komplexer Transformationsprozess – und „wir" stecken bereits mitten drin. Es ist schwierig, diesen Prozess zu erkennen. Wichtig ist aber, diese versteckte Privatisierung ans Licht zu ziehen, zu analysieren – und zu bekämpfen. Ansonsten wird „unsere" Gesellschaft in ein paar Jahren nicht wiederzuerkennen sein!

Literatur

Arbeitsgruppe Alternative Wirtschaftspolitik (2010): MEMORANDUM 2010. Sozial-ökologische Regulierung statt Sparpolitik und Steuergeschenken, Köln.

Arbeitsgruppe Alternative Wirtschaftspolitik (2006): MEMORANDUM 2006. Mehr Beschäftigung braucht eine andere Verteilung, Köln.

Ball, Stephen/Youdell, Deborah (2007): Hidden Privatisation in Public Education, Brussels.

Berth, Felix (2009): Privatschule für Alle. Süddeutsche Zeitung vom 14.09.2009. http://www.sueddeutsche.de/karriere/bildungsgerechtigkeit-privatschule-fuer-alle-1.32080. [04.08.2010.]

BMVBS (2008): Vorstellung des 100. PPP-Projekts im öffentlichen Hochbau. Großmann: Öffentlich-private Partnerschaften auf Erfolgskurs, Pressemitteilung vom 17. September 2008, Nr.: 261/2008. http://www.bmvbs.de/Bauwesen/Oeffentlich-Private-Partnersch-,1521.1052566/Vorstellung-des-100.-PPP-Proje.htm. [02.08.2010.]

Bode, Thilo/Pink, Katja (2010): Die Finanzkrise als Demokratiekrise. Der Staat als Dienstleister des Finanzkapitals. In: Blätter für deutsche und internationale Politik, 6/2010, S. 45-55.

Bontrup, Heinz-J. (2005): Arbeit, Kapital und Staat. Plädoyer für eine demokratische Wirtschaft, Köln.

Bourdieu, Pierre (1998): Gegenfeuer – Wortmeldungen im Dienste des Widerstands gegen die neoliberale Invasion, Konstanz.

Brachmann, Samuel (2009): Mehr Geld gefordert. Privatschüler gehen für höhere Landeszuschüsse auf die Straße. Schwäbisches Tagblatt vom 20.01.2010.

Candeias, Mario/Rilling, Rainer/Weise, Katharina (Hg.) (2009): Krise der Privatisierung. Rückkehr des Öffentlichen, Berlin 2009.

Deumelandt, Katrin (2008): Profitratenentwicklung. Empirische Befunde für die Bundesrepublik Deutschland, die USA und Schweden, Hamburg. http://www.profitratenanalyse.de/downloads/PRAG_04.pdf. [02.01.2010.]

Deutscher Bundestag (2009): Antwort der Bundesregierung auf die Kleine Anfrage der Abgeordneten Cornelia Hirsch, Dr. Petra Sitte, Katrin Kunert, weiterer Abgeordneter und der Fraktion DIE LINKE. – Drucksache 16/12766 – Public-Private-Partnerships im Bildungsbereich. http://dip21.bundestag.de/dip21/btd/16/129/1612964.pdf. [23.11.2009.]

Erdmann, Vera u.a. (2010): Bildungsmonitor 2010. Bessere Bildung trotz Haushaltskonsolidierung – Die Chancen des demographischen Wandels nutzen, Köln. http://www.insm-bildungsmonitor.de/files/downloads/bildungsmonitor_2010.pdf [25.09.2010.]

Esping-Anderson, Gøsta (1990): The Three Worlds of Welfare Capitalism, Cambridge.

FAZ.NET (o.J.): Kanzlerin Merkel: „Bildungspolitik ist der beste Sozialstaat". http://www.faz.net/s/Rub594835B672714A1DB1A121534F010EE1/Doc~E32F665B229704D77AC51A443EF91A79A~ATpl~Ecommon~Scontent.html. [19.10.08.]

Feldhaus, Christoph/Lohmann, Henning/Spieß, Katharina (2009): Der Trend zur Privatschule geht an bildungsfernen Eltern vorbei. In: DIW-Wochenbericht Nr. 38/2009, S. 640-652.

Gottschall, Karin (2002): Von Picht zu PISA – Zur Dynamik von Bildungsstaatlichkeit, Individualisierung und Vermarktlichung in der Bundesrepublik. Beitrag für den Kongressband des 31. Kongresses der Deutschen Gesellschaft für Soziologie. http://www.bildungssoziologie.de. [18.12.05.]

Hamann, Götz (2009): Krisengewinner. DIE ZEIT vom 08.10.2009.

Hartmann, Michael (2002): Der Mythos der Leistungseliten. Spitzenkarrieren und soziale Herkunft in Wirtschaft, Politik, Justiz und Wissenschaft, Frankfurt am Main/New York.

Hessische Staatskanzlei (o.D.): Aufgabenabbau, Privatisierung. http://www.stk.hessen.de/irj/HStK_Internet?cid=49fd9abbd8d86865bf81e4efd7a61da7. [02.08.2010.]

Holland-Letz (2009a): Privatisierungsreport – 8. Erst kaputt gespart, dann privatisiert? Das öffentliche Bildungswesen in Deutschland, Frankfurt. http://www.gew.de/Binaries/Binary53767/GEW-Priva-8-deutsch.pdf [01.08.2010.]

Holland-Letz, Matthias (2009b): Mittelschicht im Dilemma. Abstiegsangst treibt Eltern in Privatschulen. Erziehung und Wissenschaft 12/2009, S. 15f.

Holland-Letz, Matthias (2009c): Privatisierungsreport – 9. Neue Aufgaben – neue Märkte: Wie mit Dienstleistungen an Schulen Geld verdient wird, Frankfurt. http://www.gew.de/Binaries/Binary58136/Priva-9_FINAL-web.pdf. [01.08.2010.]

Holland-Letz, Matthias (2010) Privatisierungsreport – 10. Wie die Finanzkrise die Privatisierung des Bildungswesens vorantreibt, Frankfurt. http://www.gew.de/Binaries/Binary59535/GEW-Priva-10_web.pdf. [02.08.2010.]

Jaich, Roman (2010): Welcher Finanzierungsbedarf besteht für das deutsche Bildungssystem – Reichen zehn Prozent des BIP für Bildung und Forschung aus? In: Eicker-Wolf, Kai/Thöne, Ulrich (Hg.): An den Grundpfeilern unserer Zukunft sägen. Bildungsausgaben, öffentliche Haushalte und Schuldenbremse, Marburg.

Kaminski, Hans (Hg.) (2005): Ökonomie. Grundfragen wirtschaftlichen Handelns, Braunschweig.

Kramer, Bernd (2010): Chronik eines angekündigten Schultods. TAZ vom 14.04.2010.

Kröll, Tobias (2008): Die Ideologie des Neoliberalismus als kulturelles Kapital. In: Blätter für deutsche und internationale Politik, 12/2008, S. 70-78.

Krull u.a. (2005): Eckpunkte eines zukunftsfähigen deutschen Wissenschaftssystems. 12 Empfehlungen, Gehrden. http://www.volkswagenstiftung.de/fileadmin/downloads/eckpunkte.pdf . [28.09.10.]

Liberales Institut der Friedrich-Naumann-Stiftung für die Freiheit (Hg.) (2010): Die Darstellung von Marktwirtschaft und Unternehmertum in Schulbüchern in Deutschland und der deutschsprachigen Schweiz, Berlin.

Meadows, Donella/Randers; Jorgen/Meadows, Dennis (2006): Grenzen des Wachstums – das 30-Jahre-Update: Signal zum Kurswechsel, Stuttgart.

Müller-Böling, Detlef (1999): Die entfesselte Hochschule, Gütersloh.

OECD (2009a): Bildung auf einen Blick 2009. OECD-Indikatoren. Zusammenfassung in Deutsch. http://www.oecd.org/dataoecd/41/61/43638066.pdf . [04.08.2010.]

OECD (2009b): Education at a Glance, Paris.

OECD (2008): Mehr Ungleichheit trotz Wachstum? Einkommensverteilung und Armut in OECD-Ländern. Die wichtigsten Grafiken und Tabellen. http://www.oecd.org/document/28/0,3343,de_34968570_34968855_4147 4972_1_1_1_1,00.html. [28.10.2009.]

Organisation für wirtschaftliche Zusammenarbeit und Entwicklung (2007): PISA 2006 – Schulleistungen im internationalen Vergleich – Naturwissenschaftliche Kompetenzen für die Welt von Morgen, Paris/Bielefeld.

Privatization barometer: The PB Report 2009. http://www.privatization barometer.net/PUB/NL/4/1/PB_Annual_Report_2009.pdf. [01.08.2010.]

Rügemer, Werner (2010): Public Private Partnership: Die Plünderung des Staates. In: Blätter für deutsche und internationale Politik, 2/2010, S. 75-84.

Rügemer, Werner (2008): „Heuschrecken" im öffentlichen Raum. Public Private Partnership. Anatomie eines globalen Finanzinstruments, Bielefeld.

SPIEGEL Online (2009): Privatuni in Bruchsal ist pleite. Artikel vom 22.09.2009.

Sekretariat der Ständigen Konferenz der Kultusminister der Länder in der Bundesrepublik Deutschland (Hg) (2008): Wirtschaftliche Bildung an allgemein bildenden Schulen − Bericht der Kultusministerkonferenz vom 19.10.2001 i.d.F. vom 27.06.2008. http://www.kmk.org/fileadmin/ver oeffentlichungen_beschluesse/2001/2001_10_19_Wirtschaftl_Bildung.pd f. [25.01.09.]

Statistische Ämter des Bundes und der Länder (2009): Sozialberichterstattung. http://www.amtliche-sozialberichterstattung.de. [17.01.2010.]

Statistisches Bundesamt (2008): Bildungsfinanzbericht, Wiesbaden.

Statistisches Bundesamt (2009): FS 11, R.1.1, Bildung und Kultur, Private Schulen, Schuljahr 2008/09, Wiesbaden

Stratmann, Lutz (2005): Hochschulfinanzierung und Hochschulautonomie in Niedersachsen. In: Müller-Bölling, Detlef/Zürn, Michael (Hg.): Private Hochschulen in Deutschland – Reformmotor oder Randerscheinung? Potsdam.

Straubhaar, Thomas (2006): Warum macht Bildung reich? FAZ vom 10.09.2006.

Truger, Achim (2010): Steuersenkungen, Schuldenbremse und Konjunkturrisiken – Welche Spielräume bleiben für den Staat? In: Eicker-Wolf, Kai/ Thöne, Ulrich (Hg.): An den Grundpfeilern unserer Zukunft sägen. Bildungsausgaben, öffentliche Haushalte und Schuldenbremse, Marburg.

Waser, Georges (2007): Der öffentliche Verkehr in Großbritannien liegt darnieder. NEUE ZÜRCHER ZEITUNG vom 22.10.2007.

Weber, Birgit (2007): Ökonomische Bildung an Schulen und Hochschulen. Steigende curriculare Bedeutung an den Schulen bei schwerwiegenden Mängeln der Lehrerausbildung, Bielefeld. http://www.degoeb.de/ stellung/2007_OEB_Situation_Weber.pdf. [25.11.2008.]

WELT ONLINE (2008): EU schmäht antikapitalistische Schulbücher, 22.02.2008. http://www.welt.de/wirtschaft/article1710284/EU_schmaeht_antikapitalistische_Schulbuecher.html [05.07.2010.]

Weiler, Hans N. (2005): Erfolgsbedingungen privater Hochschulen in Deutschland (Resümee und Ausblick). In: Müller-Bölling, Detlef/Zürn, Michael

(Hg.): Private Hochschulen in Deutschland – Reformmotor oder Randerscheinung? Potsdam.

Weiß, Manfred (2000): Privatisierung des Bildungsbereichs – Internationale Tendenzen. In: Radtke, Frank-Olaf/Weiß, Manfred: Schulautonomie, Wohlfahrtsstaat und Chancengleichheit. Ein Studienbuch, Opladen, S. 35-51.

Wissenschaftsrat (2007): Empfehlungen zu einer lehrorientierten Reform der Personalstruktur an Universitäten, Berlin. http://www.wissenschaftsrat.de/texte/7721-07.pdf. [17.01.2010.]

Würth, Reinhold/Klein, Hans-Joachim (2001): Wirtschaftswissen Jugendlicher in Baden-Württemberg. Eine empirische Untersuchung, Künzelsau.

Zinn, Karl-Georg (2005): Das Leiden an der Ökonomie ohne Menschlichkeit – Mythos und Krise: warum die reiche Gesellschaft Armut und Arbeitslosigkeit produziert und was dagegen zu tun wäre. http://www.memo.uni-bremen.de/docs/m2209.pdf. [25.07.2010.]

Steuerkonzept der Gewerkschaft Erziehung und Wissenschaft (GEW)

Das Steuerkonzept der Gewerkschaft Erziehung und Wissenschaft verwirklicht drei Ziele:
1. Die Steuerreform führt zu einem deutlichen Mehraufkommen.
2. Durchschnittsverdiener werden entlastet.
3. Bezieher hoher Einkommen, Unternehmer und Vermögende tragen mehr zur Finanzierung öffentlicher Aufgaben bei.

Nachfolgend werden die einzelnen Vorschläge näher erläutert:

a) Lohn- und Einkommensteuerreform

Eine progressive Einkommensteuer gewährleistet die Besteuerung nach individueller Leistungsfähigkeit am besten. Letztere ist abhängig von der Höhe des Einkommens. Darüber hinaus soll der progressive Verlauf der Einkommensteuer der ungleichen Verteilung der Markteinkommen entgegenwirken. Diese Prinzipien wurden in der Vergangenheit durch die Absenkung des Spitzensteuersatzes, den so genannten Mittelstandsbauch und höhere indirekte Steuern geschwächt. Kern unseres Reformvorschlages ist deshalb ein linear-progressiver Verlauf der Steuerkurve. Der neue Tarif ist durch folgende Eckpunkte gekennzeichnet:

- **Anhebung des Grundfreibetrags von 8.004 € auf 8.500 €**
  Die deutliche Erhöhung des Freibetrags entlastet die Haushalte mit sehr niedrigen Einkommen.

- **14% Eingangssteuersatz**
  Dies entspricht dem gegenwärtigen Eingangssteuersatz.

- **Anhebung des Spitzensteuersatzes von 42% auf 53% ab 67.000 €**
  Die letzten Einkommensteuerreformen haben durch die Senkung des Spitzensteuersatzes von 53% auf 42% die Bezieher höherer Einkommen privilegiert. Wir wollen diese Privilegierung hoher Einkommen rückgängig machen. Der neue Spitzensteuersatz von 53% setzt erst bei 67.000 zu versteuerndem Einkommen ein. Im Rahmen der gesamten Tarifreform werden Steuerpflichtige bis zu einem zu versteuernden Einkommen von 70.400 € entlastet.

- **Reichensteuer**
  Gegenwärtig existiert eine Reichensteuer i. H. v. 45%, die erst ab einem Einkommen i. H. v. 250.001 € greift. Sie setzt sich aus dem Spitzensteuersatz i. H. v. 42% plus 3% Reichensteuer zusammen. Mit der Anhebung des Spitzensteuersatzes auf 53% wird in der Systematik der gegenwärtigen Einkommensteuer eine Reichensteuer i. H. v. 56% ab 250.001 € fällig. Im GEW-Steuerkonzept greift die Reichensteuer aber schon ab Einkommen i. H. v. 125.001 €.

- **Einführung eines linearen Verlaufs der Steuerprogression**
  Die Steuerkurve verläuft linear-progressiv zwischen dem Eingangssteuersatz von 14%, ab 8.500 €, bis zum Spitzensteuersatz von 53% ab 67.000 € Jahreseinkommen.

Für die aus dem neuen Tarif resultierenden Be- und Entlastungen sind die Durchschnittssteuersätze maßgeblich, die angeben, wie viel Prozent des zu versteuernden Einkommens an den Fiskus gezahlt werden müssen.

Wie die Abbildung 1 zeigt, konzentrieren sich die tariflichen Entlastungen auf die unteren und mittleren Einkommen. Hohe Einkommen ab etwa 70.400 € zu versteuerndem Einkommen müssen gegenüber dem Tarif 2008 höhere Steuern entrichten. Das entspricht für sozialversicherungspflichtig Beschäftigte aber einem deutlich höheren Bruttoeinkommen. Je nach der Höhe der Werbungskosten, der Kirchenzugehörigkeit und anderer individueller Merkmale kann das dementsprechende Bruttoeinkommen noch um einiges höher liegen.

Unsere Reformvorschläge für die Lohn- und Einkommensteuer entlasten die Einkommensbezieher bis zu einem zu versteuernden Einkommen von 70.400 €. Bei höheren Einkommen entsteht dagegen eine Belastung. Die folgende Tabelle zeigt dies exemplarisch.

Abbildung 1

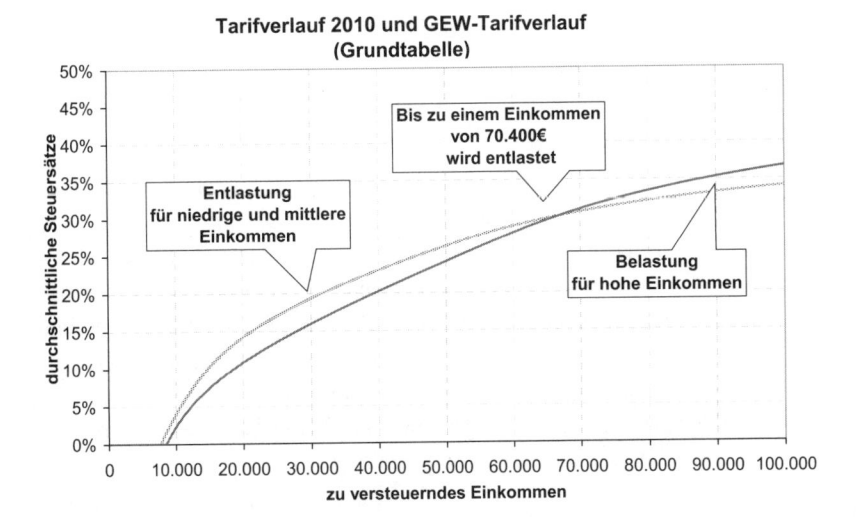

Tarifverlauf 2010 und GEW-Tarifverlauf (Grundtabelle)

Bis zu einem Einkommen von 70.400€ wird entlastet

Entlastung für niedrige und mittlere Einkommen

Belastung für hohe Einkommen

Steuerlicher Belastungsvergleich

Zu versteuerndes Einkommen	Tarif 2010	GEW-Konzept	Ent- bzw. Belastung
10.000 €	315 €	217 €	- 98 €
20.000 €	2.699 €	2.050 €	- 649 €
30.000 €	5.624 €	4.551 €	- 1.073 €
40.000 €	9.006 €	7.117 €	- 1.289 €
50.000 €	12.845 €	11.551 €	- 1.294 €
60.000 €	17.026 €	16.051 €	- 975 €
70.000 €	21.226 €	21.188 €	- 38 €
80.000 €	25.426 €	26.488 €	+1.062 €
90.000 €	29.626 €	31.788 €	+2.162 €
100.000 €	33.826 €	37.088 €	+3.262 €
200.000 €	75.826 €	90.088 €	+14.262 €
500.000 €	209.304 €	249.088 €	+39.784 €
1.000.000 €	434.304 €	514.088 €	+79.784 €
2.000.000 €	884.304 €	1.044.088 €	+159.504 €

Quelle: Berechnungen des IMK

Der gerechtere Einkommensteuertarif ist mit erheblichen Steuerausfällen in Höhe von 12,5 Mrd. € verbunden. Dem steht eine Reihe von Maßnahmen zur Verbreiterung der Bemessungsgrundlage gegenüber, die die Einkommensteuer dem Ideal einer gleichmäßigen und gerechten Besteuerung näher bringt. Gleichzeitig soll das Steueraufkommen dadurch steigen. Geplant sind folgende Maßnahmen:

- **Abschaffung der Pauschalbesteuerung von Minijobs in Höhe von nur 2% und Einbeziehung in die allgemeine Besteuerung**
  Die Pauschalbesteuerung privilegiert Arbeitsplätze mit schlechter sozialer Absicherung gegenüber sozialversicherungspflichtigen Arbeitsplätzen. Der Staat fördert auf diese Weise die Unterfinanzierung der Sozialversicherungssysteme. Diese Situation muss geändert werden. Die Steuerbegünstigung von so genannten Minijobs durch die Pauschalbesteuerung muss daher abgeschafft werden. Somit wird die steuerliche Privilegierung von geringfügigen Nebenbeschäftigungen beendet; sie werden normal lohn- und einkommensteuerpflichtig. Hieraus ergeben sich Mehreinnahmen i. H. von rund 2,8 Mrd. €.

- **Abschaffung des Ehegattensplittings**
  Das Ehegattensplitting wird abgeschafft. Für den nicht oder gering verdienenden Ehepartner kann maximal ein zweiter Grundfreibetrag von 8.500 € vom zu versteuernden Einkommen des Allein- oder Höherverdieners / der Allein- oder Höherverdienerin abgezogen werden. Das generiert ein Mehraufkommen von voraussichtlich 5,5 Mrd. €. Eine Senkung des Haushaltsnettoeinkommens für verheiratete Alleinverdiener oder Alleinverdienerinnen tritt allerdings, aufgrund der mit dem GEW-Steuerkonzept verbundenen Tarifsenkungen, erst bei einem steuerpflichtigen Haushaltsbruttoeinkommen von über 50.000 € auf. Sind steuerlich zu berücksichtigende Kinder vorhanden, liegt diese Grenze spürbar höher.

- **Besteuerung von Einkünften aus Kapitalvermögen**
  Seit Anfang 2009 werden Kapitalerträge mit einer Abgeltungsteuer und nicht mehr mit dem persönlichen Einkommensteuersatz belegt. Bisher wurden Kapitalerträge (Zinsen, Dividenden, Veräußerungen) mit dem persönlichen Steuersatz besteuert. Seit dem vergangenen Jahr werden nur noch pauschal 25% an den Fiskus abgeführt. Dadurch werden Kapitalerträge gegenüber Arbeitseinkommen privilegiert. Im GEW-Steuerkonzept wird die Abgeltungsteuer abgeschafft. Die von

der Abgeltungssteuer erfassten Tatbestände müssen wieder mit dem persönlichen Einkommensteuersatz belegt werden. Die Kapitalertragssteuer ist mit einem Steuersatz in Höhe von 35 % zu erheben. Durch diese Änderungen ist mit zusätzlichen Steuereinnahmen in Höhe von 6,0 Mrd. € zu rechnen.

Die Reformvorschläge der GEW im Bereich der Lohn- und Einkommensteuer bringen den Arbeitnehmerinnen und Arbeitnehmern mehr Netto. Aber auch der Staat erhält inklusive Solidaritätszuschlag knapp 5 Mrd. € an Mehreinnahmen. Ferner sorgen die Reformen für mehr Steuergerechtigkeit. Die folgende Tabelle fasst die Aufkommenswirkungen des GEW-Steuerkonzepts für den Bereich Lohn- und Einkommensteuer zusammen.

Aufkommenswirkungen des Steuerkonzepts der GEW im Bereich Lohnsteuer, Einkommensteuer (private Haushalte)

in Mrd. €

	Änderung des Tarifs	- 12,5
	Reichensteuer	1,8
	Besteuerung/Abschaffung von Minijobs	2,8
	Abschaffung des Ehegattensplitting für jüngere Ehepaare	10,0
	Erhöhung der Abgeltungssteuer auf 35%	6,0
Summe:	Lohnsteuer, Einkommensteuer	8,1
	Solidaritätszuschlag	0,2
Summe I:	Lohnsteuer, Einkommensteuer, inkl. Soli	8,3

Berechnungen des IMK

b) Unternehmenssteuerreform

Eine Reform der Unternehmensbesteuerung muss die Firmen angemessen an der Finanzierung öffentlicher Aufgaben beteiligen. Wir streben eine gleichmäßige und zeitgerechte Besteuerung aller Gewinne, die in Deutschland erwirtschaftet werden, an. Ziel ist neben der Verbreiterung der Bemessungsgrundlage durch realistischere Gewinnermittlung insbesondere eine Stärkung und Verstetigung der Gewerbesteuer als zentrale Finanzierungsquelle der Gemeinden.

Allerdings reichen Maßnahmen zur Verbreiterung der Bemessungsgrundlage nicht aus. In der Vergangenheit sind die Steuersätze für Unternehmensgewinne drastisch gesunken. Lag im Jahr 2000 der kumulierte tarifliche Satz für die einbehaltenen Gewinne von Kapitalgesellschaften (Körperschaftsteuer, Gewerbesteuer und Solidaritätszuschlag) noch bei knapp 51,8%, liegt er gegenwärtig nur noch bei 29,8%. Für die einbehaltenen Gewinne von Personengesellschaften wurde er im selben Zeitraum von 54,5% auf ebenfalls 29,8% abgesenkt. Durch diese Steuersatzsenkungen hat sich Deutschland nicht etwa dem internationalen Steuerwettbewerb gebeugt, sondern ihn aktiv vorangetrieben. Deutschland muss als wirtschaftlich bedeutendstes Land in der EU ein Signal setzen, indem es die Unternehmenssteuersätze wieder anhebt.

Im GEW-Konzept wird daher die maximale tarifliche Grenzbelastung für die einbehaltenen Gewinne von Körperschaften und Kapitalgesellschaften rechtsformneutral auf ca. 35% angehoben. Wie im geltenden Recht wird die Rechtsformneutralität durch eine Thesaurierungsrücklage hergestellt.

- **Realistischere Gewinnermittlung**
Trotz der Maßnahmen der Unternehmenssteuerreform 2008 bestehen weiterhin in erheblichem Maße Möglichkeiten zur steuerlichen Gewinnschmälerung und -verlagerung. Diese werden mittels der Verbreiterung der Bemessungsgrundlage weiter eingeschränkt. Diese Verbreiterung der Bemessungsgrundlage betrifft das Aufkommen aus der Einkommensteuer (Personenunternehmen), der Körperschaftsteuer (Kapitalgesellschaften) und der Gewerbesteuer. Erwartetes Mehraufkommen i. H. von insgesamt gut 7 Mrd. €.

Steuerkonzept der Gewerkschaft Erziehung und Wissenschaft (GEW)

- **Ausbau der Gewerbesteuer zur Gemeindewirtschaftsteuer**
  Die Gewerbesteuer soll zu einer Gemeindewirtschaftsteuer ausgebaut werden. Durch die Einbeziehung der gesamten Einkünfte aus selbständiger Tätigkeit, einschließlich der Freiberufler, wird der Kreis der Steuerpflichtigen ausgeweitet. Um die Ergiebigkeit zu erhöhen und die Schwankungsanfälligkeit zu reduzieren, wird die Bemessungsgrundlage verbreitert. Sie umfasst den Steuerbilanzgewinn unter Hinzurechnung aller Zinsen aus Dauerschulden sowie des Finanzierungsanteils aller Mieten, Pachten und Leasingraten. Die geringere Anfälligkeit der Gemeindewirtschaftsteuer für Konjunkturschwankungen wird das Investitionsverhalten der Gemeinden deutlich verstetigen und damit einen großen Beitrag zur makroökonomischen Stabilität leisten. Erwartetes Mehraufkommen i. H. von 11,5 Mrd. €. Allerdings müssen 7,9 Mrd. € pauschaliert bei der Einkommensteuer angerechnet werden.

- **Erhöhung der Körperschaftsteuer**
  Der Körperschaftsteuersatz soll von gegenwärtig 15% auf 25% angehoben werden. Mit dieser Maßnahme rückt Deutschland im internationalen Vergleich aus der Niedrigsteuergruppe ins Mittelfeld. Durch das Mehraufkommen von mittelfristig gut 11,5 Mrd. € werden die Aufkommensverluste der jüngsten Unternehmenssteuerreform wieder wettgemacht.

Die folgende Tabelle zeigt die Aufkommensauswirkungen des GEW-Steuerkonzepts im Bereich der Unternehmensbesteuerung.

Aufkommenswirkungen des Steuerkonzepts der GEW
Bereich Unternehmensbesteuerung (mittelfristig)

in Mrd. €

	Realistischere Gewinnermittlung (Einkommensteuer)	4,0
	Anhebung des Körperschaftsteuersatzes von 15% auf 25% (inkl. realistischere Gewinnermittlung)	11,5
	Ausbau der Gewerbesteuer zur Gemeindewirtschaftsteuer (inkl. realistischere Gewinnermittlung)	11,5
	Pauschale Anrechnung Mehraufkommen Gemeindewirtschaftsteuer	-7,9
Summe	Unternehmensbesteuerung	19,1
	Solidaritätszuschlag	0,6
Summe	Unternehmensbesteuerung inkl. Soli	19,7

Berechnungen des IMK

c) Vermögensbesteuerung

In wenigen Ländern wird Vermögen so gering besteuert wie in Deutschland. Dies wollen wir ändern. Deswegen soll die Vermögensteuer wieder eingeführt werden. Die Vermögensteuer wurde in Deutschland bis 1996 erhoben. Seit 1997 ist sie aufgrund eines Urteils des Bundesverfassungsgerichts ausgesetzt, weil Grund- und Geldvermögen unterschiedlich behandelt worden waren. Wenn den Anforderungen des BVerfG entsprochen wird, kann die Steuer jederzeit wieder eingeführt werden.

– **Wiedereinführung der Vermögensteuer**
  Um den Anforderungen des Bundesverfassungsgerichtes gerecht zu werden und Geldvermögen gegenüber Immobilienvermögen nicht zu diskriminieren, werden realistische, marktgerechte und aktuelle Immobilienwerte zu Grunde gelegt. Pro Haushalt (2 Erwachsene und 2 Kinder) soll es einen Freibetrag von 500.000 € geben, der Steuersatz soll **1%** betragen. Dies bringt jährliche **Mehreinnahmen von 16 Mrd. €.**

– **Reform der Erbschaftsteuer**
  Darüber hinaus streben wir eine höhere Besteuerung großer Erbschaften und Schenkungen an. Grundlage sind ebenfalls die aktuellen Immobilienwerte. Gegenwärtig wird eine Erbschaftsteuer nach dem Abzug von Freibeträgen i. H. v. 500.000 € für Ehegatten und 400.000 €

Steuerkonzept der Gewerkschaft Erziehung und Wissenschaft (GEW)

für jedes Kind fällig. Die Freibeträge steigen bei nahem Verwandtschaftsgrad progressiv von 7% bis 19%. Zwischen 6 Mio. € und 13 Mio. € beträgt der Steuersatz 23% und bis 26 Mio. € dann 27%; ab 26 Mio. € greift der Spitzensatz von 30% bei nahen Verwandten. Das GEW-Steuerkonzept sieht nach dem Abzug von angemessenen Freibeträgen, die die steuerfreie Vererbung von normalem Familienvermögen sicherstellen, und einer progressiven Besteuerung einen Steuersatz i. H. v. 30% bei nahen Verwandten und 50% bei Nicht-Verwandten für Erbschaften ab 10 Mio. € vor. Angestrebt werden **Mehreinnahmen von 6 Mrd. €**. So würde sich das jährliche Erbschaftsteueraufkommen **auf insgesamt 10 Mrd. €** belaufen.

Aufkommenswirkungen des Steuerkonzepts der GEW (Bereich Vermögensbesteuerung)

in Mrd. €

	Vermögensteuer	16,0
	Erbschaftsteuerreform	6,0
Summe	**Vermögensbesteuerung**	**22,0**

d) Effektiverer Steuervollzug

In Deutschland werden die Steuerzahler unterschiedlich behandelt: Den Beschäftigten wird die Steuer vom Bruttolohn abgezogen. Unternehmer und Vermögensbesitzer deklarieren ihre Einkünfte dem Finanzamt. Dabei sind die Steuervermeidungsmöglichkeiten sehr vielfältig. Ursächlich ist u. a. eine unzureichende Steuerprüfung. Allein in der Betriebsprüfung fehlen über 3.000 Beschäftigte. Durch mehr Personal, eine verstärkte Kontrolle der Steuereinnahmen und eine höhere Effizienz der Finanzbehörden könnten nach Einschätzung der Steuergewerkschaft jährlich zwischen 12 Mrd. € und 30 Mrd. € eingespielt werden. Wir setzen in unserem Steuerkonzept konservativ zusätzliche **Mehreinnahmen i. H. v. 12 Mrd. €** ein.

e) Finanztransaktions- und Finanzproduktesteuer

Das GEW-Steuerkonzept sieht die Einführung einer Finanztransaktionssteuer vor, d.h. die Erhebung einer Steuer auf alle Transaktionen mit „financial assets", von Spot- und Derivattransaktionen, den Handel auf Börsen und bilateral. Im Wesentlichen werden mit der Steuer zwei Ziele verfolgt: Primär kurzfristige Transaktionen würden etwas verteuert mit dem Ergebnis, dass so ein Beitrag zur Stabilisierung von Wechselkursen, Rohstoffpreisen und Aktienkursen geleistet würde. Dies gilt insbesondere im Hinblick auf die trendverstärkenden Wirkungen des „schnellen" Handels mit Hilfe technischer Handelssysteme. Bei einem Steuersatz von 0,1% könnten in Deutschland Einnahmen in Höhe von 1,5% des BIP erzielt werden, d.h. rd. 37,5 Mrd. €. Da diese Steuer wegen der Besteuerung von Devisenumsätzen nur im Rahmen der Europäischen Union erhoben werden sollte, ist sie hier nicht Gegenstand des Finanztableaus. Dennoch: Die Finanztransaktionssteuer ist die zentrale steuerpolitische Forderung der GEW als Konsequenz aus der derzeitigen Finanzkrise.

Auch wenn im Falle der Finanztransaktionssteuer auf der europäischen Ebene gehandelt werden muss, bleibt Deutschland doch die Möglichkeit, im Alleingang eine *Finanzproduktesteuer* einzuführen. Diese Steuer erfasst alle Arten von Finanzmarktgeschäften – also alle über die Börse und außerbörslich gehandelten Spot-Transaktionen (Aktien, Anleihen) und Derivat-Transaktionen (Aktienindizes, Zinsinstrumente). Schon ein Steuersatz von nur 0,1% würde – sehr konservativ gerechnet – zu Mehreinnahmen für den deutschen Fiskus von rund 13,5 Milliarden € führen.

Gesamte Aufkommenswirkungen des GEW-Steuerkonzepts

in Mrd. €		
Lohn- und Einkommensteuer		8,3
Unternehmensbesteuerung		19,7
Vermögensbesteuerung		22,0
Summe I	Module I, II, III	50,0
Effektiver Steuervollzug		12,0
Summe II	3 Module + effektiver Steuervollzug	62,0
Finanz-Produktesteuer		13,5
Summe III	3 Module + effektiver Steuervollzug + Finanzproduktesteuer	75,5

Die Autorinnen und Autoren

Kai **Eicker-Wolf**, Abteilung Wirtschaftpolitik beim DGB Hessen – Thüringen.

Cornelia **Heintze**, Stadtkämmerin a.D., Politologin und Coach, Leipzig

Roman **Jaich**, wissenschaftlicher Mitarbeiter am European Institute for Globalisation Research.

Tobias **Kaphegyi**, Lehrbeauftragter an der Dualen Hochschule Baden-Württemberg in Villingen-Schwenningen, Mitglied der Arbeitsgruppe Alternative Wirtschaftspolitik

Gunter **Quaißer**, Wissenschaftlicher Mitarbeiter der Arbeitsgruppe Alternative Wirtschaftpolitik und Lehrbeauftragter an der Europäischen Akademie der Arbeit (Frankfurt/Main)

Ulrich **Thöne**, Vorsitzender der Gewerkschaft Erziehung und Wissenschaft (GEW), Frankfurt am Main

Achim **Truger**, Referatsleiter am Institut für Makroökonomie und Konjunkturforschung für Steuer- und Finanzpolitik.